恋愛と贅沢と資本主義

ヴェルナー・ゾンバルト

金森誠也 訳

講談社学術文庫

訳者まえがき

　本書の題名「恋愛と贅沢と資本主義」について、一見落語の三題ばなしのようなこじつけではないかと感じる人もいるであろう。しかし、この題名が示す現象は、日本をはじめ資本主義社会の現況に、依然として妥当しているように思われる。

　バブル以前の一九八六年、ベストセラーのトップをかざった渡辺淳一『化身』をみてみよう。妻とわかれた五十男が、他に恋人がいたにも拘わらず、二十三、四歳のバーのホステスに夢中になり、彼女をバーからひき抜いてアンティークの店を出させ、三〇〇〇万円も投資したあげく逃げられる、というのが粗筋である。出版後、すぐに映画・テレビドラマ化され評判になったが、ともかく『化身』は、恋愛が贅沢と結びつき、それが諸産業（とくに贅沢品製造業やサービス業）の発展にどれほど寄与しているかを、いかにも象徴的に物語っている。この傾向はバブル以後の日本でも基調としてはつづいているだろう。

　ともあれ本書の著者ヴェルナー・ゾンバルトは今から九〇年近く以前に西欧世界の

歴史の中を流れたこの傾向に関心をよせた。ゾンバルトは、とりわけロココ（十八世紀）あたりから以後の奢侈の一般的発展の傾向に着目し、それを、「(a)屋内的になってゆく傾向、(b)即物的になってゆく傾向、(c)感性化、繊細化の傾向、(d)圧縮される傾向」などに分類した。

とくに「感性化、繊細化の傾向」が重くみられており、ゾンバルトは「これは、……女性が全精力を傾けて促進した傾向である。……奢侈がしだいに理想主義的な生の価値（芸術のような）にではなく、もっと動物的な、低度の本能につかえるようになる動きである」（本書一九八ページ）とのべ、ロココ時代を中心としてヨーロッパでは、たとえば、鏡、クッション、白絹のカーテン、空色の絹地でつくられたベッド、淡青色のペティコート、灰色の絹靴下、バラ色の絹地衣裳など、いかにも女性の勝利が輝いているような手工業の興隆があったことを指摘している。

またゾンバルトは、贅沢が拡大される傾向として、かつては年一回というように、時期をきめて行われていた豪華な催し物が常時行われ、特別の日にだけくりひろげられた大宴会や飲酒の集いが、毎日のディナーやごちそうに変ったと記している。

さらに、十九世紀あたりの海外貿易について彼は、「海外との貿易はなんといっても奢侈消費の所産であり、裕福な人々ばかりが個人的にたずさわる事業にすぎなかった。金持が贅沢な出費をすることによってだけ、海外貿易は成り立っていたわけだ」（本書二五九ページ）と断定し、しかもこうした贅沢の背景には、金持の恋愛やセックスの場面があったことをほのめかしている。

これらはほんの一例にすぎないが、それによってもゾンバルトが、資本主義発展の分析においてきわめてユニークな構想を打ち出していたことが明らかであろう。なかんずく現代の自由世界とくに日本の経済、社会の動きを考えるとき、ゾンバルトの提供した見解やもろもろの歴史的資料は大いに参考になるものと思う。

二〇〇〇年五月

金森誠也

著者まえがき

私が刊行しようとしている諸研究は、拙著『近代資本主義』改訂〔訳者あとがき参照〕のために試みた経済史研究の成果である。私はこれらの研究〔すなわち資本主義とユダヤ人、贅沢それに戦争との関係〕を別々に出版するわけだが、それは表面的にいえば、すべての研究を、一般的叙述の枠内にはめこむと、あまりにも広範囲なものになりすぎるからである。その他、内面的な理由もある。ということは、私のこれらの研究内容が、厳密な経済史的な思考方式にしたがって探究されるべき領域から、ひどくかけ離れた問題を扱っているからである。しかもこれらの研究は、いずれもそれ自身独立し統一されたものであり、別々に扱ったほうが望ましい。なぜならこれらの研究は、それぞれ独自の中心的視角から観察できるからである。

私は先年出版した『ユダヤ人と経済生活』によって、これらの研究刊行の口火をきった。ちょうど本書で行なったように、私はその研究でも、多岐にわたる近代資本主義発展史の中での特定の問題を研究対象としてとり上げたわけだ。その頃、私は、ユダヤ人の古い神ヤハウェが、ヨーロッパ諸国民の経済生活にとって、いかに重要な意味をもっているかを示すことに関心をもっていた。

ところで、いま刊行しようとする私の研究のいわば第二弾では、近代資本主義の形成にあたって他の二柱の神〔富の神と武の神の意〕が演じた役割を指摘したいと思う。

その後半の部分は「戦争と資本主義」〔本書にはふくまれていない〕を扱ったものであり、その前半の部分が「贅沢と資本主義」をとり上げたものである。

しかし、本書の内容をなすこの前半部分は、「恋愛と贅沢と資本主義」と題して然るべきである。なぜなら、本書の根本思想は、ヨーロッパ社会が十字軍以来経験した変革を通じ、男女両性の互いの関係も変化したこと、またこの関係の変化のために、支配階級の生活様式がすべて新しく形成されたこと、それにこうした新しい形成が、近代の経済組織をつくり上げるにあたって、本質的な影響を与えたことを指摘することにあるからである。

一九一二年十一月十二日

リーゼンゲビルゲのミッテルシュライバーハウにて

ヴェルナー・ゾンバルト

目次

恋愛と贅沢と資本主義

第一章　新しい社会

一　宮　廷

　中世の末期、国家の組織と軍制の面で行なわれた変革がもたらした重要な現象、そしてこの変革の決定的な原因は、今日、われわれがそのことばどおりの意味で理解している巨大な王侯の宮廷の誕生である。

　後世発展した宮廷の先駆、模範となったのは、多くの他の領域におけると同様、ここでもまた高位聖職者であった。おそらくフランスのアヴィニヨンが最初の近代的宮廷であったろう。なぜならこの宮廷に、その後の数世紀、宮廷社会と呼ばれるものを形づくり、その社会に基調を与える二群の人々が顔をそろえたからである。その一群は、宮廷の利益に奉仕する以外なんの職ももたぬ貴族たち、他一群は美女たちである。美女たちはしばしば、心とならわしによってすばらしさを示し、宮廷の動きやたたずまいに、真にはっきりとした印《しるし》を与えた（この問題については、のちに関連ある個所でいっそう正確に追究することにする）。アヴィニヨン宮廷の動きの意義は、なんといっても、ここで、はじめて教皇の周囲にほとんど全ヨーロッパの教会大貴族たちが参集し、栄華の姿をくりひろげたことにある。そのありさまを、ヨハネス二十二世がその教令の中で、はっきりと浮彫りにしている。

周知のように、十五世紀と十六世紀の初頭を通じ、一家眷属《けんぞく》をふくめたローマ教皇の宮廷は最もはなやかな宮廷で（かのエラスムスを心から感動させたように）、自由なたたずまい、豪華さをもち、それに宮廷のしきたりの模範とされていた。「ローマの廷臣」はかのカスティリオーネ〔一四七八―一五二九、『廷臣論』の著者〕が当時の廷臣の理想像としたものに最も近接していた。さらにこのローマで、ルネサンスの偉大なる教皇たちの支配下に世俗的華麗さが最高の発展をとげたことも、やがて判明することであろう。

他のイタリアの諸侯たちも教皇の宮廷と競争した。近代的な色合いをもったという点で、最も古くからある宮廷の一つはナポリのアルフォンソ王の宮廷である。彼は、栄誉、華麗、それに女性を何よりも愛したといわれる。さらに、ミラノ、フェララ、それに他の群小宮廷も、すでに十五世紀において、まったく近代的な生活をくりひろげた。当然のことながら、まさにこのイタリアで、宮廷生活のこうした基調が、最も早く発展した。というのは、イタリアでは次の諸条件が最も早く充足されたからである。すなわち、騎士道の没落、貴族の都市化、絶対国家の形成、芸術・科学の復興、社会的才能、巨大な富の発生等々がこれにあたる。

だが宮廷なるものの歴史にとって、決定的意味をもったのは、いっそうスケールが大きく、かつ強大なフランスの近代的宮廷の形成であった。フランスの宮廷は、十六世紀末から、十七、八世紀を通じ、こと宮廷生活に関するかぎり、あらゆる事柄について、押しも押されもせぬ教師であった。

フランス宮廷の創始者はフランソワ一世〔一四九四―一五四七〕である。たしかに、ルイ十一世は、宮廷に宮仕えする人々に「フランスの役員」なる称号を与え、王室をフランスと同一とみなすことによって、すでに大きな転機をもたらした。こうした歩みによって、彼は以前は、たんに個人的なグループとしてしか存在できなかったものを宮廷に格上げする道を開いた。だが〝宮廷〟をつくったのは、なんといってもフランソワ一世である。彼は、婦人を権力の座にのぼらせることによって宮廷をつくった。彼は、婦人のいない宮廷は春のない年、バラのない春と似たようなものだという意見だったといわれる。そのため彼は、以前には城塞の古い灰色の櫓《やぐら》の中でうらさびしい生涯をおくってきた婦人たちを呼びよせた。彼は賢明な専制主義に魅力ある彩りをそえて宮廷をつくった。そこでフランスのすべての活力や世俗的世界は王の周辺に見出されることとなった。

「彼の母公はこの大輪舞の音頭《おんど》をとり、美しい娘たちをよりすぐった。彼の姉マルガレータは、空想と機知のたわむれという別の香料を与え、そしてフランソワは、何よりも宮殿と祝典に形式の輝きをそえ、宮廷の中に、欲望とその交替のめまぐるしい動きをもたらした。」かくて女性とともに、陰謀と情事と、(のちにいっそうきめこまかく追究するが)贅沢が発生した。フランソワ一世が基礎づけたものを、のちの偉大なルイ諸王が巨大なスケールに仕上げたのである。(1)

この宮廷生活が、いかに女性の支配にもとづいているかということは、彼女たちの当時の様子が教えてくれるし、同時代の人々もそれを確証している。

私はその例として、二人の人物の意見を紹介することにする。一人はこの宮廷的・女性的時代の初期、もう一人は末期の人で、全然別々に暮らしていたのだが、二人ともこの問題について疑いもなく事実に即した適切な判断を下せる立場にあった点では共通している。すなわち一人はシュリー、もう一人はメルシエである。

「宮廷や町を満たしている男とも女ともつかない貴族たちに一瞥を与えてみるがよい。彼らにはもはや道心堅固な徳、先祖がもっていた男らしさや力は見出されない。彼らには感受性も精神力もなく、ただ軽薄と移り気があるだけで、遊びと浪費のことしか頭にない。彼らはみてくれをよくすることにやっきとなり、香水の選択とか、優雅さをますための他のあらゆる方法をとり入れるときには、とくに細心の注意を払っている。彼らはこの面で婦人をも凌駕しようとしていると考えてもよいだろう。」（シュリー『回想録』）

「貴族たちは、宮廷をとりまく豪華さによって魅了された。そして彼らを柔弱にさせるための祝典も開かれた。孤独の中に暮らしてきた婦人たち、家事に追われてきた婦人たちも、彼女たちに投げかけられたまなざしによっておのずと得意な気持になった。彼女たちの媚び、そして生来の野心も、期待どおりかなえられた。彼女たちは魅力をふりまき、宮廷の中で光り輝いた。彼女たちの奴隷は、その勢力圏内から遠ざかることは許されなかった。彼女たちは社交界の女王となり、趣味と娯楽の支配者におさまった。彼女たちは些細な小事を大事件にまつりあげた。衣裳、作法、流行品、装飾、才能、子供じみたならわしを創造した。」（メルシエ『パリの光景』一七八三年版、一ページおよび二一ページ以下）

ヨーロッパの他の諸宮廷は文化生活にとってなんの意味ももたなかったか、あるいはフランス宮廷の模写にすぎなかった。実際に創設されたのは、スチュアート王朝時代がはじめてというイギリスの宮廷にとくにこのことがあてはまる。ヘンリー七世当時ですら、こんなことを書いた人がいた。

「紳士たるものは誰もが田舎に逃れた。大都市や都市らしいものに居住する紳士は少数であり、しかも彼らは都市にわずかしか興味をもっていない。[2]」

エリザベス女王の宮廷も、今日われわれがフランス宮廷の古典的形式のもとに理解するような近代的宮廷ではなかった。女王の宮廷には最も重要なこと、つまり婦人の支配が欠けていた。女性が王座についていたのに、こんなことをいえば、逆説と思われるであろう。だが婦人の支配というのは、何よりもまず、非合法の女性による支配によって基礎づけられたことがはっきりしさえすれば、この間の事情はただちに理解されるだろう。この問題は次節以下であつかっていく。

二　市民の富

私は別の著述の中で、中世とその後の数世紀を通じ、何千もの源泉から、封建的な富と対立して市民の富と銘打つことができる新しい富がわきあがったことを詳細に論じておいた。こうした富の形成により、古い社会がいかに根本的変革をとげたかを理解するために、私は前の著述で得た考えを利用することにする。王侯の支配下にあったとはいえ、貧困な庶民のましな連中とは区別される住民の上層部は、まったく別種の暮しをしていた。この問題の解明のために、私が以前に組織的に秩序だてた事実を、歴史順に並べてみることにする。ただこのさい、抽象的にはよく知られている財産形成のもろもろの可能性を社会的な具体的な姿でとらえる必要がある。社会の上層部にあった人々が新たに形づくられていくもようは、大約以下のような具合になっていた。

中世初期の富のすべては、ほとんどもっぱら土地所有からなっていた。とにかく富裕な人々はすべて地主であり、大地主が（教会を念頭に入れなければ）貴族を形成していた。中世初期を通じて、富裕な市民は、まったく存在していなかった。今後もしばしばその名をきくことになるポアンラーヌのような富んだ市民は、例外中の例外であったといってもいい。

この事情は十三、四世紀以来、変化した。その頃、封建制の枠の中に入らない富がはっきりとふえてきた。巨大な貨幣財産がとくにイタリアで迅速にふえてきたといってもよい。東方における収奪がはじまり、おそらくアフリカで豊富な貴金属鉱床が開発され、さらに、大地主すなわち富裕な王侯の散財が大がかりなものになったのも、ちょうどその頃であった。

十三、四世紀のイタリアで行なわれたことを、十五、六世紀のドイツが経験した。その頃、上部ドイツの諸都市に巨大な富が発生した。これはまず、ボヘミアとハンガリーで金銀の鉱床が開発され、ついでアメリカの銀資源がもたらされ、さらにはこれら資源開発に結びついた巨大な金融業の発生、いわゆるフッガー〔アウグスブルクの富豪〕の時代がはじまった結果である。

十七世紀にはオランダがこれにつづいた。オランダはスペインとポルトガルの収奪に仲間入りして、極東で新しい富の源泉を開発したが、そのさい、オランダは極東の諸民族から強制貿易、略奪、奴隷化により貢物を吐き出させた。

十七世紀にはフランスとイギリスでも富の形成がはじまった。だがこの両国では十七世紀末まで、市民の富が、まだ比較的せまい範囲内におさまっていたことがはっきりしている。巨大な貨幣資産をほとんど独占的に生み出した金融業は、フランスではルイ十四世の治世の最後、イギリスでは名誉革命後、はじめて大規模な形をとるようになった。

この間の事情は、当時のものとして保存されている唯一の収入見積りを見ればはっきりとしてくる。すなわち有名なグレゴリー・キング(3)の一六八八年の見積りがこれである。これによれば、海運関係の大商人の平均収入はただの四〇〇〇ポンド、陸上の大商人のそれはわずか二〇〇〇ポンドと評価されている。しからばその数はといえば、海の大商人は二〇〇〇人、陸の大商人は八〇〇〇人とキングは見ている。こうした市民階級の収入を次のような大地主の代表者の収入と比較してみよう。

平均二八〇〇ポンドの年収のある世俗の貴族の数は一六〇人
平均一三〇〇ポンドの年収のある教会貴族の数は二六人
平均八八〇ポンドの年収のある従男爵の数は八〇〇人
平均六五〇ポンドの年収のあるナイトの数は六〇〇人
平均四五〇ポンドの年収のあるエスカイヤの数は三〇〇〇人
平均二八〇ポンドの年収のあるジェントルマンの数は一万二〇〇〇人

これらの人々の中にも、もちろん、すでに新しい富の多くの代表者がふくまれていた。だがもしグレゴリー・キングがわずか三〇年後に算定したならば、十八世紀の二〇年代にまったく新しい富の型を創造した相場師や、南海会社のイカサマ企業に手を出した連中が迅速に獲得した富について言及したであろうことはたしかである。(4) 財産を没収された南海会社の支配人たちの財産は、

二〇万ポンド以上（二四万三〇〇〇ポンドずつ）　二人
一〇万―二〇万ポンド　五人
五万―一〇万ポンド　五人
二万五〇〇〇―五万ポンド　一〇人

に及んだ。

デフォー〔『ロビンソン・クルーソー』の著者、一六六〇―一七三一〕が集計した収入および資産の数字は、すでに完全に他のありさまを示している。一七四五年のミージェおよびボルトン両人の評価ではジェントルマンの平均年収は早くも五〇〇ポンドに達している。

こうした大変革をもたらした原因は、はっきり認識することができる。ブラジルの金、ルイ十四世が行なった多くの戦争、これから発生した金融＝調達業と投機、この

三者が新時代の巨大資産の最も重要な源泉となった。

（ハドソン湾会社あるいはアフリカ会社のような会社の株式発行によって何ほどの富が得られたであろう。これらの会社の株は短期間にやにわに指数一〇〇から四八〇に上がったのはよいが、今度はやにわに半分の二四〇に下がった。もっとも、南海会社設立の騒動によってつくられた儲けについては何もいうまい。）

やがて今日の状況と比較しうるような市民の動産の資産が大量に浮かび上がってきた。ブラジルの金の出現とともに、近代資本主義は銀の時代を終えて金の時代に入った。

イギリスと同様フランスでも、十七世紀の転換期に富の飛躍が完成したことが観察できる。それればかりかフランスではいっそう正確な数字が利用できるために、この変化をイギリス以上にはっきりと追跡できる。私は抽出調査の方式によってフランスの財産家（これは財産の新しい所有者である）の富についての一覧表をかかげ、さらにこれを補正するいくつかの数字を示しておく。

ある田舎貴族は、この家族が結婚契約を結ぶにあたって、必要とした金額の一覧表をつくっていた。

一四三三年	三〇〇フロリン	
一四七七年	一〇〇〇	〃
一五三四年	一二〇〇	〃
一五八二年	一二〇〇エキュー	
一六一三年	七五〇〇リーヴル	
一六四四年	一万六〇〇〇	〃
一六七七年	一万五〇〇〇	〃
一七〇七年	四万四〇〇〇	〃
一七三四年	三六万	〃
一七六五年	一五万	〃

（ド＝リヴ著『家族』に伝えられた〝数字〟より。一八七四年、一二五ページ）

富裕な新興成金が十八世紀、娘たちにどのくらいの持参金を持たせたかは、次の数字から理解できる。

ラ・リーヴ・ド・ベルガルドの場合は、娘はそれぞれ現金で三〇万リーヴルに一万リーヴル相当の宝石

ラ・モソンは一七〇万リーヴル
アントワーヌ・クロザは一五〇万リーヴル（その他に姑のド・ブイヨン公爵夫人の酒代として五万リーヴル）
サミュエル・ベルナールは八〇万リーヴル
セノザ伯爵家のオリヴィエ（ウサギ皮の取引をしていた人物）は持参金として現金一一〇万リーヴルと家具一〇万リーヴル
オードリーは四〇万リーヴル
ラ・レイニエールは即座に六〇万リーヴル、短期分割払いで二〇万リーヴル

当時の金持の所得、資産の額を知っていれば、これらの数字を見ても驚くにはあたらない。

ヴァンサン・ル・ブランは一七〇〇万リーヴル
サン・ファルジョー氏は二八〇〇万リーヴル
ド・ラ・ファエ公爵は二〇〇〇万リーヴル
ド・ショーモン夫人は一億二八〇〇万リーヴル
S・ベルナールは一億リーヴル以上
クロザは一億リーヴル以上

をそれぞれ手に入れた。また、

フィヨン・ド・ヴィルニュール（一七五三年没）は四〇〇〇万リーヴル

ペイラン・ド・モラは一二〇〇〜一五〇〇万リーヴル

ダンジェは一三〇〇万リーヴル

トゥールネム（ポンパドゥルの養父）は二〇〇〇万リーヴル

をそれぞれ遺産として残した。

パリ家は唯一回の手形振出で六三〇〇万リーヴルを得た。

（私はこれらの数字をティリオンの本の中で伝えた資料からまとめた。）

これらの財産のほとんど多くが誇張されている（たとえば今日でもアメリカの億万長者の財産についての数字がほとんど誇張されているのと同じ事情である）。それはともかくとしても、これらの数字は、疑いもなく巨万の富が形成されつつあったことを示している。この事実は（のちにふたたびとり上げるように）他の多数の徴候からもうかがわれる。当時の最大の事情通の次のような判断にも、このことを読みとることができる。

「一〇〇年前には一〇〇〇ルイドール（一六四〇―一七九五年に造られたフランスの金貨）について語られたのと同じ調子で、今日では一〇〇万リーヴルのことが語られている。勘定されるのは一〇〇万、どんな企業でも話題になるのは何百万リーヴルもする金のことだ。はでな建築、旅行、軍の陣営があつかわれるときは、いつも何百万という金が目の前にちらついてくる。」（メルシエ『パリの光景』一七八八年版、二四八ページ以下）

三　新貴族

ここで、われわれにとってきわめて関心のある質問を発することにする。こうした新興成金たちの進出（そして何よりもまず彼らの夫人や娘、息子たちの進出）は、たんに彼らの業務の発展に結びついたばかりでなく、社会的な地位の向上にもつながったのか？　従来、社会の上層を形成していた貴族はこれら新興成金に対して、どのような態度を示したのか？　いかにして新興成金たちは（一般的にいって）支配階級の中に組み入れられていったのか？

これらの質問に対する正しい回答は、つぎのとおりだ。古い貴族と新興成金の両者からしだいに、すなわち一六〇〇年から一八〇〇年にいたる二〇〇年間に、まったく新しい社会層が生まれた。そしてこの社会層の中核は新興成金であったが、その外皮は、当初はいぜんとして封建的生活様式を保っていた。換言すれば、新興成金の大部分が貴族に列せられたということだ。こうした成金の出世は、次に示す各種各様の方式によって実現された。

㈠ なんらかの功績をあげたか、あるいはこうした功績に匹敵するような金額を提供したことによって貴族に列せられるチャンスをつかみ、その結果、貴族の称号を受けた場合。

㈡ 世襲貴族と結びついた位階や官職を与えられた場合。

㈢ 従来世襲貴族が等しくしがみついていた土地を獲得した場合。

他方では、古い名門の貴族の一部は彼らの家族に往時の輝きを与えるために新興成金層の前に身を屈し、結婚という方法を通じ、必要不可欠な何百万という金を入手するようになった（この現象は、根本的には今日でもわれわれの眼前に展開する現象と変わりない）。

貴族の栄誉と市民の金との融合は、ここ数世紀の間、いやしくも資本主義的文化をもつ国々では、すべて一様に行なわれてきた。イタリア、ドイツ、イギリス、フランス、いずこも同じありさまであった。とりわけ、イギリス、フランスという資本主義初期に生じたもろもろの現象を代表的に示している二ヵ国の歴史からいくつかの例をとり上げ、社会形成の過程を明らかにすれば十分にこの間の事情はわかるはずである。イギリス、フランス両国は、たしかに社会層の間の諸関係については根本的な相違はあるけれども、決定的な点ではまったく同じような発展をとげてきたからである。

イギリスでは、（今日でもそうであるように）狭い意味で貴族を形成しているのはノビリティだけである。ノビリティは本質的にはテューダー王朝の政権掌握、正確にはヘンリー八世とともに新しく誕生した。二回にわたるバラ戦争ののち、古い家柄は二九家をのこすばかりとなった。しかも残存した家柄も、部分的には追放され、弱体化され、貧困になった。ヘンリー八世は、まずこうした旧家にふたたび権力と富を与えた（これによって彼らは王に屈服し、それ以後王は彼らの押しも押されもせぬ首領の地位を保つことができた）。旧家に勢力をとりもどさせてやるのに必要な仕度金を、イギリス王は教会財産の没収によって調達できた（このことはわれわれの探究にとってとくに重要な事実である！　H・ハラムは教会財産の世俗的利用というこの問題をきわめて正しく浮彫りにしている）。だが貴族は一連の旧家のほかに、ヘンリー七世およびヘンリー八世以来、たえず新貴族の任命によって補充された。そして旧来の貴族と同列におかれたこれらの新貴族たちを、王は名士全般から、とりわけ富裕な市民から選出した。ジェームズ一世にいたっては、貴族の称号を売り出したほどである。諸王がつくりだし、あるいは格上げしてやった貴族の数は次表のとおりだ。

ヘンリー七世	二〇
ヘンリー八世	六六
エドワード六世	二二
メアリー女王	九
エリザベス女王	二九
ジェームズ一世	六二
チャールズ一世	五九
チャールズ二世	六四
ジェームズ二世	八

スチュアート王朝下、九九人の貴族が消滅したあと、一七〇〇から一八〇〇人の新貴族が創出されたが、その内訳は、

公爵	三四
侯爵	二九
伯爵	一〇九

子爵　　八五

となっている。

もちろんこうした登用は、つねに下層の者、すなわち低い身分の者、「ヘンリー八世が教会財産の供与によって下々から引き上げた」（グリーン）ラッセルやキャバンディッシェズのような者ばかりにかぎられるものではなかった。しばしば（おそらくほとんどの場合）、貴族になるには、エスカイヤ、ナイト、従男爵といったさまざまの階段を踏むことになった。だがわれわれは貴族の系譜図は、多くの場合、シティー〔ロンドンの金融商業地区〕の新興成金にさかのぼることを知っている。その証拠につぎのような例を紹介しよう。

リーズ公爵は貧しい商家の手代としてロンドンにきたエドワード・オズボーンに由来し、ノーサンバランド公爵の面々も薬局の番頭で、貴族の女性エリザベスと結婚したヒュー・スミスソンにさかのぼる。同様に先祖が市民であった貴族は、ラッセル家、ソーリズベリー侯爵、バス侯爵、ブラウンロー伯爵、キャリントン伯爵、ダッドリ伯爵、スペンサー伯爵、ティルネイ伯爵（初代のティルネイ伯爵は、ほかならぬジョサイア・チャイルドの息子だった！）、エセックス伯爵、コヴェントリー伯爵、ダートマス伯爵、ウックスブリッジ伯爵、タンカーヴィル伯爵、ハーボロウ伯爵、ポンテフラクト伯爵、フィツウォーター伯爵、デヴルー子爵、ウェイマス子爵、クリフトン伯爵、レイ伯爵、ハーヴァーシャム伯爵、マーシャム伯爵、バサースト伯爵、ロムニー伯爵、ドーマー伯爵、ドーセットおよびベッドフォード公爵の各家である。これらの貴族の称号は今日では一部すでに消滅しているけれども、(最近の日付のものでないかぎり)彼らは十八世紀の前半には栄華を誇ったものである(これらの例は本章の終りに掲げる諸文献からとった)。

しかしイギリスの社会組織、とくにわれわれが関心を寄せている時代のそれに何よりも本質的な特徴を与えたのは紳士社会《ジェントリー》、すなわち本来の貴族ではないけれどもやはり貴族の一員であり、法的には貴族ではないがそれでも一種の位の低い貴族であった一群の人々である。ジェントリーの最上層に位するのがナイトで、それにつぐ上位者は従男爵である。ナイトと従男爵は洗礼名に「サー」という称号をつけることができる。ナイトに属する者は、まずこれが本来唯一のナイトであるナイト領地の保持者、次にガーター勲章、バス勲章など特定の勲章を与えられた者(これはエドワード三世およびヘンリー四世以来のことである)、それにいくつかの官職をもつ者、そして最後に顔を出すのがナイトの位階を買った者である。ナイトの位階が買えるというならわしは（一〇九五ポンド払えばよい）、ジェームズ一世が一六一一年に導入したものである。気前よく金を払ったおかげでナイトになった者は従男爵と呼ばれたが、彼らは旧来のナイトよりも上席にあり、貴族についで偉いということになっていた。この種の従男爵が、十七世紀および十八世紀を通じて何百も誕生し、十九世紀の半ばにはその数は七〇〇に達した。昔なら軽蔑されていたがいまや富裕になった市民が、この方式によって貴族（ナイトは社会的には明らかに貴族である）に昇格したことははっきりしている。イギリスのジェントリーについて、とりわけ奇妙に思われることは、ジェントリーが一般に、下はどこまでということが、はっきりと限定されていないことである。「どんな歴史家でも法律家でも、ジェントリーの下限をきめることはできない。こうした概念の不確かさはけっして偶然の生んだ欠陥ではなく、イギリスの歴史および立法のすべての所産である。」（グナイスト）

エスカイヤとジェントルマン（今日ではイギリスでもこれらすべてがもちろん消失し、やがて完全に消滅しようとしている）は、一般に地代あるいは尊敬すべき仕事によって生活している自立した人をさしている。そのさい、以前から（十九世紀の中頃でさえも）、ジェントリーに属するためには一定の収入のあることが必要であるとつねに考えられてきた。そうはいっても、どんな時代でも、尊敬すべき仕事は何をさすのか、そして最小限の収入をどの程度とするか、をきめることは世論にゆだねられていた。

もとの考えはこうしたものであったけれども、イギリスで貴族の一員となれるかどうかは、経済的諸関係の変革によっていわば自動的に規定されており、登り坂にある成金は、彼らの社会生活での意義の向上にともなって、しだいに貴族界へと足を踏み入れたという事情があった。当初は高貴な家柄のナイトの土地所有者だけで、あるいはたかだか（弁護士のような）自由業の代表者だけが、ジェントルマンになれることが自明の理とされていた。これが、トーマス・スミスが目のあたりに見えるような像を提供したエリザベス朝時代の考え方であった。貴族の土地を獲得してはじめてジェントリーの仲間入りができたわけだ。ハリソンの次のような言葉もこの意味でとらえることができる。(5)「町人や市民は、ジェントルマンに位のうえでおくれをとっている。だがジェントルマンに土地を譲渡したり、あるいは逆の関係に立ったとき、社会階級の相互作用の新しい形成が行なわれた。」こうした考えは十七世紀の終りから十八世紀の初めにかけてすでに本質的に変わった。商人の子供でも、富さえ獲得すれば一世代あるいは二世代あとにはジェントルマンになりうるということも絶対にないとはされなくなった。これがたとえばデフォーに代表される考え方だ。

「商人階級はわが国ではけっしてジェントルマンと両立しないことはない。そこで簡単にいえば、イギリスでは商売がジェントルマンをつくり、国じゅうがジェントルマンで満たされる。なぜなら一世代あるいは二世代後には商人の息子たち、少なくとも孫たちは高貴なジェントルマンと、すなわち最も高貴な伝統と、最も古い家柄のジェントルマンと同等の地位に立つからである。(6)」

しかし富を得た商人の息子あるいは孫の代になってはじめてそうなるのである（デフォーにあっては、卸売、小売を問わず、たんに商人と記されている）。たんに富裕になっただけではジェントルマンにはなれない。デフォー自身も、たとえ富裕な商人で、いろいろな面で窮迫した生活を送っているジェントルマンよりはるかに実入りのよい者であっても、これをジェントルマンとは厳格に区別している。

商人は、業務にたずさわっているかぎり商人仲間の間で暮らしている。だが仕事から引退したあかつきには、状況によってはジェントルマンと交際することもできるし、みずからジェントルマンとなることもできる。(7)

デフォーはさらに、ジェントリーのメンバーの多くは、新興成金の息子や孫、まして当人自身を自分たちの仲間に受け入れるような気持はない、と述べている。(8)したがって、金の力は、デフォーの頃はじめてはっきりと自己の地位を確立しはじめ、十八世紀の終りになって完全な勝利に到達したことになる。

十八世紀の中頃、記録を書いたポストルスウェイト、ミージェおよびボルトン[9]らは、すでにもっととらわれない考え方をしていた。(店をもっている問屋でも)商人は隠居すれば、たしかにジェントルマンになれる。だが海外貿易商は確実にジェントルマンの一員に数えられるというのだ。いっぽう、グレゴリー・キングは前に紹介した一六八八年におけるイギリスの収入関係の見積りの中で、海外貿易商をジェントルマンとは区別していた。十九世紀の初頭、俗論に対抗して自分たちの考えを述べた著述家たちは、たしかに手工業にたずさわったり、商店をかまえることはジェントルマンとは両立しないけれども、工場主や商人(そのもの)ならば両立しないことはないと述べている。[10]

しかし重要なことは、初期資本主義のあらゆる時期を通じて、富者の目標は、結局のところ社会的に高級な階級、つまり貴族、ジェントリーの一員に加えられることだという考え方があったことである。それればかりではない。富だけでは貴族階級に属する資格はなく、まったく市民的でないものとされている特徴、すなわち業務に追われる生活から一定の距離をとることや家族の伝統の保持、とりわけジェントルマンにとって自明のならわしとされる紋章の使用が、貴族に仲間入りする資格とされたことに、貴族階級の封建的性格が残っている。ここでデフォーはふたたび、紋章ほしさに紋章院におしかけ、さらに、もしや高貴なご先祖さまがいたかもしれないと自分の家族の系譜をさぐる成金の小売商について報告した。

「今日見受けられることは、富裕になったイギリスの商人が自分たちの先祖の紋章を探すべく紋章院におしかける姿である。彼らは紋章を探し出せれば、これを馬車に描いたり、皿に彫ったり、家具調度にぬいつけたり、新築の家屋の破風《はふ》にきざみこもうとしているのだ。……いくら探し求めても先祖の紋章がみつからないときには、彼らはしばしば新家系創設に踏みきることができるように思っている。これは聞いた話だが、ロンドンのある商人は自分がその後裔であるべき古い家柄を発見することができなければ、彼の先代にいたであろうと思われる立派なジェントルマンを元祖とする新しい家系を創作する意向であった。[11]」（これは窮すれば通ずということを意味している。）

だが貴族と富との間の紐帯は両グループの息子たち、娘たちがそれぞれ結婚し、子供をつくればいっそう強固なものとなるであろう。この種の貴族と新興成金との結合は、イギリスでは少なくともスチュアート王朝以来、日常茶飯事となった。サー・ウィリアム・テンプルは、彼の記憶によれば、貴族に属する人々がシティー在住者と縁組みしはじめたのは近々五〇年来のことであり、それも実はたんに金めあてのことだと、はっきりと主張した。(12) きわめて権威のあるこの卓越した観察者がいっている以上、貴族と成金との血縁関係のはじまりは、ジェームズ一世治世時であるとしてもほとんど間違いあるまい。ともかく一〇〇年後、デフォーが執筆した頃には、貴族＝市民の混血は、すでにきわめてはっきりした事実となっていた。なぜなら、デフォーはこのことを自明の現象として語っているからである。当然のことながら、おのれの紋章を、新しく金色に彩ろうとして商人階級の富裕な後つぎ娘を嫁にもらったのは名門の貴族の男たちであった。デフォーは商家の娘を嫁にもらった身分の高い貴族の七八例を紹介している。(13) もっとも、ここでその実例をいちいち名を記して伝えても意味はない。グリフィン卿がリンカーンシャーはウェル出身の商家の娘メアリー・ウェルドンと結婚したとか、あるいはコブハム卿がサウスワークの農家の娘アン・ハルジーと結婚したとかいうことは、根本的にはどうでもよいことだ。われわれにとって興味があるのは、こうした結婚が十八世紀のイギリスでたしかに、すでに（貴族の数と比較したうえで）大量に行なわれていた現象だということだ。

フランスではかつてはいつの時代でも、イギリス以上に、高貴さと、実業にたずさわることは、たがいに相反するものであるという観念が強かった。「この世への軽蔑があるとすれば、これは商人に向けられるものだ。」このようにアンリ四世時代のある識者は、上流階級の考え方を特徴づけている。[14] たしかに、貴族に属するものといえども、収益をもたらす事業に喜んでたずさわる者もいた。たとえ高貴な旧家の出であろうと、富裕になった小売商人の娘と結婚する者もいた。枢密顧問官の地位を捨て、収益の多い財政官のポスト（今日では、さしずめ銀行の頭取ということになろう。当時では、財政官がこうした地位にあった）につくのを恥としない者もあった。しかし人々は新興成金を軽蔑した。十八世紀を通じ、たかだか大資本家が名声を得るだけであった。すでに十七世紀でも、コットブランシュあるいはデュ・プレシス・ランブイエ程度の新興成金は貴族社会に仲間入りしていた。ラ・ブリュイエール（一六四五―九六、フランスの風刺作家）が適切にも表現しているように、巨大なる富は下賤のやからと和解した。

「資産家がなにか失敗をやらかすと、宮廷人は彼について、あいつはブルジョワだ、くだらぬ奴だ、無骨者だという。ところが資産家が成功をおさめると、今度はどうか娘さんを嫁にくれと頼みこむ。」

そうはいっても、資本主義以前、および初期資本主義のすべての文化を通じて、高貴な人が金を消費するのはふさわしいことであるが、金を儲けるのはどうかと思うという感覚から完全に離脱できなかった。モンテスキューすら、永遠に記憶に値する次のような言葉を述べている。

「実益の多い資本家の職業が、結局、尊敬される職業になると約束されるようなことになれば、すべては失われる！　こうなれば、他のすべての階級は吐気をもよおし、名誉はその意味をすべて失い、おのれを向上させるための自然のゆっくりした方式は人の心をとらえなくなり、政府はその中核からゆさぶられることになる。」

こうした感覚は封建的社会のメンバーだけが持っていただけではなく、おのれを不幸な一般大衆から抜け出させようとしていた民衆の一部の層の中にも浸透していた。こうした人々の間から起こったのが、より高級な、すなわちより富裕な商人や資本主義的企業家たちがおのれを「ブルジョワ」として、他の生業にたずさわる者たちと区別しようとした努力である（この努力については、別に関連のある場所でとり上げることにしよう）。だがそれとともに生じたのは、富裕になった新興成金が等しくいだいた貴族への憧憬である。こうした憧憬が、他の国々よりもとりわけこのフランスで強く現われたというのも故なしとしない。なぜなら、フランスでは、貴族は政治的にもきわめて優越した立場におかれており、貴族に属することは、たんに社会的利益ばかりでなく、物質面でもかなりの利益を享受できるという事情があったからである。

どのようにして、貴族が富裕になった事業家たちの間から増強されていったかという事情を、これまでわれわれは観察してきた。ここでとくにつけ加えておきたいのだが、このことは中世初期以来、すべての国々で観察しうる一般的現象であった。いうなれば、後の時代よりも早い時代のほうが、かえってひんぱんに起こった現象であった。今日では、ドイツ諸都市における素封家は、たえず下層の者によって補充されてきている。すなわち、商業や手工業にたずさわっていた幸運児が素封家のサークルにとり入れられたことが知られている[15]。これと同じことがイタリアの諸都市の貴族の家庭にも起こったこと、すなわち貴族は中世初期にも、しばしば富裕になった商人から形成されたことが知られている[16]。これと同様イギリスの貴族社会においても、この階級が従来からいわばいやしい下層の階級の者によって補充されてきたことがわかっている。ここであまり注目されてはいないけれども、実は重要であると思われるイギリスの法源のある個所、すなわちイングランド王アセルスタンの規定を想起したいと思う。これは次のような言葉で記されている[17]。「しかし商人が出世し、おのれの船にて三航海をなしとげれば、この商人はそれ以後、貴族の値打ちがある。」フランス貴族の形成にあっても事情に変わりがなかったことは自明の理である[18]。

しかし、次のような考慮をなおざりにしてはならないと思う。すなわち、富裕な商人、財界人が貴族に列せられるといっても、十三世紀と十七世紀とでは根本的な相違があることだ。十三世紀頃には封建制はまだ無制限といってよいほどの勢いを振るっていた。貴族はほとんど独占的に騎士の資格をもつ大地主から成り立っていた。貴族に格上げされた成金としても封建的社会の生活方式を少しも変えようとはしなかった。彼はこの生活方式に、短期間に、内的にも外的にも適合し、一方この生活方式はまるでスポンジが少量の液体を吸いこむように、彼を吸収した。このことはすべて現存するものと補足されたものとの力関係から起こった。後者は前者にくらべるとまことにとるに足らないものにすぎなかった。一〇〇年後、古い封建貴族に付加された者は、古い貴族と一緒になって、ただ一つの単純なかたまりを形成した。この現象はジェノヴァ、フィレンツェ、イギリス、フランスを問わず一五五〇年頃の古い家族に見受けられることである。すなわちその系譜が二〇〇年あるいはそれ以上さかのぼる家族のことである。こうした旧家を対象にしてみた場合は、その先祖がかつて地主だったか半自由民であったか、それとも荷物かつぎであったかを絶対に区別することはできない。彼らはすべて封建貴族に属しており、十七世紀以来大量に誕生した貴族の家族と相対することになった。新貴族はほとんどすべて実業家階級から発生しており、時代相と、彼らの数が多いというおかげで、貴族そのものの構造に決定的な影響を与えた。
　社会の変革を、貴族と金権との融合を通じて追究しようとする場合は、中世から貴族に列せられた二、三の富裕な市民の例をとり上げ、やみくもに彼らと新時代の開始とともに貴族の列に加えられた成金たちとを同列に論じてもあまり意味はないように思う。歴史上の各時代の特性をよく識別し、区分する力をもつものこそすぐれた歴史家といわれるのだ。
　フランスでは、転機が大約十六世紀の末期から十七世紀の初頭にかけて訪れた。そのころ新貴族を誕生させる強力な源泉が一気に開かれた。
㈠　アンリ四世以来、実業家を貴族に列することが、新産業を起こした者に与えられる特権の一形式として、しばしば行なわれた[19]。
㈡　一六〇四年のラ・ポウレットの勅令により金で買った官職も世襲とされた。このことは組織の変革を意味していた。なぜなら大部分の貴族が結びついていたグランド・ローブ〔法官のこと〕はもともと財界から、金持から補充されたからである[20]。
㈢　一六一四年、以前から行なわれてきた封建的土地所有の新興成金への移行[21]は、法的にも許されることがはっきりと認められた。こうした形式で貴族に列することは、フランスでは、とくに重要な意味をもっていた。十八世紀には、フランス国内には貴族からの土地の購入によって爵位を得た紳士たちがうようよしていた。富者たちはちょうど今日では外国の勲章をもらって得意がるように貴族の領土で身を飾っていた。モアランの一杯飲み屋のせがれパリ・モンマルトルは爵位を得て、ある受洗の式典のときなど、ド・サンピニー伯爵、ド・ダグヴィル男爵、ブリュノア、ヴィレ、フーシー、フォンテーヌ、ド・シャトラヌフ等々の領主と署名した。

貴族に列するための第四の方法として、十七世紀の終り頃から貴族免許状の購入が可能となった。

㈣ 貴族免許状は一六九六年に五〇〇、一七〇二年二〇〇、一七一一年一〇〇が発売された。

結局フランスの貴族のほとんどが爵位を得た成金から構成されるようになったことは、なんら異とするにあたらない。シュランが「十七および十八世紀のフランスで貴族と呼ばれている人々は、本質的には、富と名誉と位階と所有に恵まれた第三階級である」といったことも、十八世紀のなかばにアルジャンソン侯爵が、「爵位が金で買えるのがいとも容易であることからしても、すぐに貴族となることのできないような富は存在しない」と書いたことも、けっして誇張ではない。

フランス革命末期の貴族のありさまを伝えるかなり正確な統計は、こうした判断の正しさを保証している。当時二万六六〇〇の貴族の家があげられたが、そのうち一三〇〇から一四〇〇が旧家の貴族（遠い昔の、あるいは高い家柄の貴族）に属するだけであり、残りの新貴族のうち四〇〇〇が官僚貴族であった。だが資本家がフランスの貴族の中に占める割合は、ふたたびここで、異常に多い貴族と成金の富裕なあととり娘との結婚を勘定に入れた場合は、前記の数字が示す以上にさらにふくれあがることになる。

こうした貴族と成金の融合過程は、老いたる不平家シュリー侯爵の言を信用するとすれば、十七世紀の初めから早くも急テンポで進んでいたことが明らかである。この問題について彼は、「物の考え方が一変し、金がのさばるようになった」と深刻な苦情を訴えた。彼はさらにつづけていう。「貴族自身が、俗悪な庶民と同様にこの問題を考えるばかりか、金融、小売店、帳場といったことを論ずるほかは何も知らない平民階級の者と恥ずべき結婚をして、おのれの純粋、高貴な血を汚しているようなありさまでは、金がまかりとおる時勢も不可避であった。」そして侯爵は、「こうした変革は恐るべきものである」と結んでいる。ところが一五〇年後になると、貴族のサークルの間でもちがった考え方をするようになった。回想録[22]を編集したド・レクリューズはシュリー侯爵の非難の言葉に弁解めいた注釈をつけることをためらわなかった（一七五二年）。またちょうどその頃、ペキニー公爵が、一七〇万リーヴルというすばらしい持参金つきの、資本家ラ・モソン・モンマルトルの妹を嫁にもらったとき、ショーヌ公爵夫人は息子に向かって、「お前、この結婚はりっぱだね。自分の土壌を堆肥で肥やすのは正しいことなのだよ」といった。

つねに明確な観察者であるメルシエがその頃の状態について描いた文章は、事実をまったく正確に描いている[23]。

「金権はいまでは貴族と結びついており、貴族の実力の基礎をなすものは金の力である。貴族のほとんどの奥方の持参金は農家の金庫から出ている。すばらしい家名以外に何も持たない伯爵や子爵が富裕な資本家の娘の手を求めているいっぽう、金ができて得意になっている資本家が、実際は貧しいのだが高貴な家柄のお姫様を追っかけるありさまを見るとおかしくなってくる。」

私はここでも、リスト全部を掲げるのはいとたやすいことではあるが、こうした結婚の無数の例を、名前をあげながら列挙する気持はさらさらない。ただきわめて愉快ないくつかの例だけは紹介しておきたい。これを見れば、十八世紀の独特な社会のありさま（この点に関しては十九世紀、二十世紀も、そっくりそのままだが）をはっきり認めることができるであろう。

一般に「ユダヤ人ベルナール」と呼ばれているサミュエル・ベルナールの息子の一人はクベール伯爵で、ド・ラ・コスト公爵の娘マダム・フロチェ・ラ・コスト・メスリエールと結婚し、別の息子は、パリの高等法院院長の職務を買い、リュー伯爵と称した。彼はマダム・ド・ブランヴィリエと結婚した。この婚姻でユダヤ人ベルナールは、アントレイグ伯爵夫人、サン＝シモン、クールトルネル、将来ミールポア公爵となるアプションの祖父となった。

その祖父がたんなる走り使いであったアントアーヌ・クロザは、ブイヨン王家出身のエヴルー伯爵に娘をとつがせた。彼の次男ティエール男爵は、マダム・ド・ラヴァル＝モンモランシイと結婚し、二人の間にできた娘たちはベテューヌ公爵、ブログリー元帥と結婚した。

クロザの兄弟はグレーヴの貴族、モンサンペール公爵に娘をとつがせた。

ヴリイエール公爵の親族の一人は成上り者のパニエと結婚した。

オアーズ公爵はミシシピアン・アンドレの二歳の娘と結婚した（結婚までに二万リーヴルの年金、持参金は四〇〇万リーヴル）。

ベルテロ・ド・プルヌフの娘はプリー公爵と結婚した。彼女は王の恋人として知られている。

ブロンドルの娘は、マダム・ド・ラ・ロシュフコーになった。ル・バ・ド・モンタルジはアルパジョン公爵の舅《しゅうと》であり、ノアイユ伯爵およびデュラス公爵の祖父である。

父親が中古品のズボンを商っていたオリヴィエ＝スノザンは、娘をのちにタングリ公子となったリュッセ伯爵にとつがせた。

ヴィルモリアンは娘をベランジェ公爵と結婚させた。さらにエヴルー伯爵、イヴリー伯爵、ブリサック公爵、ペキニー公爵、いずれもそろいもそろって新興成金の金蔵《かねぐら》をめざすけわしい道を歩んだ。

まるで近々二〇年内のアメリカの養豚家の娘たちの結婚の歴史が伝えられているようではないか？

資料と文献

第一節の宮廷の歴史は国家の歴史である。特別な宮廷史は私にはわからない。とくに大きくとり上げたいのは、ただハインリヒ・ラウベの『フランスの王城』である。このほとんど知られていない小さな本（三巻、一八四〇年）は、最も躍動した歴史叙述の一つだ。この本からは、（ランケも包含した）ぶあつい歴史の多くの書物より、フランス宮廷の事情についてより多くのことを学ぶことができる。ラウべは有名なフランスの王宮の中からその一つ一つをとり上げ、各時代のありさまを生き生きと再現させた。かくてラウべは、グスタフ・フライタクの『ドイツの過去からの諸形像』のフランス版を、小粒ながら提供した。

第二節の市民の富の発生については、私は拙著『近代資本主義』ではじめて描写しようと試みた。

この章の第三節であつかった初期資本主義期における上流階級の変遷は、内外両面を備えている。外面では、たんに発生史的な出来事をあつかうことになるが、これについては、その数がイギリスだけでもきわめて多い各種の家族の歴史をあつかった労作中に広範な特別文献が存在する。最も詳細な文献はG・E・Cによって最近編集された『一六一一年より一八八〇年にいたる完全な男爵名鑑』六巻（一九〇一―一九〇九年）および『完全なイギリス貴族名鑑』一二巻（改訂版は一九一〇年開始）である。本章にとくに関連のあるいっそう年代の古い文献としては、アーサー・コリンズ『イギリス貴族三巻（一七三五年）、九巻（一八一二年）、やはりコリンズの『イギリスの男爵名鑑』（一七二七年）、フランシス・タウンゼント編『一六六〇年より一七六〇年にいたるナイトの一覧表』（一八三三年）、ウォークリー・トーマス編『イギリスの貴族ほか』三巻

（一七九〇年）、『新紳士録』（一六五二年）。

位階の関係についてはCh・R・ドッド著『高位高官便覧』（一八四二年）、国内法ならびに政治問題では、R・グナイスト著『イギリスにおける貴族とナイト』（一八五三年）および同書が掲げた諸著作。

いっぽう、フランスの系譜学的な文献は以前からあまり豊富ではなかった。一般的な著述の中でいちばん注目されるのは、ドジエ著『貴族辞典』である。これに反し、社会史的文献や専門的研究は数が多い。しばしば引用したノルマン、ティリオン、ボナッフェらの著作のようなものは他の国にはない。

これらの労作には他の側面、つまりよくいわれている社会心理学的な問題のとり上げ方も行なわれている。最近の数世紀にわたって上流階級の中で行なわれた内面的変革を総合的にあつかった著作については知られていない。そのために、あらゆる分野における文献から証拠となる資料をかきあつめるほかはなかった。したがって特別な文献を列挙することは省略した。読者は引用文の中に、いっそう広範囲にわたる展望を与えるほかのもろもろの著作の名が記されているのをお気づきのことと思う。

注

（1）　H.Laube, a. a. O. 1, 128.

(2) Starkeys, *England in the Reign of Henry VII*; Denton, *England in the fifteenth cent.* (1888), 259. にある。

(3) J. Goldstein, *Berufsgliederung und Reichtum.* 1897. 参照。

(4) Postlethwayt, *Dict. of Comm.* 2^2 (1758), 746. 747. 参照。

(5) Harrison, *Description of England.* B. III, Ch. IV (ed. 1577); Gibbins, *Ind. in E.* 4. ed. (1906), p. 323 に引用。エリザベス朝時代のジェントリーの発生のいきさつは明らかではない。Camden, *Britania.* ed. 1590, p. 169 も一般的に〝貴族あるいは紳士は生まれながら、あるいは自力や幸運で汚れから離脱した〟と述べているだけである。

(6) Defoe, *Complete English Tradesman.* 2. ed. 1727, p. 310; 5. ed. 1745, 1, 322.（このくだりは両版とも同じ）

(7) Defoe, l. c. 5. ed. 1, 224 ff.

(8) Defoe, l. c. 2. ed. p. 313; 5. ed. 1, 324.

(9) Postlethwayt, *Dict. of Comm.* Art. *Commerce*; Miege-Bolton, *The present state of Great Britain etc.* 10. ed. 1745, p. 156.

(10) Charles R. Dodd, *Manual of Dignities etc.* (1843), 251.

(11) Defoe, l. c. 2. ed. p. 311; 5. ed. 1, 323, 24.

(12) Lecky の引用は *Miscellanea* in seiner *Geschichte Englands* im II. Bande, Kap. 2 (Deutsche Übersetzung 1, 208) から。私のもっている *Miscellanea* (Vol. I, 1680; Vol. II, 1690) にはこの引用はない。

(13) Defoe, l. c. im XXIV. Kapitel der 5. Auflage.（二版にはこの章はない）

(14) Laffemas, *Traité du commerce de la vie du loyal marchand 1601*; G. Fagniez, *L'économie sociale*

de la France sous Henry IV (1897), 253. による。

(15) Strieder, *Genesis d. mod. Kap.*, 40, および die daselbst angeführte Literatur. それに Rud. Häpke, *Die Entstehung der großen bürgerlichen Vermögen im M. A.*, in: *Schmollers Jahrb.* 29, 245 ff.

(16) H. Sieveking, *Die kapitalistische Entwicklung in den italienischen Städten des Mittelalters,* in: Vierteljahrschr. f. Soc. u. W.-Gesch. 7, 73.

(17) Ranks 6 in B. Thorpe, *Ancient Laws institutions of England* 1 (1840), 193. Anm. des Herausgebers: *"It is possible that craeft* (*craft*) *may here as at the present day signify a vessel."* ここでいうクラフトは、おそらく今日の船にあたるだろう。

(18) 参照すべきは H. Pigeonneau, *Hist. du commerce de la France,* 1 (1885), 397 ff. と G. D'Avenel, *Hist. écon. de la propriété etc.* 1 (1894), 144 ff.の多くの実例。

(19) Beispiele bei Levasseur, *Hist. des classes ouvrières etc.* 2^2 (1900), 175. 200.

(20) Ch. Normand, *La bourgeoisie française au XVII sc.* (1908), 9 ff. 21 ff. 64 ff.

(21) G. D'Avenel, 1. c. 1, 144 ff. 208 f.

(22) Sully, *Mémoires* s. a. 1601; éd. 1752, 4, 12 ff.

(23) Mercier, *Tableau de Paris,* 2, 201, Ch. CLXXII.

第二章　大都市

一　十六、七、八世紀の大都市

もともと、前章で描いた諸過程にともなって生じたすべての文化の発展にとって最も意義深い出来事は、まず十六世紀以来、一連の都市の居住者の数が急速にふえたこと、またそれによって新しい型の都市すなわち何十万という人口をかかえる大都市がつくられ、なかにはロンドン、パリのように、十八世紀の終りに現代の一〇〇万都市に匹敵するような大都市が生まれたという事実である。

十六世紀を通じ、一〇万の人口をもつ都市は、すでに一三から一四に達していた。[1]それはまずイタリアの諸都市で、ヴェネツィア（一五六三年に一六万八六二七、一五七五—七七年に一九万五八六三）、ナポリ（約二四万）、ミラノ（約二〇万）、パレルモ（一六〇〇年に約一〇万）、ローマ（一六〇〇年に約一〇万）、それにフィレンツエ（一五三〇年に約六万）となっている。

次はスペイン、ポルトガルの都市で、リスボン（一六二九年に一一万八〇〇）、セビリア（十六世紀末、炉の数一万八〇〇〇というから人口は約一〇万）、さらにオランダ、ベルギーのアントウェルペン（一五六〇年に一〇万四九七二）、アムステルダム（一六二二年に一〇万四九六一）である。

いよいよパリとロンドンである。

パリの範囲はすでに十六世紀中葉、勅令によって定められたが（この点についてはすぐ後でふれることにする）、一五九四年には約一八万あった人口は、宗教戦争の結果あきらかに減少した。

ロンドンは迅速に膨張し、十六世紀の末期には過密大都市のあらゆる徴候を示すようになった。このことは一六〇二年のエリザベス女王の勅令からもうかがい知ることができる。(2) ロンドンの人口はエリザベス朝時代には約二五万と評価されるべきである。

十七世紀の間に、かつての大都市のいくつかでは人口の減少をきたした。リスボン、アントウェルペンは一〇万以下となり、ミラノ、ヴェネツィアの人口も激減した。

これに反し新しく大都市ができてきた。ウィーン（一七二〇年で一三万）やマドリッドである。

急速な人口増が見られたのは、ローマ、アムステルダム、パリ、それにロンドンである。十七世紀の末、ローマは一四万、アムステルダムは二〇万の人口をかかえ、パリは五〇万に達し、ロンドンはこれを突破した（一七〇〇年で六七万四三五〇）。

十七世紀を通じロンドンの人口がゆっくりとしたペースで増加していったのに対し、パリの人口は明らかに急上昇した。とくにブルボン家の二王の統治時代に、パリの人口は急激に上昇した。こうなると前述した奇妙な勅令がしばしば発せられ、家屋の新築を禁ずるようになった。「われらの美しき都市パリが膨張によって大災害をこうむることは明らかである」とか、「パリ市の拡大を一定限度内にとどめることこそ陛下のお気持であることを言及しておく」とか述べられている（これらの禁令の中に、組合《ツンフト》のとりきめに見受けられるのと同種の意志が現われているということもできよう。すなわち、組織的な構成を無限に拡大することに対する抵抗、なにごとにも頓着することなく拡張し、いっさいがっさい権利を与えてやろうという資本主義推進者の傾向に対する抵抗、それに無制限な事業欲・経営欲に反発する古式ゆかしい節度ある人々や、伝統的身分家柄にとらわれた人々の抵抗がみられるわけだ）。

もちろんこうした禁令はなんの成果も生まなかった。禁令は（一六二七年および三七年と）くりかえし発せられたけれども、パリはまさにこの時期に異常にふくれあがった。炯眼《けいがん》な歴史家（ボードリアール）は、ルイ十三世のパリと同盟時（十六、七世紀におけるカトリック諸侯の同盟）のパリとの間では、同盟時のパリと第三共和国とのパリとの間におけるよりも大きな差異があると考えた。当時の人々がこの変化をどのように強く感じたかを、コルネイユは一六四四年に書いた喜劇『嘘つき男』の第二幕、第五場の中で次のように歌っている。

きらびやかな町はすべて
奇跡のように泥土から生まれた。
屋根また屋根の輝きはとくに
ここには諸王神々が支配することを教える。

十八世紀は次のような推移をもたらした。
人口二〇万を突破したのはモスクワ、ペテルブルク、ウィーン、パレルモ（一七九五年二〇万一六二）である。これとあまりへだたっていないのはダブリン（一七九八年一八万二三七〇、一七五三年一二万八八七〇、一六四四年はわずか八一五九）である。

人口一〇万に迫るのはハンブルク、コペンハーゲン、ワルシャワで、ベルリンは一四万一二八三（一七八三年）、リヨンは一三万五二〇七（一七八七年）に達した。ナポリは約五〇万（一七九六年四三万五九三〇）に近づき、ロンドンは一〇〇万（一八〇一年の調査によれば八六万四八四五）、パリは革命発生時六四万から六七万の人口を数えた。

二　大都市の発生と内部構成

どうして諸都市がこのように拡大していったかを観察すると、本質的には中世紀にも同じような都市拡大の要因があったことがわかる。初期資本主義時代の大都市も（否、この時期にこそとくに）完全な消費都市であった。大消費者は周知のように王侯、僧侶、高官であったが、それに新たに追加された主要なグループは大資本家であった（資本家は国民経済の組織の中で生産者の機能をはたしたこととなんら矛盾することなく、彼らを当然、消費者とみなしてもよい）。大部分はここに最大の（そしてほとんど大部分の）消費者が居住していたために、あのように巨大になったのである。都市の拡大はまた本質的には、消費が国の中心となる都市に集中したことによるものだ。

この考えの正しさは、まず次のような逆の現象を指摘することによって証明される。すなわち商業あるいは工業生産に従事する者は、もともと住みついていた中小都市の範囲を脱して発展する状況にはなかったことである。

純粋な商業都市、たとえば十八世紀の旅行者が「イギリス最大で、最も人口が多く、しかも最も繁華な都市であり、ヨーロッパの最重要都市の一つ(3)」と名づけたブリストルにせよ、当時イギリスでさかえた商業都市エクセター、リン、ノリッジ、ヤーマスなどにせよ、ロンドンの人口がかなり以前から五〇万を突破していたときに、人口わずか三万〜四万を数えるにすぎなかった。しかし工業も一般的にいって、まだ大都市を形成するに足るだけの力をもっていなかった。鉱山都市でも家内工業の中心地でも、十八世紀の工業の中心地は、イギリスのニューキャッスル、グラスゴー、リーズ、マンチェスター、バーミンガムにせよ、ドイツのイーゼルローン、パーダーボルン、ヤウアー、ヒルシュベルクにせよ、そのほとんどが中小都市であった。イギリスでもドイツでも十八世紀末まで、それぞれの首都を除いて、一〇万以上の人口をもつ都市はなかった。

アムステルダムやハンブルクのような商業都市が、ここで扱われている時代でも大都市の性格をそなえていたにしても、いっそう詳細な研究をすれば、都市の巨大化は商業取引とはまったく別個の力に依存していることがわかる。

そのため十九世紀以前に生産都市として大都市群の中に顔を出した都市としては、ただ一部だけ、すなわちリヨンの名をあげることができるだけである。リヨンは初期資本主義期における最大の奢侈工業の所在地であった（もっとも、リヨンでさえ、信用の交流が市の膨張に本質的に関与していたようである）。

こうした事情からしても、実際には消費の集中が初期の大都市の発生をうながしたこと、さらにそのさい、一般的な資本主義的発展の圧力がかかっていたために、お国がら、土地がらにはあまり関係なく、ほとんど同じような方式で大都市が発生していったことの正しさを証明するのは容易である。

ここで十七および十八世紀における最重要都市について、この理論の正しさを実例によって示そうと思う。

(a) **ベルリン**　純粋な首都の典型はベルリンであり、ここの町づくりにあずかったのは、本質的には、たんに宮廷、官僚、それに軍人だけである。ベルリンは十八世紀後半になってはじめて急速に成長するようになった。一七六〇年代の初めに、市民の人口ははじめて一〇万の大台を突破した。しかし十八世紀の末期になってさえも、ベルリンはもっぱら兵士と役人だけの都市であり、したがって貧乏都市であった。一七八三年ベルリン駐屯の将兵は、その妻子の数をふくめて三万三〇八八人に達していた。この数は一四万一二八三人という全人口に対し二三％にあたる（一八九五年にはベルリン駐在の将兵とその家族は二万九四四八人で全市人口の一・八％にすぎない）。国家公務員や市の役人は三四三三人にのぼり、家族も入れると約一万三〇〇〇人となった。これに信じられないほど大勢の使用人の数（一万七四四人）が加わるため、この三者、つまり、軍人、役人、および使用人と、宮廷に出入りする住民とを加えると、全部で五万六〇〇〇人をこえ、全人口の五分の二を突破した。[4] 貧しいプロイセン王に寄食していたこれらの人々がどんなに貧しかったかは、彼らが自分たちとほとんど同数の人々にしか住居や仕事を与えてやれなかったという事情が教えてくれる。当時のロンドンやパリでは、ベルリンと同様約五万人が役人や軍人および関係者だったが、それでも彼らは少なくとも二〇万から三〇万の人々に住居や仕事を与えた。

(b) **アムステルダム**　ここもはじめは、たんなる王都であった。十七世紀の終り、このことは宮廷の移動が同市のすべての領域に多大の被害をもたらしたことからも、明らかである。[5] だが宮廷移転によって生じた間隙はまもなく埋められた。アムステルダムはヨーロッパ全体の国家に債権をもつ者の居住地となった。世界各地の植民地がもたらした豊富な商品が、ここで余沢として十二分に消費されることになった。

(c)　**ヴェネツィア**　ここはアムステルダムと似たような性格をもっていた。古来から、かなりの量にのぼった植民地産品は、やがて暖衣飽食できる金利生活者を生みだしたばかりかさらにイタリア本土にも富裕な地主の数をふやした。クレタ島の植民者の家族について、すでに十五世紀から次のようなことが伝えられた。「彼らの多くは大財産をつくり、いまやヴェネツィアに住みついて、利子を食いつくしている。[6]」このさい忘れてはならないのは、ヴェネツィアはその植民地を失うまでヨーロッパ第三の帝国の首都であったことである。ヴェネツィアで消費される巨大な富は、贅沢ざんまいの享楽生活を煽《あお》り、これが多数の外国人をおびきよせたために、ヴェネツィアは十六世紀には、ローマとならんで最も有名な都市となった。一五六五年、ある人は手紙の中でここを「享楽の本山」と名づけ、ヘンツナーの『イティネラニウム』（一六一七年）は「享楽の天国」と書いた。[7] 何よりも魅力的だったのは女と祭りであった。

(d)　**ローマ**　グレゴロヴィウスは、十六世紀のローマがまず広域にわたる都市であるところから、ローマは唯一の世界都市であるとした。この都の各種各様の飽くことなき消費者をかかえていた。

その筆頭にあげられるのが、教皇献金と名門のおかげでふところに入るかなりの額の収入で生活していたローマ教皇、ならびに宮仕えの人々である。

第二に、一五〇〇年、一年だけでローマに二〇万人いたという巡礼である。

第三が枢機卿と高僧で、カルテジウス著『枢機卿』[8]は、(すでに十五世紀でさえ)枢機卿たるものは一万二〇〇〇グルデン金貨の収入をもち、約一四〇人の使用人をおのおのその屋敷内にかかえているにちがいない。しかも彼らの多くは三万ドカーテンあるいはそれ以上の収入があると判断した[9]。

第四は、宝の倉をかかえる教皇の親類縁者で、シクストゥス四世の息子ピエトロ・リアリロは七万グルデンの年金を得ていた。

第五は、オルシーニ、コロンナといった大貴族たちで、彼らは広大な土地を所有し、それ相応の巨額な地代を手に入れた。

教皇たちがアヴィニヨンに居住している間、ローマは荒廃の危機にあった。クレメンス五世の死後ナポレオネ・オルシーニはフランス王に対し、教皇が去ったことによってローマは没落の瀬戸際にあると証言し、一三四七年、コラ・ディ・リエンツィは、ローマは礼節ある人々の住むところというよりはむしろ盗賊の洞窟であると考えた。[10]

(e)　**マドリッド**　ローマとヴィネツィアではすでに十五、六世紀に実現されていたこと、すなわち世界都市にマドリッドがなったのは十七世紀においてであった。ここは地上最強の王が宮廷をかまえた最大の世界帝国の中心点であり、アメリカの銀資源がここに集まってきた。スペインで権勢と富をもつ者すべてにとって、マドリッドが魅力の源泉となったことはふしぎではない。「王のおかかえ」になるという欲望ほど活発なものはなかった。王が与える宮廷の官職は、誰よりもまず、貴族の若き子弟が努力する目標であった。マドリッドが大公たちの流入によって、すなわちフェリペ三世以来、いかに迅速にその意義を高めていったかというありさまを、かなり正確に追跡することができる。「富者や権力者はつねにますます田舎の居住地を離れるようになった。[11]」まるでマドリッドはローマとならんで、享楽を求める外人訪問客が殺到するはじめての近代的大都市となったかのようであった。マドリッドは「外国人のための高級旅館」と呼ばれるようになった。[12]

(f)　**ナポリ**　マドリッドは十七世紀に、ヨーロッパ第三、否おそらく第二の大都市であったが（その最盛期には人口四〇万を数えたという）、そのようにナポリの発展ぶりはめざましく、十八世紀には、ロンドン、パリにきびすを接する地位にのしあがった。

ナポリは、本書で展開しているテーゼ（すなわち、かつての大都市はすべて消費の中心地に起こったということ）の正しさを証明する「学校のお手本」みたいなものである。ナポリは首都以上の何物でもなかった。さらにナポリが、中央集権的行政ならびに裁判組織をもち、かなり昔から統合された地域の首都であることやその他の事情がからみ合わさった結果、この都市は、他のイタリアの都市がなかなか達せられなかった目標である大都市の地位に早くもつくことができた。

ナポリの強大さと富は二つの源泉、つまり王国と教会から発した。その頃の人々もこのことをすでに察知していた。ナポリの社会的構成をまるで鏡にでも映したように上手にとらえた著作の中で、カラキオーリは、「王への奉仕はわれらが商業」と判断した。実際に、ナポリにおける官僚の数は膨大であった。なぜなら中央集権は政治組織を多種多様のものとするからだ。当時の人々からもすでに本質的な収入源として認められてきた官庁手数料のしくみは、異常なほどきめこまかく定められていた。ナポリの教養ある人々の間で活動していた者にとって、この都市には、無数の法律学者、弁護士それに書司以外にはほとんど誰もいないように思われた（フォリエータ）。その後スペインの支配が長期的に固定すると、かのカラキオーリが明白にとらえた宮廷の影響力の弱体化がはじまった。いよいよ王も雲がくれ、町は日に日に没落し、男爵のお供もわずかとなった。そのためナポリの公的生活も躍動と光彩を失い、王侯がきらびやかに市中を練り歩く姿はみられなくなった。市の人口は減り、家賃は下がった。それもすべてナポリが王都でなくなったという理由からであった。「われらの貴族に富をもたらしたものが、われらの商業であった」と、カラキオーリはくりかえした。

つづいてすべてが変化した。ナポリはスペインの支配のもとにあっても、栄華の花をさかせた。なぜなら、お偉方がふたたび華麗なお供をひきつれて歩きまわるようになったからである。ナポリは以前にもましてきらびやかになり、人口も急速に増加した。(13)

(g)　**パリ**　近代化学の創始者ラヴォアジェがその価値ある精力を人民の福祉に捧げ、国民議会で財政組織の改良につとめたとき、彼は、パリの人々が外部から移入している商品の量がいくらあり、またその価格がどれくらいになるかを確定するために、きわめて興味深い見積りを明らかにした。彼のきわめて正確な算定は、次のようなすばらしい結果を示した。すなわち、パリで年々消費される物品のうち、人間が消費するものに二億五〇〇〇万リーヴル、馬が消費するものに一〇〇〇万リーヴル支払わねばならぬということである。われわれにとって興味があるのは、この二億五〇〇〇万リーヴルは何で支払われるかという質問に対するラヴォアジェの回答である。なぜなら、このことの中に、革命発生時におけるパリの人口構成についてのまったく驚くべき判断がふくまれているからである。ラヴォアジェの回答は次のようなものであった（この回答の中から、彼がおかした明らかな誤りは除いておく）[14]。

「約二〇〇〇万リーヴルをもたらすのは輸出貿易と商業である。一億四〇〇〇万リーヴルは国債の利子と俸給で支払われる（国庫から支払われる利子と立替金による収入）。一億リーヴルをまかなうのは、パリで消費される地代と企業家の利潤（外国企業の利潤）である（換言すれば農業、工業、ならびに土地から得られる収入のことである）。」

すばらしい、実にすばらしい！　なんと深い洞察と認識であろうか。パリは無視できるわずかな要因を除いて、宮廷、官僚、国家の債権者、それに地代生活者が生活している純粋な消費都市であったのだ。

これと同じ考えを、その頃の判断力のある人々の間に、くりかえし見出すことができる（この人たちに代表される考えの正しさを数字的に証明する資料がない以上、残念ながらともかく彼らの証言に頼ることにする）。

『人類の友』の著者、年長のほうのミラボーは、もし彼の提言が実施されるならば、約二〇万人がパリから流出するにちがいないと算定した。彼はつぎの三種の人々を故郷に帰らせるべしと提案したわけだ(15)。

㈠　宮廷に仕え、そこから多額の収入を得ている官吏たち。

㈡　本来なら故郷に御輿《みこし》をすえているべきでありながら、パリにいたまま、裁判ざたになっている自分たちの争いを今後も継続し、それと同時に金持らしい威風堂々とした生活ができると確信している大地主たち。

㈢　裁判のためやむなくパリに呼び出されている者すべて。

彼をふくめたすべての重農主義者の考えによれば、当時は、人間および富の誤った配分が行なわれていた。なぜなら、利子あるいは十分な収入を得て楽に暮らしている人々や、貴族や富者はすべてパリその他の大都市に居住して、国家の基本収入のほとんどすべてを消費しているからである。またこれらの支出によって、多くの事業家、手工業者、従者、それに日雇いたちがひきつけられてくる(16)。さらに金を直接国庫から引き出す財界人らが属する高額利子所得者の周囲に、高度に発達した奢侈産業が群がった。[17] なぜなら「故郷にいるときは田舎者であった大地主も趣味のよい通人となり、手工業者にも、技巧をみがくこともさることながら、それぞれの専門分野での芸術家になろうという考えを起こさせた。[18]」

あらゆる職業、すべての商売が、私が確定した意味における都市建設者である富裕者の収入によって生活していたありさまを、メルシエは彼独特の迫力ある筆致で描いている。[19]

「金持のくだらぬ贅沢の中にだけ、生活のささえの保証を得ている貧乏人の群れに対し、どんな助力をしようというのだ。……

この大都市には、一生涯ただ子供の玩具ばかりつくったり、漆《うるし》をぬったり、鍍金《めっき》をしたり、各種の装飾にだけたずさわっている人々がいる。労働者の軍団、何万という手がここで夜となく昼となく、砂糖菓子やデザートの食べ物をつくるためにきたえられている。本当は無為にすごしているくせに、自分では生活していると信じ、おそいかかる退屈しのぎのためにだけ一日二回も化粧するなまけ者全員の目覚めを、他の一五万人が櫛を手にしながら待機している。」

パリ住民の少なからざる部分が教会とその使用人の収入によって生活していたことを、記録文書の中で特記するのを重農主義者たちは忘れていた。この点でもメルシエは次のように述べることによって、われわれにとってまたも最大の価値ある源泉となった。

「パリは剃髪した坊さんでいっぱいだ。彼らは教会にも国家にも仕えない。彼らは永遠の無為の中でぶらぶら暮らし、くだらぬこと、気の抜けたことを除いて何もできない。……

多くの家に坊さんがいて友人と呼ばれているが、実は自分の領分をわきまえた尊敬された使用人にほかならぬ。こうした家には、やはり僧職にある家庭教師がやってくる。」（メルシエ『パリの光景』一七八三年版）

「僧正たちは平然となんの悔悟の気持もなく居住地に関する法を無視し、聖なる戒律によってきめられた職務を離れる。彼らはまるで追放先のように思われる司教区を退屈のあまり脱走し、手持ちの財産で楽しむために、ほとんど全員がパリに集まってくる。」（同書）

われわれはこの保証人に、初期資本主義期の末期に結集したパリ住民の中のさまざまなグループに関し、信頼できる唯一の鳥瞰図を負うている。私はそのありさまをいっそうはっきりさせるために、彼の行なった展望をここでもう一度伝えたいと思う。ただし、これがより明白に映ずるよう、図式の形をかりて伝えることにする。

「パリには、はっきり区別できる八種の住民群がある。

㈠ 王侯と貴族

㈡ 学者 (a)弁護士 (b)聖職者 (c)医師

㈢ 地主からはじめて小規模な金貸しにいたるまでの財産家。手形仲買人という新怪獣は、この貪欲な軽蔑すべき、しかも実際に人に後ろ指をさされる社会のどまん中に位置している。

㈣ 大商人や小売商人。彼らはただ金持によってだけ生きている。しかも金持は、どんなものでも現金で買おうとはしないため、商人は一日じゅう、彼らやその使用人の前で屈辱を味わわねばならぬ。

㈤ 芸術家。画家、建築家、彫刻家は最低の水準、作曲家はいくらかましな水準、そして文士が最高の水準にあるとされている。

(六)　手工業者。前述したように、富裕な手工業者はまったく金持相手の仕事によってだけ生活している。
(七)　日雇労働者
(八)　従者
(九)　下層民。これも入れておこう。
パリには何よりもまず、無数の非生産的人間がいる。僧院の助祭の多くの団体、多数の貴族、裁判所の書記、裁判所の執行人、裁判所の用務員、書記、近衛兵、兵隊、金利生活者、御者、郵便馬車の御者、馬丁等々、それに一団となってパリにくる外国人たち。」(メルシエ『パリの光景』二巻、一七八八年版、三九・四〇ページ以下、四四・四五ページ以下)

(h)　**ロンドン**　十六世紀以来強力な宮廷とその周囲にいて地代で生きていた富裕な大地主は、十七世紀でもなおロンドンの中核をなしていた。十七世紀に貴族やジェントルマンを首都がひきつける魅力がいかに強力であったかは——奇妙なことに!——二代にわたる最初のスチュアート朝がロンドンに住みつきたいという地主の家族の欲求に対抗して発した無数の訓令に中にうかがわれる。一六三二年に発せられたこの種の訓令の一つは次のように述べている。

「彼らが家族と一緒にロンドンに居住するために、各地方の資金財産の大部分がその発生地からひきぬかれ、もとはといえば外国産の過度の刺激や誘惑にまどわされた者たちによって、ロンドン市で消費される。これによって無為徒食の軽薄な連中がロンドンへ、ウェストミンスターへとぞくぞく流入している。」

だが、これらすべての流れを源泉にひきもどそうとする命令の運命と同じ運命をたどったのが、居住禁止令であった。こうした禁令は守られなかった。それどころか十七世紀の間に、地主のロンドンへの移住がとくにさかんに行なわれたに違いない（しかもこのことが、この世紀におけるロンドンの迅速な拡大をうながした）。なぜなら十七世紀の末期、ロンドンは、貴族、ジェントルマン、宮廷人、聖職者、法律家、医師、商人、船員、あらゆる種類のすぐれた芸術家、教養人それに美女の集合地として記述されているからである。(20)

十七世紀末以来、そして十八世紀を通じてすでに御輿《みこし》をすえたいわば旧市民に、新規に重要な居住者すなわち国に債権をもつ人々と大財産家が加わった。十七世紀のロンドンでもすでに信用の交流はさかんであった。短期間にいかに巨額の現金が動いたかは、たとえば、イングランド銀行の株式資本（一二〇万九〇〇ポンド）が一六九四年の六月二十一日から七月二日まで、すべて充塡されたという事実が証明する。国の債務がロンドンの町づくりに役だったことを、デイヴィッド・ヒューム（一七一一―七六、イギリスの哲学者、歴史家）は次のように強調している。

「国の債務によって、大勢の人口、多量の富の首都流入が行なわれた。それも、債務の利子の支払いのため、地方で徴収された巨額の金によってもたらされた。[21]」

十七世紀の中頃にはシティーの中にも、上品な世界があった。このことはたとえば、臭いに敏感なシティー住いの婦人が、彼女たちを苦しめる石炭の煙（この頃、石炭を燃やすならわしがはじまった）に関して述べた苦情からもうかがい知ることができる。

「ねえあなた（夫に向かって）、町の石炭からでる煙の臭いをがまんしなきゃならないのなら、わたしたちも子供たちも、けっして快適な気持にはなれませんわ。[22]」

その頃、貴族たちは館を町はずれに移転しはじめた。ミージェの後継者であるボルトン氏は、十八世紀の中頃、ロンドン市に起こった変化の過程について、目のあたりに見えるような像を残してくれた。

「貴族や紳士の主だった人々は、いっそう高級な土地や通りに住みつき、このところ、以前よりは快適に暮らしている。彼らは移転先で新鮮な空気を吸い、近代的な普請を行なっている。」このあと彼はこの種の新築家屋を多数列挙しているが、彼の記述からもその時代のロンドンの高級地のもようは、田舎の貴族の移住によってきめられたという感じがする。[23]その後、これと並んで貴族たちのロンドン隣接地区への移住が行なわれた。デフォーはロンドン隣接地区として一七ヵ所をあげ、「これらの地区はいずれもイギリスの貴族や紳士たちの屋敷というよりむしろ御殿によって占められ、かつまわりをかこまれている」と述べた。[24]

そこで私もラヴォアジェがパリについて試みたように（たしかにまったく別種の方法を用いたのだが）、十八世紀のロンドンについて、いかなる種類の人々が町づくりに関与していたかを、数字のうえで裏づけようと試み、次に示すような結果に到達した。もちろん、これは正確このうえもないなどと主張するつもりはない。だが、私の試算の信憑性は、これが、ラヴォアジェがパリについて行なった試算が示す数量関係と近似しているという事実によって、たしかに、疑問の余地のないほどはっきり保証されることになる（もっとも、ロンドン、パリ両市の事情は、前者の商業が後者のそれよりもさかんであったことによって異なってくる）。

ロンドンをとり上げるさい、商業が、町づくりの要素として何よりも問題にされることは、たとえばチェンバレンの記述によっても明らかである。商業は、ロンドン訪問者すべての心をそそった。ところが、数字に即して調べた場合、商業がロンドン人口のごくわずかな部分しか養えなかったことはきわめて明白である。イギリス全土の輸出入は一七〇〇年をとると、二億一四〇〇万マルクに相当するが、この量は、十九世紀の中頃、ブレーメン市の商業が年間到達したものとほぼ同じである。次に、一六八八年、イギリスのすべての港湾を出入した船舶のトン数は二八万五〇〇〇トンだが、これは一八〇〇年のハンブルク港出入船舶トン数と等しく、今日のハンブルク港のそれの五〇分の一にすぎない。これについてはゴルトシュタインの推算を参照されたい（チャーマーおよびプライス・ウィリアムズによる）。当時のロンドン商業の偉大さはたしかに敬服すべきものがあるが、そうかといって、「河畔に停泊する船の数はかぎりなく、船のマストは森林のようだ」とか、「設備万端ととのった無数の商店」（チェンバレン）といった、その頃の著述家の言葉を信用したあげく誇張されたイメージをもたないように注意しなくてはなるまい。そしてロンドンの巨大化にどのくらい商業が関与したかを測るときには、たとえば次のような算定を試みるべきだ。

一七〇〇年におけるイギリス全土の商品の輸出入は一一〇〇万ポンドとまではいかないくらいであるが、これに当時としてはかなり高い一〇%の利益があがったとしても、その額はたかだか一一〇万ポンドである。さらに、たしかに高すぎると思われるが、イギリス全土の商業の三分の二がロンドンに関係したとすると、ロンドン商人の利益は約七五万ポンドということになる。キングは一六八八年における手工業者の家族の平均収入を四〇ポンド、労働者家族のそれを一五ポンドと見積った。そうなると、例のロンドン商人の得る利益によって約七〇〇〇の手工業者の家族、約二万四〇〇〇の労働者家族、どちらもという場合は、約一万二〇〇〇の家族が生活しうることになる。キングは一家族の頭数を三人半から四人とみた。ともかく商業によって暮らすことのできる人口は一〇万人、当時のロンドン人口の七分の一から六分の一を越えることはない。

だがここで頭に入れておかなくてはならないのは、ロンドンで発展した商業であっても、それがロンドン市民同士の商品の交換を媒介する商業を除いたものだけが、町づくりの役割をはたしたということだ。しかもこの市民間の商品交換を除外すると、ロンドンにおける商業の役割はなおいっそう小さくなる。

比較検討するために、当時のイギリスの王室費を見てみよう。一六九六年、議会はウィリアム三世に七〇万ポンドの王室費をみとめ、アン女王も同額を入手した。ジョージ一世のさいはこれが八〇万ポンド、ジョージ二世の場合は九〇万ポンドに格上げされた（王妃のために別個に一〇万ポンド）。そのほか皇太子すなわちプリンス・オブ・ウェールズは一〇万ポンドにのぼる独自の収入があった。王、王妃、皇太子は、そこで商業従事者全体をあわせたのとほぼ等額を消費し、ほぼ同数の人間を養うに足るだけの収入をもっていたことになる。右に伝えた数字はミージェおよびボルトンからとった。この文献には、「大ブリテンおよびアイルランドにおけるすべての文官、武官、および聖職者の官職リスト、あるいは職員録」と題する付録がついていて、この中にはイギリス王国の文官および武官の収入が、ほとんど完全に示されているが、一部最高級の官僚の収入は信じがたいほど高額であったことがうかがわれる。すなわち一〇〇〇ポンド、一五〇〇ポンド、二〇〇〇ポンドに達するものも少なくない。もし二〇〇〇ポンドを商業の利潤として得ようとするならば、たとえ利率を二〇％とし、年二回資本を回転させたとしても、売上げが二〇万ポンド、ロンドンの売上げ全体の四〇分の一だけなくてはならないことを意味するのだ！　当時のロンドン住民の割合を町づくりにどのように加わっているかをグループ別にわけて見ると、ほぼ次のような関係になっていたように思われる。六分の二が王および宮廷の関係者、六分の一が役人、六分の二が地主と間接的に国家の金利で生活する者（財産家）、六分の一が商業および手工業従事者ということになる。

三　十八世紀の都市学説

初期資本主義時代における大都市の社会構造の実情が、私が前節で記述すべく試みたとおりであったことは、十八世紀の無数の都市学説からも、期待どおりにはっきりとうかがわれる。しかもこれらの学説からは、とやかく頭を悩ますことなく、当時の大都市のすがたを再編成することができると思う。なぜなら、都市学説をとなえた者の多くは、たしかにこの町、その都市の発生、そして存続の条件を描いている。だが、彼らの学説は、彼らが住むそれぞれの環境にあって、事物がいかに形成されていったかを実際に観察することを通じて、一般論を打ち出したことにほかならない。そこで私はこのさいしめくくりとして、都市問題について言及した当時の著作家のうち、最もよく読まれかつ尊重された人の意見を二、三列挙してみたいと思う。

私の見るかぎりでは、十八世紀の国民経済学の他のもろもろの領域におけるのと同様、都市の理論を扱うにあたって、先駆者とさるべきはカンティヨンである。彼は都市の発生を次のように見た。

「まず王侯や首領が、どこか快適な場所に住みつく。次に貴族たちも一緒に住んで、たがいにしばしば会い、愉快な社交界をつくるため、同じ場所にやってくる。そうなると、ここから都市が生まれる。これら貴族たちのために、大家屋が建てられ、また彼らがここに居住したことにひきつけられてやってくる商人、手工業者、その他すべての職種の者たちのためにも、無数の家が建築される。王侯、貴族の奉仕のために必要なのは、パン屋、肉屋、ビール醸造業、酒屋に、各種各様の工業、生産者である。事業家はここに家を建てたり、他の者が建てた家を借りて住むようになる。……この町のすべての小さな家は、ここで述べたように、お屋敷の支出に頼り、そのおかげで存在している。……こうした町は、もし、王や政府が裁判所を設けようものなら、さらにいっそう拡大する。……大都市といえども、田舎の町のように、こうした方式にしたがって形づくられる。……国家のすべての領域は、多

かれ少なかれ大都市居住者を養うのに役だっている。」（カンティヨン『商業の性格について』一七五五年、一七ページ以下）

彼と同じような考え方は、多少のニュアンスのちがいはあれ、都市の形成をあつかった当時のほとんどすべての論文の中にうかがわれる。カンティヨン式の考え方は、これが理論の支えとなるとされたところから重農主義者たちによって、とくに念入りに発展させられたが、そんなに正統的な重農主義者でもない多くの著述家にもひきつがれた。

十八世紀の国民経済学についての文献が問題にしていることの大部分は、いかにして国民経済の目的に即して地代を支出するかという論議に捧げられている。なぜならこの問題を、奢侈をあつかった無数の著述や、これら著述の中の章がとり上げているからだ。もともと奢侈をあつかうことは、周知のように、十八世紀の国民経済学的文献および人口論を特徴づけるものである。

ところで、国民経済にとってきわめて重要な国家収入の相当額が都市で、とりわけ大都市で消費されるようになると、奢侈の問題は大都市問題とからみ合わさってくる。奢侈をあつかった著述家のほとんど全員は、次のような諸問題の論議に研究範囲をひろげている。なぜ諸都市の人口がかくもふえたのか？　都市の中で暮らしているのは何者か？　なんのために富者の収入が支出されたのか？　この種の支出は国民経済の動きにいかに作用するか？

　奢侈——大都市理論が当時の文献の中で結合しているありさまを示すためには、ケネーの『人口、農業、商業に関する興味ある諸問題』を想起するだけで十分であろう。ケネーはこの論文の「都市」についての章のなかで、都市の形成と、国民経済的な流通との結合という例の問題を二〇の質問の形でとり上げた。たとえば一五番目の質問は次のようである。

「農業にとっても有害でない巨大な財貨が、大都市に集められた場合、富は都市に蓄積され、農村にはもどってゆかないということは証明できないか？」

　あるいは一八番目の質問を見てもらいたい。

「不動産からの収入を回復するために、地主や巨額の出費に耐えられる人々は農村にもどることが要求されるのではないか？　都市での投資は、その投資が農村に行なわれた場合ほど、農村によって有益ではないのではなかろうか？」等。また「富」に関する章の第四項は次のようになっている。

「金持やお偉方の支出は、彼らが大都市に住むようになって以来、ますます巨額になってきたのではないか？　またこれによって奢侈はますますひどくなったと推論できないか?」

このほかにもいろいろあるが、ともかくケネーはカンティヨンと同じ考え方にもとづいていた。カンティヨンは、そのすばらしい随筆の第一章で、ケネーがとりあつかった諸問題を、きめこまかく論じている。たとえば、表題からしてすべての問題点を浮彫りにしている第一四章を参照されたい。

カンティヨンの学説を比較検討する意味でここにある一文をかかげておく。

「この都市の富は享楽の源となった。都市の楽しみを味わい、これに一枚加わろうというわけで、裕福な地主たちは田舎の館を去り、都市の中で数ヵ月を暮らし、別邸を建てた。都市は日に日にふくれあがった。……結局この都市は大都市と名づけられるだろう。」(エルヴェティウス『人間について』第四巻、第七章、全集二巻、三六〇ページ)

ケネーが同じような考え方をしていたのは前述したとおりだ。さらにケネーとまったく同じ精神で書かれたのがミラボー伯爵の論文『フリードリヒ二世治下におけるプロイセン王室』第一巻(一七八八年、四〇三ページ以下)である。

イタリア人からは一応ベッカリアとフィランジェリをあげることができる。

「欲望は高まる一方、しかもささやかな、あっさりした一般人の暮しとくらべて、きわめてはでな生活を送ってきたため、ちょうどそれに見合った退屈に落ちこんだ大地主たちは、いずれも高い位、すぐれた地位を得るために競いあい、勤労者たちとはかけはなれた存在になりたいとつとめた結果、しだいしだいに立法機関や上位の裁判所の所在地近くに居を構えるようになった。それも、みずから政治上層部の中にわりこみ、彼らの権力の拡大と同時に、享楽のスケールをひろげようとしたためである。これが大都市の起源であり、それと同時に、当時の、そして今日の首都の誕生の日であった。」（C・ベッカリア『国民経済』一七七一年、第三〇節のほかクストーディ『P・M』一一ページおよび五八―五九ページ）奢侈産業の大都市における発生をあつかった同書八六ページも参照されたい。

これらの論旨とまったく同様に、フィランジェリも大都市発生の責任は大地主にあるとして次のように述べている。

「彼は、おのれの富と奢侈ぶりを見せびらかすため、画家の画筆、彫刻家の鑿《のみ》、建築家の天才、詩人の空想、その他ありとあらゆる芸術ならびに手工業の作品を手に入れ、これを消費し、かつ俗化した。彼はおのれの便宜よりも、むしろおのれの偉大さを誇示するために役だっている無為徒食の輩を大勢集めた。そして結局自分と自分の子孫の財産をつかいはたした。」（G・フィランジェリ『政治法と経済法』一

七八〇年、およびクストーディ『P・M』三二および一八五―一八六ページ）

イギリスではスチュアートの都市学説は根本的にはカンティヨンの考え方どおりだが、多少変化したところもある。すなわち彼は、余剰食糧の所有者である地主とならんで、財産の利潤を代表する人々、つまり国家収入のいくばくかの部分をもつ権利をすでに所有している人々（カンティヨン『探究』一ページおよび二〇三ページ）を都市を自由に形成した要素と名づけ、さらにそのまわりに、毎日働いたり、他人に奉仕することによって生活の糧を得ている商工業従事者がまず群居したと考えたのである。

資料と文献

これは価値があると思われるような大都市の歴史に関する文献は知らない。個々の大都市の歴史をあつかった驚くべきほど多数の著作はそのほとんどが、たんに都市の法律の歴史あるいは建築物の歴史にすぎない。経済や文明からする観察はほとんど、まったくといっていいほど無視されている。したがってこれらの書物の名を、あげても意味はない。

本章で初期資本主義期の大都市の発生および本質について述べたことは、ほとんど第

一、資料からまとめあげなくてはならなかった。なかでも主要な地位を占めたのは旅行記その他のノンフィクションであった。メルシエの『パリの光景』（一二巻、一七八一年）に類する著作が他の都市については存在しないことはいうまでもない。十七、八世紀のロンドンについては、デフォー、リチャードソン、それにミージェ、ボルトン、アルヒェンホルツらの記述からほぼ正確に知ることができる。

十六世紀のナポリについては、ゴータイン著『南イタリアの文化発展』（一八八五年）から資料が得られる。十八世紀のナポリに関しては、『イタリアの社会と風俗についての随筆』（仏文、一七八二年）が参照できる。

十七世紀のマドリッドについては、（この目的に役だつ）オルネー夫人の旅行記、回想録があり、また『ヴェラスケスとその時代』（ユスティ）も参考になる。

注

（1）これらの数字は *Comptes rendus du VIII Congrès international d'Hyg. et de Dém.*（1894），55ff. のなかにある F. Beloch の *Die Entwicklung der Großstädte in Europa* から注意深くとり上げた。ダブリンの人口は Al. Moreau de Jonnès, *Statistique de la Grande Bretagne*, 1（1837），88 から採用した。ロンドンに関しては一八〇一年の人口調査の数を、ベルリンについては Mirabeau, d. J., *De la monarchie prussienne*, 1（1888），395f. から採用した。

（2）Rymer, *Foedera*, 16, 448. に記された命令の文言は Anderson, Orig. 2, 209. にも一部再録されている。

(3) Daniel Defoe, *A Tour through the islands of great Britain.* 初版一七二四年。私が引用したのは 8. Auflage, 4 Vol. 1778, 2, 253.

(4) Mirabeau, 1. c.

(5) たとえば Berg, *De Refugiés in de Nederlande etc.*, 1 (1845), 269 f.

(6) E. Gerland, *Kreta als venetianische Kolonie* (*1204-1669*), in : *Historisches Jahrbuch,* 20 (1899), 22.

(7) H. Simonsfeld, *Der Fondaco dei Tedeschi in Venedig,* 2 (1887), 265 ff. のヴェネツィアに関する記述を参照のこと。

(8) Gregorovius, *Gesch. der Stadt Rom,* 7⁵, 236.

(9) Gregorovius, a. a. O. 8⁴, 287.

(10) Pastor, *Gesch. der Päpste,* 1³·⁴ (1901), 78 ff.

(11) *Conservacion de monarquias y discursos*, Disc. XIV. これは Ranke, *Fürsten und Völker Südeuropas*, 1³, 458. に引用されている。 Häbler, *Wirtschaftl. Blüte Spaniens*, 53. 153. 155 など参照。

(12) 黄金時代のマドリッドを描いた v. Gleichen-Rußwurm, *Das Galante Europa* (1910), 19 を参照。

(13) E. Gothein, *Kulturentwicklung Süditaliens* (1886), 317 ff, 342 ff. Vgl. Burckhardt, *Kultur d. Ren.*, 2³ (1878), 106. 166, ; Hippolyt. a Coll., *Incrementa urbium sive de causis magnitudinis urbium liber unus*, (1665), 207.

(14) Lavoisier, A. L., *Essai sur la population de la ville de Paris sur sa richesse et ses consommations*, in den *Mélanges d'éc. pol.*, éd. Daire, 1 (1847), 601 ff.

(15) *Ami des Hommes*, 2, 215.

(16) F. Quesnay, Artikel *Fermiers,* in der *Encyclopédie. Œuvres,* Ed. Oncken, 189. Die "Wasserkopfth-

eorie" datiert für Paris aus dem 16. Jahrhundert; A. d. H. 2, 215; für London aus dem 17. Jahrhundert: Graunt は〝ロンドンはあまりにも巨大になりすぎた。おそらく体とくらべて、頭でっかちなのだろう〟と考えた。Joh. Graunt, *Anmerkungen über die Totenzettel der Stadt London usw* (1662); deutsch 1702 in der Widmung.

(17) *Ami des Hommes*, 2, 232.

(18) *Ami des Hommes*, 2, 217. 教会ならびに世俗の大物の巨額の収入については H. Taine, *Les origines de la France contemporaine*, 1^4 (1885), 52. を参照。フランスの領主が領地を離れパリに流入したことに関する Taine の主な資料は奇妙なことに Arthur Young に依っている。Young はこの頃のイギリスではまったく様子がちがったかのように主張した。

(19) Mercier, *Tableau de Paris*, 1 (1783), 67/68.

(20) Edw. Chamberlayne, *The second part of the Present State of England*. 13. ed. 1687, p. 200.

(21) D. Hume, *Essays*, 2, 114.

(22) *Artifical Fire 1644*. Ms. in Brit. Mus., mitgeteilt bei W. Cunningham, *The growth of Engl. Ind. and Comm.*, 2^4 (1905), 319.

(23) Miege and Bolton, *The present state of Great Britain etc.*, 10. ed. 1745, p. 101.

(24) Defoe, Tour 2, 135/36.

第三章　愛の世俗化

一　恋愛における違法原則の勝利

古い社会、そして新しい社会の生活のすべての動きにとって、中世からロココ時代までにかけて行なわれた両性関係の変化よりも重要であった出来事を私は知らない。とくに近代資本主義の発生を理解することは、この最重要事を処理するにあたってとられてきた措置がいかに根本から変化していったかを正しく評価することと、密接に結びついている。

まず、愛情と恋愛関係についての考え方がどのように変化してきたかという内的な過程を把握するには、二つの認識方法が考えられる。すなわち、ひとつは代表的な人物（特別な場合は代表的女性）の発言、もうひとつは実際に愛しあった人たちの行動からおしはかることである。一口に発言といっても、これはきわめて多種多様である。愛をあつかった論文の中に専門的に述べられていることもある。『アソラーニ』の中でいわれているように、「愛ほど論じられたものはない」。また発言、表現がそれぞれ時代精神を反映する文学や造型芸術であることもある。この時代精神なるものはこうした場合、（実は）つねに、完全に特殊な社会層の精神であること、すなわち、本書でとり上げる場合は、宮廷、貴族社会、それにこれを模倣するべくつとめた社会の精神であることはいうまでもない。市民の愛の生活は、騎士のそれとは根本的にまったく逆の方向に発展した（そして結局資本主義の企業家を生んだ）。

　生の形成は海の波のように次から次へと交替した。現在われわれを担う波は、本書であつかおうとしている波の上昇、下降とは何のかかわりもない。われわれを担う波は、組合《ツンフト》の部屋の中から、カルヴァンやジョン・ノックスの説教から、すなわち市民の福祉がすべての考え方の基礎となるところからやってきたのだ。そうはいっても、同一の文化圏内においてすら、生の形成の発展はまったく一直線に進むわけではない。方向はそこここで、逆の傾向によって屈折させられる。そこで、きわめて大ざっぱに展望するときにだけ、近代において愛および愛のいとなみについての考え方がたどってきた、根本的には統一され、しかも直線コースを進む発展について語ることができるのだ（この場合近代とは十字軍以来ポールによる三個のロール（ころ）の発明、あるいはコークスの処理が採用されるまでをさす）。

中世ヨーロッパは両性間の愛の調和的な現象を、すべての人間の行為と同様に、一段高いもの、すなわち神への奉仕にしたがわせた。それは、地上の愛の思いが直接宗教的な霊感を受け、超地上的な目標をめざす場合（マリア崇拝におけるように）にでも、愛が制度的に定められ、愛を結合する制度（つまり結婚）を、神が望まれ、神が祝福される制度として（すなわち婚姻の秘跡として）みとめられた場合についてもいえることだ。神によって浄められず、あるいは制度上結ばれていない性愛はすべて、「罪」の刻印を押された。

愛の本質について根本的に違った考え方がミンネザンク〈中世の恋歌〉が起こった世紀にまず広範囲の人々の間に浸透した。すなわち、これはあらゆる点で愛のいとなみの世俗化がはじまった十一世紀以来のことである。恐怖の年、西暦一〇〇〇年は克服され、新しく銀鉱山が開発され、東洋との関係はより広く、より密接になりはじめた。十一、二世紀、「嵐の海に静かに、明るく輝く島」と形容されたプロヴァンスで、はじめて自由で地上的な恋愛の調べが、一〇九〇年に発足し、十二世紀の中葉から十三世紀のなかばまで全盛期をむかえた吟遊詩人の歌の中によみがえった。吟遊詩人にドイツの恋愛詩人《ミンネゼンガー》が、さらにイタリアで恋愛以外の何物をも歌わない抒情詩人の大群

がつづいた。ダンテ以前にこうした愛の詩人が一二六人もいたことは、いま私の手もとにある詩選集からもわかる。(1)

今日では、これらの恋愛詩がすべて、真実を語らず、技巧や細工ばかりの作品に思われる。だがそれだからこそ、これらの詩は近代的恋愛の自然な萌芽であることを示している。これらの詩は、恋人を天上にまつりあげ、一方おのれは憔悴して呻き声をあげ、酔いしれ、祈りに明けくれる正真正銘の青春期の性愛の表現である。自然本来の感性の固い土壌は、十三世紀になってはじめて形づくられた。恋愛詩人の生活圏が、アヴィニヨンの教皇宮廷あるいはボッカチオ描くところのフィアメッタのまわりに集まった社会の中に、そのままつづけられていったかどうかは、はっきり述べることはできない。もし、ウルリッヒ・フォン・リヒテンシュタインのような証人の言を信ずるならば、恋愛歌《ミンネザンク》のはなやかな時代は十三世紀に終了したエピソードにすぎなかったことになる。彼はその『女人の書』(一二五七年)の中で、婦人がもはや以前のようにとらわれずに男性と交際することなく、美しい衣裳もまとわず、顔面を厚いヴェールでかくし、首のまわりに敬虔そうにロザリオをまきつけていることを嘆いた。ウルリッヒ・フォン・リヒテンシュタインは、往時を楽しく彩った朗らかな生の楽しみが、女たちにとって、すでに異質のものとなったと考えた。男たちは狩りにだけ喜びを見出し、早朝、犬とともに床をいで、夕方疲れきって帰館する。そして夫人やそのお相手をする女性たちをいっさいかまわず、サイコロ盤のそばで時をすごし、仲間と一緒に酒を飲むだけである。(2)

しかし、こうしたありさまは、おそらく、ただドイツについてだけあてはまるものであろう。ドイツは（少数の例外を除き）恋愛の歴史にとって、まったく別の時期になってはじめて一般に問題になってくるにすぎない。（ワイマール時代）〔著者はゲーテ、シラー時代をさしている〕、南欧の国々では吟遊詩人以来の発展がひきつづき行なわれたと信じてもよいであろう。ともかく、たとえば『デカメロン』に浸透しているような気分は、過去数世紀における愛の陶酔の直接の延長であるように思われる。こうした気分は、あまりにも誇張された理想主義に対する健康な感性の反抗であったが、当初はまず子供じみた形式の枠内で発揚された。性欲の魅力はいわば新しく発見され、婦人のヴェールや衣裳がまくり上げられることは、想像だにもしなかった至福の気持を起こさせた。こうした気持のすべての基調は、たとえば、ボッカチオ描くところの敬虔でありながら、しかも欲情のはげしい尼さんの次のことばから響き出ている。

「私は、私どものもとに訪れる多くの女性たちが、男女の性交によってもたらされる楽しみとくらべれば、この世の他の甘い楽しみなどは、どれもこれもつまらないと語るのを何度もきいてきた。」

男性が思い浮かべる女性は、そのころでもやはり衣服をつけたままであった。『デカメロン』はジオット時代につくられた作品であることを想起しよう。

新しい物の考え方のいわば先駆者となったのは、宗教的物語の枠内での裸体の人間の、真にせまった表現、すなわち、アダムとイヴを表わした芸術であった。(3) 十五世紀前半のもろもろの画像、肖像は、すべて目が、ふたたび血や肉を見はじめるようになったことをはっきりと示している。ヴァン・エイクのヤンおよびヒューベルト〔十五世紀の前半にオランダで活躍した画家の兄弟〕がヘントの聖バーヴォ教会祭壇の開きとびらに描いたアダムとイヴ（現在はブリュッセル美術館所蔵）、ボローニャのサン・ペトロニオ教会戸口の門柱にあるヤコポ・デㇽラ・クェルチア〔一三七四―一四三八、ルネサンスの彫刻家〕の浮彫り（一四二五年頃の製作）、フィレンツェのサンタ・マリア・デル・カルミーネ教会内にあるブランカッチ礼拝堂のマサッチョ〔一四〇一―二八、フィレンツェの画家〕のフレスコ壁画、そして何よりもフィレンツェにある教会洗礼場の青銅のとびらにのこされたギベルティ（一三七八―一四五五）の浮彫りは、新時代の曙光をあらわしている。

だが十四世紀の末期になってはじめて、婦人は裸の女として見られ、女体のきめ細かな美しさが発見され、感覚的愛の魅力が十分にくみとられるようになった。画家たちは好んで、「愛と純潔との戦い」を描いた（ピエトロ・ペルジーノ、サンドロ・ボッティチェリ）。しかし戦いの結末は疑う余地もなかった。フランチェスコ・コッサがプラツォ・スキファノイアに描いたフレスコ画や、ボッティチェリの『春』や『ヴィーナスの誕生』のなかに、女への愛や女性美への愛が凱歌をあげて登場した。ラウレンティウス・ヴァラが「快楽についての論文」（一四三一年）で、いわば理論的に述べたことは、画家や詩人の作品の中から現実の生活感覚としていきいきとせまってくる。

「美しい顔だち以上に、甘きもの、喜ばしきもの、愛すべきものがあるだろうか？天国への入口も、こんなにすばらしくないことはたしかだ。(4)」

ヴァラは婦人たちが、肉体の最も美しい部分をそのまま天日にさらさずにかくしていることを憤った。彼が女体を描くありさまは、ハインリッヒ・ハイネの雅歌の中の最も美しい節を思い起こさせるものがある（だが、一〇〇年後であれば、ヴァラはおのれの要望の多くが満たされていたことを知ったであろう）。

次にフィレンツォーラは、十五世紀に新時代の美の理想をいわば綱領としてかかげた。[5] ともかく愛することは楽しむことである。「愛は楽しみ以外の何物でもない。私は、ワインや賭けや学問を愛するように、女を愛する。ということは、私はワイン、賭け、学問、それに女によって楽しむのだ。楽しむことは、生活の究極の意味である。人は何か背後にある目的のために楽しむのではない。楽しみ自体が目的である。[6]」

愛は生活の内容となった。詩人たちはその労作をすべて、愛と女に捧げた。ボイヤルド、ポリツィアーノ、アリオスト、みなそうだ。

女　騎士　武器と愛
礼譲と壮挙を　われは讃える

この詩句は新時代の玄関入口にかかげられた（そしてふたたびアリオストが歌っているように）、

目が歓喜と美に満たされた
海中にただようまで……

ポリフィロ（一四九〇年）の木版画が象徴的に示したように、愛は人々を生涯鞭うって駆り立てる。

当時の恋する人々を描いたもっとも生彩を放つ光景の一つを、トマーゾ・ガルツォーニがその『みんなの広場』の第九七講話の中で描き、これをエステのアルフォンゾ二世に捧げた。

「あわれむべきこれらの人々は、彼らが、女友達や婦人たちの名において、どんなにやっかいなことをひき起こしているのかご存知ない。彼らは、婦人たちを愛しているとか、尊敬しているなどの段ではない。まるで最高至善の神であるかのようにあがめたてまつり、そのときそのときの気分や虚栄心のおもむくままに、やたらと幻想をほしいままにするために、ついに、きわめて弱い地盤の上に建てられている彼らの愛の伽藍は崩潰し、みずからは、不幸と苦悩の海原の中に沈むのだ。婦人たちは、彼らの偶像、天上の神性、第三天国の女神、あまくだった優美の女神、美しく優しきニンフ、処女ディアナである。彼らは婦人たちに対し、香煙のかわりにあふるる涙を、香の壺のかわりに悩める心臓を、供えのパンといけにえのかわりに沈む心を、祈りのかわりに誓いのことばを、讃美歌のかわりにソネットとマドリガールを、聖像のかわりにおのが蒼白なひきつった顔を、供物のかわりに犬のような従順さを捧げるのだ。彼らあわれむべき人々は、寒さを怖れず、暑さを物ともせず、夜になってもたじろぐことなく、日中も迷うことなく、苦悩によって後ずさりすることもない。彼らは、反発もせず、呪いもせず、不正に報いようともせず、あなどりも顧みず、おのれの受けた傷害を思うことも報復を企むこともない。なぜなら、彼らは盲目であり、たとえおのれの利益が問題になっているときでも亡者のように沈黙しているからだ。……彼らは雌の猛獣たちのあとを追う。あの熊のえじきとなり、あの豹の奴隷となり、そしてあの虎の恋人となろうとしている。」

この種の文章が何ページにもわたって、まるで瀑布のように、次から次へときらびやかに展開するため、いっそ章全体を転写してやろうかといった気持になってくる。それにつけても、かの勇敢なるガルツォーニにしても、愛の問題についてあまりに賢知を浪費したあげく、おのれの翼を焼かざるをえなくなったことがわかる。

ティチアーノの世紀がはじまった。この時期には魂と感覚が、従来はまったく知られていなかった調和の中に統合され、女性を愛し、美を愛することが、しかもひたすら愛することが、生きることを意味するようになった。愛の生活がいかに前代未聞の洗練された形でつくられていったかを、詩人、画家、彫刻家の労作以上に、この時代が生みだした愛に関する理論的論文、つまりピエトロ・ベンボの『アソラーニ』から読みとることができる。この論文は「万物の原因は愛である」、また「あらゆる甘美なもの以上に、きわめて甘美なものは愛である」と述べている[7]。

では愛とは何か、これについてあらゆる賢人が、愛が美への憧憬以外の何物でもないとしている点で一致している。だが美とは、万物の、調和と一致、それに整合された形姿から生ずる優美にほかならない。肉体にとっても精神にとっても同じことがあてはまる。「四肢がよい関係におかれた肉体が美しいように、もろもろの徳がそれぞれ調和している精神は美しい」、「愛は美に向かってつばさをのばす、このさい、二つの窓が開かれる、美を魂に伝える耳と、美を肉体に伝える目がこれだ[8]。」

愛と美を讃える場所がつくられた唯一の国は、その頃はイタリア一国があるにすぎなかった。この点についてフランスはまだ幼児期にあった。モンテーニュは、愛の生活を形成するにあたって、フランス人がいかに不器用であるかについて、次のように苦情を述べた。

「フランス人にあっては、つねに、性急な激情があるだけだ。」

幼児期のフランスにあっては、モンテーニュが求めたような愛のすべての喜びを味わうには、あまりにも激情が強すぎたのだ。彼は、イタリア人とならんでスペイン人を、愛を楽しむことのできる巨匠であるとして次のように讃えた。

「愛の消滅を防ぎ、愛の前奏を長びかせるために、ありとあらゆる好意のしるしや賞が用いられた。やさしいまなざし、おじぎ、ひとつの言葉、ひとつの合図が。」

だがこうしたありさまは根本的に変化していった。ヴァロア家とともにイタリアの文化がフランスに入り、同時に婦人への奉仕も流入した。すでにブラントームもフランス式の愛の技巧を讃えた。十七および十八世紀において、フランスが今日までその地位を保っている愛の大学になったことはいうまでもない。だが、フランスでは、愛の生活がしまいには変態性にまで繊細化し、生活はすべて愛のためにだけというありさまが十八世紀の本質となった。これらの点は、パリで最高潮の精神的発展をとげた。フラゴナール、ブーシェ、グリューズの中に、ボッカチオやピエトロ・ペルジーノとともにはじまった時代が最高の段階にまで達した。もっと正しく表現すれば、最後の華を咲かせた。なぜなら、真にこの時代の絶頂に達したのは、おそらくティントレット、ラブレー、アリオスト、ルーベンスたちであったであろうからである。恋愛詩人の時代には、カペラーヌス、ラウレンティウス・ヴァラ、ついでベンボであった愛の理論家には、いまやブラントーム、レティフ・ド・ラ・ブルトンヌ、そして最後にはサド侯爵が数えられるようになった。

(このことは、すでに数多くの文化圏の中でもほとんど同じように示されてきた、必然的発展の歩みであるように思われる。まず「肉体の解放」が臆病な手つきで試みられ、ついで力強い自然の感性の時代が出現し、自由で素朴な愛の生活が完全に開花するようになる。その次に現われるのは繊細化であり、さらには放縦、不自然である。こうした必然的な循環にも人間の運命の最も深い悲劇が秘められているように思われる。すなわち、あらゆる文化はそれが自然からの離反である以上、解消、破壊、死を意味するということだ。

もしお前があの人に天光の輝きを与えてやらなかったならば、
あの人の生活は少しはよくなっていただろう。
あの人は天光の輝きを理性と名づけ、そればかりに頼ろうとしているが、
しまいにはみずから、あらゆる動物よりももっと動物じみてくるのだ。)

しかし、十三世紀以来、しだいに明るみに出てきた女について、それに女への愛に

ついてのこうした快楽主義的・美学的な考え方は、明らかに、それまで愛を封じこめておいた宗教的ならびに制度上の紐帯と対立するようになった。せいぜいのところ、愛についての変質した考え方が、宗教的迷妄とかみ合っていただけにすぎない。アッシジの聖フランチェスコが書いたといわれるすばらしい詩は、次のような句ではじまっている。

火が私の中に愛を燃え上がらせた。
火が私の中に愛を燃え上がらせた。
火が私の中に新しき婚約者を
燃え上がらせた。……

こうした詩句は、人間的に愛せる人なら誰でも書くことができただろう。またマリア崇拝の陶酔境はたしかに当時の自由恋愛とあまり隔たることはなかった。しかし自由恋愛がどうして満たされなかったかというと、それは制度上愛の生活が結婚の枠にはめこまれていたからである。だが天翔《あまが》ける愛の本能は、繊細な愛の楽しみと同様、法によって定められた限界内に縛られるわけにはゆかなかった。この本能はもともと不合理な、いっそう正しくいえば理屈がないものである。そもそも女らしく、美しく、愛すべきものになれるという婦人の特性は、結婚といった人間のつくった社会的制度によって、その強い魅力を増したり、減らしたりするものではない。

結婚では、二つのまったく異質なこと、すなわち愛と秩序が結び合わされるということが、愛の問題について時間をかけて思い悩む男性の脳裡にも強く焼きついてくるようになったにちがいない。愛に関するもろもろの理論家たちもこの問題をきめこまかくあつかっていることがわかる。愛について自然に即してとことんまで考えた結果、両性の関係には理屈はないと宣言した最初の人たちの一人が、かのラウレンティウス・ヴァラである。彼はなんらためらうことなく、二人の人間が愛し合うことが、第三者にとってなんの関係があるのかと、設問した。

「ある女が私の気に入り、また私がその女に好かれたとき、なぜお前は邪魔しにわれわれ二人の間に介入してくるのか?(9)」したがって、ある婦人が、自分の夫と交わろうと恋人と交わろうと、いったいなんの相違があるのだ、とヴァラは考えをすすめた。

この種の考え方は、もっとも明白に、通俗文学の中に、すなわち軽いジャンルの文学の中に登場した。たしかにボッカチオは、結婚をある程度尊重しているかまえは見せたけれども、結婚をあざけったり、あざむかれた夫を笑いものにすることも、たんに許されるばかりでなく、実は、趣味の好いことだとされていることを示した。彼の作品ほどはみだらではない作品、すなわちピッコロミニが『エウリアリス』を皮切りに書きだした一連の小説の中でも、さらにやはりボッカチオよりはいくぶん卑猥の度が薄い諸喜劇の中でも、姦通は支配的なモティーフであった(10)。

さらに一歩をすすめた考え方をひっさげ、この種の思想系列の最後に登場してきたのはモンテーニュである。彼の考えによれば、愛が楽しみであり、結婚が多くの貴重な目的を追求する社会あるいは教会の制度であるにしても、愛の望みを実現させることとは、まえもって結婚のきずなで結ばれていることとは無関係である。そればかりではない。愛と結婚という二つのことはむしろたがいに排斥しあうものなのである（モンテーニュはもともと結婚に対して最大の敬意を払っていた。そして彼が結婚についてあまりにも高度の考えをもっていたがために、かえって結婚と愛の関係について、いま伝えたような急進的な見解をもつにいたったのだ）。彼は自分の考えを次のようにまとめた。愛は、人が愛以外のものにかかずりあうことを憎む。愛は、愛とはまったく異質の根拠によって結ばれた関係、すなわち魅力や美と少なくとも同様の比重で、家柄、財産などをはかりにかけたうえで結ばれる結婚と同一視されたくはないと思っている。人は愛のためだけによって結婚するのではない。愛以上とはいわないまでも、愛と同程度に、子孫や家族のために結婚するわけだ。こうした事情からして、結婚というような尊敬さるべき神聖な交わりを愛の情熱をほしいままに燃えあがらせる場とするならば、それは一種の近親相姦にも等しい行為である。よい結婚は愛の仲間たることをこばみ、友情の喜びをこそ求めるものなのである。愛するということと結婚するということとは、たがいに排斥しあう二つのまったく異なったことがらである。

　モンテーニュがこうした見解を述べ、私がその真意を再現しようとした文章は、原典では次のようになっている。[11]〔モンテーニュ『エセー』第三巻、第五章「ウェルギリウスの詩句について」原二郎訳（岩波文庫）〕

「恋愛は、われわれが恋愛以外のものによって結ばれるのをいやがる。そしてたとえば結婚のような別の名目のもとに結ばれて維持される関係の中には無気力にしか立ち入らない。結婚では当然のことながら、親戚とか財力とかが、本人の魅力や美貌と同じに、あるいはそれ以上、子孫や家族のためにするものである。……」

「だからこの尊い神聖な結びつきに、放縦な恋愛の極端な激しい行為を用いることは……一種の近親相姦である。……」

「よい結婚というものがあるとすれば、それは恋愛の同伴と条件をこばみ、友愛の性質を真似ようとする。」
「われわれは二つの異なった、あるいは相反する事物を愛することはできない。」

ティツィアーノとジョルジョーネが描き、アリオストとラブレーが詩にしたものが、この見解の中で理論とされた。おのれ自身の中に最高にして唯一の意味を見出す恋愛は、必然的に、たとえそれが教会の祝福を受けたものにせよ、もともと人間が社会的あるいは道徳的目的のためにつくりあげたすべての制度の外部に、彼岸に住まわなくてはならない。

だが文化の動きにとっていっそう重要かつ決定的であったことは、社会が何世紀にもわたってモンテーニュの見解に即して暮らしてきたことであり、また何世紀にもわたって、特定の階層にあってはあたかも自明の理であるかのように、結婚と恋愛がそれぞれ分離し、それぞれ同等の権能をもって並び立ち、根本的には、ギリシア（ならびに後期ローマ）の古典時代の生活習慣がふたたびとり入れられたことである。このことを次節でさらにくわしくとり上げるが、とりわけヨーロッパ社会で、ギリシアの遊女なみの存在が出現した事情を掘り下げてみようと思う。

二　高等娼婦

ある社会で自由な恋愛が、拘束された愛つまり結婚とならんで羽振りをきかすようになりはじめた場合、こうした新型の恋愛につかえる女は誘拐された良家の娘でなければ、姦通する女または娼婦である。ヨーロッパ諸民族の上層部で、恋愛詩人以来、純粋に性愛だけに集中した愛がいかに重要な意味をもつようになっていったか、その事情は誘拐、姦通ならびに売春の増加からつまびらかにしなくてはなるまい。

自由恋愛の最初の二形式、誘拐と姦通については数字で裏づけるわけにはゆかない。そうはいっても、各時代に生活した人々の判断や多くの徴候からして、実際にこの二形式の自由恋愛は、数世紀を通じ、重要な役割をはたしてきたことを正しく推測することができる。ペトラルカは、彼の時代に姦通というペストが真にはじめて蔓延するようになったと考えた。彼の時代になると、若い男が既婚婦人を誘惑することがスマートなことであるとされた。そこでこれができない青年は、同じ年頃の仲間から軽蔑されて不幸であった。やがて、若者たちはこの優雅な冒険に対し、熱病にかられたような渇望を抱きはじめた。彼らにしてみれば、肉欲を充足させることよりむしろ名誉を得たいという気持が先立った。だが多くの若者たちにとって、得ることができた成果は、浪費した労苦にくらべれば、なにほどのこともなかった。

私はここでペトラルカの原文にある意味深長な言葉を伝えておこう。それというのも、この言葉は彼の時代の精神をきわめて適切に表現していながら、私の知っているかぎりでは、誰にも利用されていないからである。

「このペストが蔓延した後は、姦通をしない若者は、たとえ彼が神々から祝福され、美しく高貴であったとしても、この若者が貞潔だからでなく、女から軽蔑され、問題にされなかったのだとされた。さらに貞潔の喜びは異性を愛そうとする者にとっては欠陥であるかのごとく受けとられたために、同年輩の仲間の判断では哀れむべき男となっていた。こうしたわけで、若者たちの情熱、熱意はきわめてはげしかった。この戦いには、情熱的渇望でなくてもよく、野心だけで結構であった。このために、苦労し、嘆息し、それでも何度も拒絶されるという憂き目にあった。それればかりではない。成果をあげればあげたで、ますます苦しくなることもしばしばであった。」

これが書かれたのは、王侯の間では、子供が非合法に生まれることをもはや恥としないばかりか、むしろ誇りとしはじめたのと同じ時代である。このことについてブルクハルトとチブラリオは、多くの実例をあげて指摘している。

この頃から本書があつかっている時代の終末にかけて、婚前の性交、あるいは正式の夫婦でないもの同士の性交は、ある種の自負心をもつ階層の間ではすべて、結婚を通じての性交を補うものであるとされてきた。その証拠を各時代がそれぞれ残してきた生活の描写からとりあげる必要はない。普通一般の〝風俗史〟なら、どれもこのことでいっぱいである。ただ姦通が、またもや、いうなれば社会的制度として現われるようになったある重要な徴候だけを指摘してみたいと思う。つまり、妻に姦通された男でも大きな顔をしていられたということは、イタリアではほぼ十四世紀以来、フランスではフランソワ一世以来はじまったということだ。

さらに売春が中世以来、量的にふえ、その意義も深まったということは周知の事実である。とりわけ、大都市が売春の舞台であったことはいうまでもない。アヴィニヨンからはじまり、ロンドン、パリで頂点に達したわけだ。ふたたび、ペトラルカはそのすばらしいラテン語で、アヴィニヨンが売春婦の洪水で満たされたことを嘆いている。ついで、長い間ローマが、城内に住みついた公娼の多いことで有名になった。一四九〇年のかなり信頼のおける統計によると、六八〇〇人の娼婦がいたことになる（ローマはその頃一〇万に満たない人口しかなかったのだから）。十八世紀のロンドンの五万人、パリの三万人よりも、人口一人あたりの数ではローマの娼婦の数は多かったわけである。

しかし、表面的な文化の形成にとってより重要であったことは、非合法の恋愛、つまり自己目的としての恋愛がひろがるにつれて、由緒正しい婦人と娼婦の中間に、ロマン系言語の中でさまざまなことばで表現されている新しい層の婦人が出現したことである（ドイツ語や英語では、この種の婦人について不鮮明な情婦《ブーレリン》という表現を認める以外には、適切唯一な表現が存在しない。このことも、現象自体がロマン系言語を話す国々の中に限定されたか、あるいはこれらの国々からドイツなどに移入されたことを示す徴候であるといえよう）。ではロマン系の言語での表現をあげれば、Cortegiana（媚を売る女）、Kurtisane（高等娼婦）、Konkubine（妾）、Maitresse（愛妾）、Grande Amoureuse（情人）、Grande Cocotte（大蓮葉女）、Femme entretenue（囲われ女）等々となる。

これらの女性とともに自由自在な技巧となった恋愛は、ふたたび素人芸の段階を離脱し、職業的なまでに鍛えられた人間の管理にゆだねられた。あらゆる技巧に才能と練習が必要なように、恋愛の技巧にはこの両者がとくに大切である。そのため、恋愛の技巧は自然選択の過程を経て、才能豊富な女性が一般大衆から選び出され、もっぱらこの技巧にとりくむことによって巨匠の域に達したあとはじめて満開の花を咲かせた。

はじめは、高等娼婦《クルティザン》とか媚を売る女《コルテジアーナ》は宮廷に仕える女性以外の何者をも意味していなかった。それに真に合法的な愛の関係のもとに生きる宮仕えの女も存在した。愛の巨匠カスティリオーネが媚を売る女《コルテジアーナ》に捧げた、宮廷に仕える男性に関する書物中の第三書簡の中では、宮廷に仕える男女間の関係はもっぱら法に則したものであるべきだという見解さえ表明されている。もちろん彼の周囲の人々は笑いながらこの見解に反駁した。それも彼らが、巨匠の要請は現実とはほど遠いということを知ってのうえのことであったからである。もっと以前の時代にも、上流婦人の非合法の恋愛と宮仕えとは同一視されていたにちがいない。こうした考え方ができあがるについては、教皇の居住地における宮廷生活が強い影響を与えたものと推測される（おそらく近代的高等娼婦が発生したと思われる）。アヴィニヨンでは、教皇ならびに高位の教会貴族の宮廷に、機知にあふれた美女たちのグループが住みついていた。ここは単刀直入に愛すべき婦人たちの教養の場と呼ばれてきたが、この表現の是非についてはただ、マビーユ・ド・ヴィルヌーヴ、ブリアンド・ダグー、ユゲット・ド・フォルカルキエ、ベアトリクス・ド・ソー、ロール・ド・ノーヴ、ブランシュ・ド・フラサン、イズナルド・ド・ロクフィユ、ドゥセット・ド・ムスティエ、アントワネット・ド・キャドネ、マグドレーヌ・ド・サロン、ブランシュフリュール・ド・ペルテ、ステファネット・ド・ガンテルム、すなわち美しきアヴィニヨンのアドリーズ、ローラのいとこたちの名を想起するだけで十分であろう。

しかし教会貴族のまわりにいる婦人たちは高位高官の男性と純粋に精神的な交わりを結ぶことから一歩踏み出すやいなや（そうしたケースは珍しくなかった）、つねに愛妾《メイトレス》に化していた。このように、まったく外面的根拠からしても、宮仕えの女は高等娼婦に変わっていったにちがいない。

アヴィニヨンではじまったことはローマでもつづけられ、ここでは宮仕えの女性はおのずと非合法恋愛に走った。

世俗的諸侯の宮廷では非合法恋愛をつくるこうした外的な圧力はなかったけれども、その反面、これに代わる内的衝動をつくりだす素地は十分にあった。王侯が妾を選び出すことは、なにもルネサンス時代にはじまった新奇なことではない。彼らは以前から、ずっとこうしたことをやってきた。しかしフランスのルイ十一世が寝台につれこんだ市民の娘たちは、まだ長い間高等娼婦《クルティイザン》ではなかった。彼女たちがそうなったのは宮廷社会にひき入れられ、支配者の愛妾としておおやけに認められてからあとの話である。妾を王侯の正式の夫人にまつりあげた最初の暴君はベルナーボとジャンガレアッツォ・ヴィスコンティであったという。だが媚を売る女の王国は、コッサがスキファノイア広場でフレスコ画を描いた頃、すなわち宮廷が近代的意味で女とともに女によって誕生した頃の時代になって、はじめて出現したのだ。この頃から、求愛は宮廷生活の内容となり飾りとなった。「たとえどんなに巨大でも、婦人抜きの宮廷は栄えることもなければ楽しくもない。廷臣たる者は女性の愛を求めて駆りたてられ、愛を受けることがなければ大物にはなれないし、大事業もなしえない。」カスティリオーネは宮廷の人々についての本の中でこのように考えた。その原文は次のとおり。「そもそも宮廷は、たとえいかに巨大なものであったとしても、婦人不在の場合は、飾りも、輝きも、喜びももてない。これと同様に、廷臣たる者は、婦人の愛と好意を得るべく駆りたてられるのでなければ、優雅で上品であることも、英雄的な心をもつこともできないし、またけっして優雅にして騎士的な行為をはたすこともできないであろう。」

ただしこの場合、なにも結婚という結びつきが考えられたのでないことは、当時の時代精神からして自明のことである。かくして宮仕えする女は、王侯君主を皮切りに、次々に廷臣の愛妾となり、そして彼女たちが（今日用いられている意味での）高等娼婦となった。

このようにして、愛妾が支配する経済または愛妾経済の時代がはじまった。このことは、前述したことからもわかるように、両性のたがいの関係についての考え方の成行きからしても、王侯の支配にともなう必然的現象であった。小宮廷が大宮廷によって吸収されてゆくにつれて、愛妾経済というこの組織はますます大がかりになった。この最も重要な問題についても、宗教改革以来フランスが先導したことがわかる。フランソワ一世の愛妾は、われわれが生き生きとしたイメージを抱くことのできる最初の「王の愛妾」であった。すでに見てきたように、この王は、宮廷生活の真価を情事にあると考えた人である。

「情事の重要な歩みは、王が彼の愛妾を、なんらためらうことなく、宮廷の第一人者にまつり上げたことにある。」（ハインリッヒ・ラウベ）

いまや世界を支配しはじめた、この公式に認められた「王の愛妾」のおかげで、職業的なヴィーナスの使い女たちが、そろいもそろって貴婦人に格上げされた。非合法な恋愛関係は、少なくともそれが宮廷に結びついているかぎり、外面的にもけがらわしいとはされなくなった。

女たちは、発展途上の大都市にあっては、宮廷の外部でも、宮廷の女のように生活しはじめた（ということもできる）。かくて、宮廷とはなんの関係もない高等娼婦が出現した。彼女たちのうち、（公式に）一人の男だけに愛をひさぐ者は、「囲われ女」、大勢の男に媚を売る者はコケットと呼ばれた。もっとも、「売春」という概念の限界は、同じ売春婦でも高級な者たちの内部では、はっきり定めることはできない。

実際は宮仕えとは縁もゆかりもない高等娼婦も、本場の宮廷で春をひさいでいる彼女たちのいわば姉妹にクルティザンの名が与えられたころ発生した。しかも同じ場所に、すなわちヴェネツィアとローマを皮切りとして、イタリアの大都市に発生した。これらの大都市では、なんといっても富があったために、新しいタイプの女たちを生みだすのに、きわめて好都合であった。それに、その頃古代の復活が歓迎されていたため、昔のヘタイラ、つまり遊び女も再現されてもいいだろうという気運もみなぎっていた。都市が巨大化するとともに、その頃は世間がまったくおおらかな気持になり、もちろん少数えりぬきの女たちとはいえ、いかがわしい女たちのまわりに、エリート意識で鼻高々となった男たちが群がるようになった（ここで注意しなくてはならないことは、こうした動きがあったのは、社会の上層部内のことだけということである。なぜなら、その頃でも真面目一方の染物屋や、いかめしい商人もいて、着飾った高等娼婦がやってくると、憤激のあまり、道を大きく迂回してよけて通ったからである。今日ではさしずめ中学校の先生や枢密顧問官あたりがこうした態度を示すことであろう）。ともかく彼女たちは、誇り高き売春婦、尊敬すべき娼婦、あるいは、一五〇〇年頃のローマの街の女が（ときには）呼ばれていたように「名誉ある売春婦」であった。彼女たちの数はおよそ二〇〇〇人で、普通あるいは並みの売春婦とは別格にあつかわれていた[12]。

こうしたわけで、私が言及したいと思っていた分化過程が、これほど望ましいことはないといえるくらいの明瞭さで進行した。

数年来、ルネサンス時代の尊敬すべき娼婦について多くの著述が出るようになった。それに関する資料も新規にぞくぞくと発見された。シクストゥス四世、アレキサンデル六世およびレオ十世の統治時代に、ローマ、フィレンツェ、それにヴェネツィアで生活した有名な娼婦の名前は全部わかっているくらいだ。そればかりか、彼女たちが得意とした教養はどのくらいの高さであったのか、彼女たちが多少なりとも他人の援助を得てつくり上げた詩ははたして美しいかどうかなどについての論争すら起こっている。こんなことがまるで重要問題のようにあつかわれるとは、まったく恐れ入ったはなしである。彼女たちの教養なるものはあやしげなものにすぎず、その詩句は（今日でもそうだが）下手にきまっている。それはそれでいいのだ。だが、こうしたことに高等娼婦なる新しいタイプの人間の意義があるのではない。大切なことは、チュリア・ダラゴーナなる女が何年もフィリッポ・ストロッツィを思うままに操縦し、インペリアという女が長期にわたり、イタリアで最も裕福なアゴスティーノ・キジにみつがすことができたということである。こんなことができたのも、彼女たちの詩がよかったからでなく、彼女たちが十二分にそなえていた、モーパッサンのいう「まれに見る性格」のおかげである。そしてこうした性格によって、彼女たちは文明の進展に強大な影響を与えた権力を得ることができたのだ。すばらしき情人とされた彼女たちがイタリアで確立した高い地位は、恋に狂ったとりまきの男が美しきインペリアに、「ローマの娼婦、偉大なる名にふさわしいインペリアは、人間の中での選ばれた美の理想である」という有名な墓碑銘をつくったり、あるいは類似の讃辞がおくられたことによって得られたものではない。彼女たちが高い意味をもちえたのは、教会の幹部がこのインペリアを聖グレゴリアの礼拝堂の中に埋葬させたり、あるいはアゴスティーノ・キジが新しくかかえた妾、ヴェネツィア女のフランチェスカ・アンドレオジアに生ませた長男の洗礼を、十四人の枢機卿に囲まれてローマ教皇みずからとり行なったためである。

王侯貴族の愛妾と同様、街の妾たちもフランスでまずさかんに活動した。彼女たちがフランスで確立した模範は、その後ヨーロッパのすべての国々で共通のものとなった。

新しい娼婦の形成にとって意味あることは、十六世紀の末期、十七世紀の初期にパリの劇場に女性が出演するようになったことであるが、この風習はイギリスにもチャールズ二世時代に導入された。これによって、ルネサンス時代の娼婦たちの古めかしい扮装にとって代わるものができた。高級なサークルでの自由な情事には、なんとしても光背が必要とされるが、いまや劇場がこれをつくった。劇場の女優、スター、グランド・オペラの踊り子たちは、十五世紀に詩作にふけったり、画筆をとったりしていた娼婦たちと交替するにいたった。

十七および十八世紀の間に、街の情人たちの数は、文化の中心地、とくにパリとロンドンで増加した。とくに、優雅な女性が既婚婦人のかわりに、あるいは既婚婦人とならんで大きな顔ができるという状態が、一般のならわしになるにつれて、彼女たちの数はますますふえていった。十八世紀の終りに、宮廷に仕える二〇人の男のうち、少なくとも一五人は夫人とでなく、妾と一緒に暮らしていることが伝えられているが、この割合はおそらく真実にきわめて近いであろう。しかし、たんに宮仕えする騎士が妾をかかえていたばかりでなく、やがて新興成金たちの間にあっても、ある程度貞淑な女にちょっかいをかけることは、よい趣味であるとされるようになった。女をかかえるために必要となる経費は（あとでもう一度この問題をとり上げるが）、相当の財産家の予算内でも最大の額を占めたと、この問題に関する最良の識者はくわしい調査にもとづいた報告を残している（ティリオン）。十八世紀の情事の年代記は、恋の冒険と借地人制度とに密接に結びついている。[14]

同じことが、ロンドンについても伝えられている。すなわちロンドンでは二〇〇〇ポンド以上の収入のある独身のイギリス男性は、生活必需品のためには二〇〇ポンドしか支出せず、「その他はすべて、享楽のため、しかもその第一にして最後の商品である女の子のために使われている。」（アルヒェンホルツ）

こうした判断からして、すぐれた観察者が伝えたパリおよびロンドン街頭の娼婦の数にも信用をおくことができると思う。たとえばメルシエは、彼の時代にパリには一万人の街の女がいたと述べている。また同じ頃ロンドンでは、ただ一つの教会区（メアリーボン）だけで、一七〇〇人の娼婦が自分の家を構えて暮らしていたという。

金で買える恋人がその頃の社会の生活でどのように重要な地位を占めていたかは、

大都市には、個々の娼婦の名前をはじめ、その顔つき、作法、才能などをくわしくのせた高等娼婦便覧が年々発行されていたことからも推測することができる。ロンドンには、やにわに八〇〇〇部も出版された『コヴェント・ガーデンの淑女についてのハリー便覧』があったし、パリには『各種、各階層のパリ女性の住所録年鑑、お楽しみのこよみ、A・パフォ』なるものがあった。

しかし、とくにきわだって重要に思われることは、優雅な娼婦が進出してくるにつれ、折り目正しい婦人たち、すなわち上流階級の婦人たちの趣味の形成も、娼婦的な方向に影響されていったという事情である。

すべての上流社会の生活慣習を規定したのは、まず第一に宮廷社会であった。「パリは宮廷の模倣者なり」とラ・ブリュイエールは簡潔にまとまりよく述べている。しかし宮廷社会自身が、王侯のそれぞれの時期における「位階のある愛人」の圧倒的影響下におかれた。かくして王の側室たちは、畠の中に深いあぜをつくっていった。

しかし彼女たちはまた、とりわけ街の愛人たち、大娼婦たちの模範になった。街の高等娼婦も、その発生時には、宮廷に対抗する競争相手として登場した。

ニノン・ド・ランクロは、まさにマントノン夫人の遺産を継承した。ニノンはマントノンが年をとって神信心にはげむようになると、生の喜びのためのすべての伝統を引きついだ。トゥールネル街は、サン・シールに闘いを挑んだのだ。

はじめにはこうした事情があったけれども、上流の素姓のよい婦人たちとしても、完全に疎外されてしまうつもりがなければ、自分たちも二号たちと競争しなければならないありさまとなった。このことは、社交界の婦人たる者は、たとえどんなにおつにすましていようとしても、どうしてもとりくまなければならない、いわば文明の最低条件を形づくった。

そのため上流婦人も、明らかに娼婦たちに刺激されて体を洗うようになった。マリユウ・ド・ロミユは『娘のための教則本』（十六世紀のもの）の中で、女性たるものは、自分のためにも、または夫のためにも体を清潔にしておくようさとした。

十七世紀および十八世紀から、社交婦人が権力をほしいままに発揮するようになった「サロン」も、実はといえば、まずイタリアで、名高い娼婦たちも参加した機知あふるる人々の会合の続編であったにすぎない。

だが（この関連において、われわれにとって）最も重要なことは、娼婦たちの生活方式が、外面的には社交界（当時は上流社会のすべての婦人）の生活のあり方の模範になったということだ。今日の市民が進出した世の中にあってさえ、婦人たち（三部屋ぐらいの家に住み改良服を着こんで悦にいっている、いわゆる折り目正しいご婦人たちは別として）は、高等娼婦がパリの競馬場に着飾ってゆく服装に注目しているように、さらに、やれモードだ、流行だ、デラックスな飾りつけだ、すばらしい消費だというわけで、世に行なわれているすべてのバカらしさは、それが多少なりともゴテゴテした色彩を和らげた形で、いわゆる社交界の婦人たちによって取り入れられる前に、まず娼婦たちに一応、吟味、鑑定されるように、われわれがとり上げているような堕落した時代、すなわち市民層がまだまだ社交界に入るにはほど遠かった時代には、高等娼婦たちは、いっそう高い割合で、生活の歩みの基調を定めていたことはいうまでもない。

近代の新しい社会における外面的な生活の構造を、個々の分野で指摘することは、次章以下の目的である。

資料と文献

古い（文献）―資料　ルネサンス期では、カペラヌス、ペトラルカ、ボッカチオ、L・ヴァラ、カスティリオーネ、ベカデルリ、フィレンツォーラ、アレティーノ、ベレー、モンテーニュ、ラブレーらの諸作品がある。

十七世紀では、一六三二年パリで出版された風俗批評を集めた『サチュロスの戸だな、あるいは現代痛快詩句の総集編』がある。

オーレイおよびブラントームの作品（後者の『名婦伝』『艶婦伝』は、最近、つまり一九〇五、一九〇七年にインゼル書店から独訳本が出版された）、その他、無数の作品は容易に参照することができる。

十八世紀では、レティフ・ド・ラ・ブルトンヌの『パレ・ロワイヤル』三巻（一七九〇年）がある。さらに『十八世紀の軽妙風俗集』（アンリ・ダルメラ序編）、それに何よりも膨大な回想録の数々が参考になる。

次に最近の文献では、まず中世についてはA・シュルツ著『恋愛詩人時代の宮廷生活』（第二版、一八八九年）があり、ルネサンス期では、あまりにも有名な一般史、すなわち、ブルクハルト、グレゴロヴィウス、グリムらの作品が参考になる。これに最近、C・クレドフスキー著『ローマ・ルネサンスの人間』というすばらしい本が一枚加わった。これは一九一二年出版で、ポーランド語からの訳もある。ルネサンス期の大娼婦たちについての文献も数多くある。たとえばビアジ著『ローマの遊女、トゥリア・ダルゴーナ』（一八九七年）、ブルツォーニ著『インペリアとその恋人たち』（新版、一九〇六年）など。彼女たちの書簡の編集も必要になってきたが、フェラリ『十六世紀の高等娼婦の手紙』（一八八四年）、ロタール・シュミット「ルネサンスの手紙」（『クルトゥーラ』誌第九巻）などがある。十七、八世紀については、一般的・文化史的内容のもののほかに、アンベール・ド・サンタマン『ヴェルサイユの女たち——ルイ十五世の宮廷の女たち』(二巻、一八七六年)、『ルイ十六世宮廷の女たち』(二巻、一八七六年)、アルセーヌ・ウーセイユ『十八世紀の画廊』の中の第二シリーズ「喜劇とオペラのプリンセス」、第三シリーズ「宮仕えする男女」(一八五八年)がある。このシリーズはなかなか機知に富み、充実している。

テオドーア・グリージンガー『過去二世紀における欧州宮廷での婦人の支配』第一集「フランスの偉大なる模範」(二巻、一八六六、一八六七年)、第二集「ドイツのヴェルサイユ、ドレスデンとハノーファー」(二巻、一八六九、一八七〇年)(このグリージンガーの本は資料豊富だが、逸話中心にまとめられたもので、引用文献目録もない)、アルベール・サヴィーヌ『チャールズ二世の優雅な宮廷』(一九〇六年)(文献をよくととのえた良書)。

劇場の花と咲いた女たちの世界については、『一七四八—一八三〇年のオペラについて、デュテ嬢の回想』(外典)があるが、これは、ポール・ジニスティのきわめて教示に富む序文つきで新しく出版された。

はなやかで、しかも教えられるところの多いゴンクール兄弟の著述は、それだけで独立した分野を形成しており、われわれのあつかった問題によくとりくんでいる。それには『十八世紀のきめ細かい肖像』(新版二巻、一八七三年)、『ルイ十五世の愛妾たち』

（一八六〇年）、『十八世紀の女性』（一八六二年）、『十八世紀の愛』（一八七五年）、とくにすぐれているものに、『ポンパドゥル』、『デュ・バリー』の二著がある。

大娼婦、とりわけ諸王の愛妾たちに関しては多くの文献資料があることはもちろんだ。最も重要な著作としては、「ポンパドゥル夫人」については、カプフィーグ、カンパルドン、ゴンクールらのもの、「モンテスパン夫人」については、アルセーヌ・ウーセイユ、クレマン、それにボナシュー（『クラニー城とモンテスパン夫人』、一八八一年）などがある。これとは逆に、個々の支配者の歴史は、個々の宮廷の歴史とともにここではあまりこまかいことは述べないことにする。なかなかの力作ではありながら悪評も高いウェーゼの『宗教改革以後のドイツ宮廷史』（一八五一—五八年）四八巻は、それでも一級品であろう。フランスについてはやはりいぜんとして、サヴァール『諸系統フランス王朝の優雅な生活』が特筆すべき労作であろう。

フランスの財産家の妾たちが経済的にも勢いをふるったことについては、ティリオン『十八世紀財界人の私生活』（一八九五年）がかなりくわしくあつかっている。

サロンの描写に関しては、さまざまの時代におけるさまざま国の実情についての文献がある。女房を寝とられた男についてすら、かなりの数にのぼる文献が出現した。こうした問題についてはG・クレム『女たち』二巻（一八五九年、三五五ページ）の中であわせ読むことができる。

やはりこの分野では、（あまり有益とはいえないが）女の歴史についての一般向けの著述がある。コント・ド・セギュール『女たち』（三巻、一八〇三年）や、G・クレム『女たち――各時代の各地における女の状態と影響に関する文化史的描写』（六巻、一八五九年）（この本でいちばんすぐれているのは標題で、問題になるのは第二巻だけだ）、H・ショイベ『十八世紀の女たち』（二巻、一八七六年）、それにシェール、ヘンネ・フォン・リーンらの有名な著述がある。

一般向けの風俗史もいろいろある。たとえば、R・ギュンター『愛の文化史』（一八九九年）、エドゥアルト・フックス『中世より現代にいたる挿絵入り風俗史』「ルネサンス」（一九〇九年）、「優雅な時代」（一九一〇年）（それに、卑猥な話を入れた補巻もあるが、絵がすばらしい）、それにE・デューレン『イギリスの風俗史』第二版（全二巻、一九一二年）。

一つ一つ列挙することはできないが、文化史関係の文献もここで問題になることは当然のことである。ただ一冊だけは、とくに専門的といわれるような労作ではないが、教示するところが多いためにその書名を記しておく。ヴィルジル・ジョス『フラゴナール、十八世紀の風俗』（一九〇一年）のことである。

本章で問題にしたのは、なんといっても歴史的なしかも限られた領域の記述であるために、現代の、愛、性、それに結婚などに関する著述はあまり役にたたない。こうした問題についてのすぐれた入門書には、マックス・ローゼンタール『恋愛、その本質と価値』(一九一二年)がある。

最後に売春の歴史についての著述についていえば、フランス人デュフールのものがいちばん有名である。ドイツ語訳はアドルフ・シュティーレとブルーノ・シュヴァイガーによってなされたが、現代の状況についてはフランツ・ヘルビンクが補筆している(第五版、一九一〇年、全六巻)。この労作の著者は、戸籍役場で認められなかったり、あるいは教会で祝福されなかったような恋愛関係は、すべて売春だというおよそお堅い道徳的な考え方をしていたため、ルクレツィア・ボルジアもマダム・エトワールも十把一からげに「売春婦」に組み入れられ、歴史としても非常に幅広いものになった。そのおかげで、残念ながら個々の事象についてはあっさりふれられているだけであり、文献、資料もいい加減なものである。

〈優雅な〉文献、卑俗な文献の書目では、フーゴー・ハイン『ドイツ好色文学総目録』第二版(一八八五年)、これより重要な『好色および珍奇に関する、英仏伊西蘭およびラテン・アメリカの文献』(一八八七年)、ルモニエ編『愛、女、結婚に関する書物の出版目録、ならびに風刺的、パンタグリュエール的、糞尿譚的書物一覧表』四巻(パリ、一八九四―一九〇〇年)、これは四五九五段で、まるで百科事典のような要領でつくられている。

注

（1）*I poeti del primo secolo*. 2 Vol. 1816.

（2）A. Schultz, *Das höfische Leben zur Zeit der Minnesänger*. 2, 423.

（3）Josef Kirchner, *Die Darstellung des ersten Menschenpaares in der bildenden Kunst*. 1903. 参照。

（4）Laur. Valla, *Opera*, ed. Bas. 1590, 905（*De vol.*, lib. I, c. XXII）.

（5）Ang. Firenzuola, *Discorso delle bellezze delle donne*（1542）. Neue Ausgabe 1886. Im Auszug（deutsch）bei Burckhardt, *K. d. R.*,（イタリア〝ルネサンスの文化〟邦訳あり）IV. Abschn., VII. Kapitel, および（ausführlich）bei R. Günther, *Kulturgeschichte der Liebe*（1899）, 298 ff. ふしぎなことに Burckhardt は上掲書六三ページで〝十五世紀がその美の理想について文書による記録を残したかどうか私は知らない〟と述べている。彼が L. Valla から引用した個所を一時忘却したことは明らかだ。

（6）L. Valla, Opp. cit., 668.

（7）P. Bembo, *Gli Asolani*（ed. 1575）, p. 134.

（8）P. Bembo, l. c. p. 189/190.

（9）L. Valla, *De vol.* Lib. I. cap. 38.

（10）F. Gregorovius, *Lucrezia Borgia*, 1^3（1875）, 96.

（11）このくだりは、エセーの有名な第三巻第五章に見出される。類似の考え方はすでに以前から支配的であったのであろうか？　もっと正確にいえば、こうした考え方はすでに以前から体系化されていたのであろうか？（なぜなら人々は恋愛詩人の時代からこうした考え方にしたがって暮らしてきたからである。）Nostrodamus や〝愛の法廷〟の判決を読むと、まったくそのとおりであったように思われる。
Vgl. K. Weinhold, *Die deutschen Frauen in dem Mittelalter*, 3, Aufl. 1897.

（12） *Estr. dal pariodico Gli Studi in Italia*（1882）, Gregorovius, a. a. O. 7^5, 722. に伝えられている。

（13） Barbier, *Journal*, 4, 496 ; R. Günther, *Kulturgeschichte der Liebe*（1899）, 397. に引用。

（14） 借地人の愛妾の長いリストについては Paul Ginisty, *Mlle Duthé et son temps*,（s. a.）, 11. 参照。

第四章　贅沢の展開

一　奢侈の概念と本質

奢侈、贅沢とは、必需品を上まわるものにかける出費のことである。この概念は明らかに相対的で、必需品とはいったい何かがわかったときはじめて、これだというはっきりした内容がわかる。必需品をはっきりさせるためには、二つの可能性がある。ひとつはこれを主観的な価値判断（倫理的、審美的、その他どんなものであってもよい）に関係づけることである。もう一つは、必要の度合いをはかることができる何か客観的尺度を求めることである。こうした客観的尺度には、人間に心理的あるいはいわゆる文化的に不可欠なもののいずれかがあてはまることになる。前者は天候気候の相違によって、また後者は歴史上のいかなる時期にあったかによって違ってくる。文化にとって必要なものあるいは不可欠なものの限界を定めるのは、自由自在にできることである（そうかといって、こうした随意のきめ方は、前述の主観的価値づけと混同してはならないことが求められる）。

しかし奢侈は二つの意味をもっている。奢侈は、量および質の二面から定められる。奢侈は量的には財貨の浪費と同じことを意味する。召使いが一人いれば十分なのに、一〇〇人もかかえる場合、タバコに火をつけるときいっぺんにマッチを三本もするときなどがこれにあたる。質的な意味での奢侈は、よりすぐれた財貨の消費のことをさす。また奢侈が、量的かつ質的な意味をあわせもつこともある（実際には、質量ともに贅沢ということが多い）。

質的な奢侈の概念から導かれるのは、精巧につくられた財貨と同じとも考えられる贅沢品である。もともと物を精巧に仕上げるということは、必要不可欠な目的を満たすことを上まわって手をかけることのすべてをさす。また精巧なものをつくり上げることは、根本的には、材料および形式という二つの面で実現される。

われわれが奢侈あるいは奢侈支出について絶対的および相対的意味を区別しうるように、同じ差別を、質的な奢侈の代理である精巧な財貨についても行なわなくてはならない。

この場合、精巧ということを絶対的意味にとるならば、われわれが消費している大多数の財貨は精巧な財貨ということになる。なぜなら、これらのほとんどすべてが、（動物的）必需以上のものを満足させてくれるからである。したがって、精巧な財貨の需要をいう場合には相対的意味で述べなくてはならない。すなわち、どのような財貨が用いられているにせよ、与えられた状態において、平均の水準を上まわって精巧であるものがはじめて、狭い意味での精巧な財貨ということになるのだ。

ここに述べたように、いわば書きかえられた意味にしたがって、精巧品を必要とし、それによって満足を得るという形の奢侈は、きわめて多様な目的をもっており、そのためにやはりきわめて多様な動機によって動かされている。人が黄金で飾りあげた神殿を神に捧げることも、自分のために絹のシャツを買うことも、ともに贅沢にはちがいないけれども、この二つの行為には、天と地の差があることがただちに感ぜられるであろう。おそらく神に神殿を捧げることは、理想主義あるいは利他主義にもとづく奢侈とされるのに対し、絹のシャツを買うことは唯物主義あるいは利己主義にもとづく奢侈と名づけることができよう。しかも、これによって、二つの行為の使命や動機も区別することができる。

私が本書で奢侈の開花、発展について語るときは、もっぱら第二の種類の奢侈のことを問題にすることになる。つまり同じ奢侈でも、人間が利己的な動機で、つまらない物によっておのれの個人生活に色をそえるのに役だつような奢侈が問題になるわけだ。なぜなら、広い意味でのルネサンス期に、すなわちジオット〔一二六六—一三三七、画家、建築家〕からティエポロ〔一六九六—一七七〇、バロック期の画家〕にいたるまでの時代に、とくに高度に発展したのは、もっぱらこの種の奢侈だったからである。とにかく、本書ではこうした個人的贅沢の発展のあとをたどり、その発生のありさまを追究していきたいと思う。

個人的奢侈はすべて、まず感覚的な喜びを楽しむことから起こった。目、耳、鼻、口蓋、それに触覚を刺激するものはつねに、より完全な方法により、なんらかの種類の日用品の中にすがたを現わした。そしてこれら日用品が奢侈支出のもとになった。感覚の刺激を繊細にし、増加させたいという欲望はすべて、もとを正せば、われわれの性生活にもとづいている。感覚の喜びと性愛とは、結局、まったく同じものである。したがって、なにか贅沢に、はでにやっていこうという最初の衝動は、十中八、九までが、意識的にせよ、無意識的にせよ、そこはかとなく作用する性愛の感覚に帰せられることはたしかである。

こうした事情からして、富がつみかさねられたところ、しかも愛の生活が自然さながらに、自由に（あるいは、奔放に）くりひろげられたところでは、贅沢もまかりとおることとなる。ところがなんらかの理由で性生活の展開がはばまれた場所の富は、消費されるのではなく、物資の所有、すなわち財貨の蓄積、しかもできるだけ抽象的な形をとって、まずは未精錬の貴金属、そしてやがては貨幣を蓄積するためにだけ使われることになる（こうしたいわば別の潮流によってはぐくまれた資本主義の精神の発生については、私は別の場所で追究しているので、そこで、もっとくわしく述べることにしたい）。

しかし、どんな時代でもよい、奢侈が一度発生した場合には、奢侈をよりはでなものにしようという他の無数の動機がうずきだす。野心、はなやかさを求める気持、うぬぼれ、権力欲、一言でいえば他人にぬきんでようという衝動が、重要な動機として登場する。ヴェブレンは、その精彩ある著書『有閑階級の理論』の中で、あらゆる奢侈ならびに所有を求める気持のすべてを、他人に先がけて何か所有しようというこの衝動に帰着させようとした。たとえこの衝動が、飢えや性欲に直面したときの人間の本来自然の衝動と同じであるとみとめるにしても、どうしてこの衝動が贅沢にふけるという方向をたどるかについては、つねに特別の事情のからみ合いを必要とする。つまりそのさい、奢侈な生活がすでに現存していること、また人並み、あるいは人並み以上の贅沢にふけることによって、他人にぬきんでようという欲望を満足させうる手段が発見されていることが、前提とされるのは明らかだ。他の場合では奢侈が量的に他人にたちまさっていること、すなわち奴隷の数、所有する土地の大きさ、財産の額、位階の高さやそれに似たものについて他人をしのぐことが、おのれをみせびらかす最も適切な形式となる。だが同じ贅沢でも、個人的な、唯物的な贅沢をしようとなると、感覚の楽しみが煽られなくてはならず、とりわけ、性の楽しみが生活の形成にあたって決定的な影響をおよぼさなくてはならない。

このことを現代に適用してみると、ものすごい贅沢を生みだすための条件がすべて満たされている。富もあるし、恋愛のあり方をいかようにも形づくることもできる。住民の中の一部のグループが他のグループを制圧するようにはげむこともできるし、すでに見てきたように、十九世紀以前にはここだけがわずかに享楽の中心地であった大都市で生活することも容易になった。

だがこうした理屈は、なんとしても血が通っていないし、それに多くの人からは証明力に乏しいとされるであろう。そこで、これからこの問題を述べるにあたっては、逆な方向で考えていきたい。すなわち、中世が終わったあとの数世紀にはとてつもない奢侈がまかりとおり、それが十八世紀末期には無限といってもよいほどの贅沢にまで高まったという事実から出発して、この問題を解明してゆこうと思う。そうした意味あいからしても、第一に、きわめて強大な奢侈がどのように展開していったか、その実情を示すことが必要である。

では、ここで、奢侈が耐えがたいものになったことについて苦情を述べる当時の人々の、何度もくりかえされた証言を想起してみよう。

「みんながおかしくなった。贅沢もとてつもないところまで行きついた。パリでは住民の半分がイカサマ師の仕事にはげんでいる半面、のこり半分が破滅したことはたしかだ。」

　これは一七八九年、田舎者がパリから妻に送った手紙の一節だ。

　年とった伯母さん、オーベルキルヒ夫人は、

「いまのご時勢の最も悪徳の一つは、われとわが身を、あらゆるものの中で、またあらゆるものを通じて、破滅させていることです。」

と書いた。

　メルシエは彼の時代が落ちこんだ社会のなさけないありさまを、最も真に迫った方式で描いている[1]。彼は奢侈を「富者の刑吏」と名づけ、富者があまりにも行き過ぎに走るために、もはや楽しみを味わうわけにもゆかなくなったありさまを、強烈な言葉を用いて次のように述べた。

「刺激があっても、もはや満足は得られず、まったく無感覚になってしまった。次から次へと新奇なものをめまぐるしく味わったところで、ふきげんな気分だけをもたらし、愚かな出費がかさむばかり。これが、モード、衣裳、風俗、言語を問わず、すべてのことがただ意味もなくつねに移りかわっていく根拠となっている。裕福な人々は、やがて何も感じなくなる境地に達する。彼らの家具調度はたえず変化する装飾となり、何を着るかは毎日の苦役であり、めしを食べるのも人前で行進するのと同じことになる。思うに、欠乏が貧者を苦しめるように、奢侈が彼らを苦しめているのだ。贅沢にすべてを犠牲にするとはまことにけっこうなことだ！　パリの富者を悩ますことは、おそらく彼らの支出が次から次へとつづいていることであろう。しかも支出は実際に欲することよりもつねに先へ先へと進んでいく。なんとしても奢侈はあまりにも出費がかさむようにできているので、とどのつまり奢侈のおかげで倒産しないような財産は一般に存在しないといえる。現代ほど浪費がさかんな時代はけっして見あたらない。誰しもおのれの収入をすべて消費し、おのれの財産を食いつくす。しかも、まったくハレンチな行き過ぎをほしいままにしては隣人にぬきんでようとする。」

いたるところで同じ像が示され、どこでも同じ言葉が語られた。現代より贅沢な時代はないとデフォーは『完全なイギリス商人』のなかで次のように指摘した。(2)

「われらの時代に奢侈がはびこるありさまは、信じがたいものがある。虚栄心、俗悪な喜びと贅沢がわれらの主人となった。いたるところに見られるのは行き過ぎばかり。」

「奢侈は海のようにすべてを呑みこむ」、奢侈が最高の完成に達したワルシャワでコハノフスキーは次のように考えた。

「たとえ全能の神が大雨を降らし、その一滴一滴がいずれもドカーテン〔金貨の単位〕となって降りかかり、ポーランド人がくるぶしまでその中につかるようになったとしても、こうした貨幣はすべて、われわれのもとに長く留まることはできず、水が山や丘から河川や低地めがけてくだっていくように、銀器や馬車、家具等々を求めて、ブレスラウ〔現在のブロツワフ〕、ライプチヒ、フランクフルト、ベルリン、ダンツィヒ、リガめざして流れていくことであろう[3]。」

だがこの種の証人の証言に満足することなく、実際の事実に即し、贅沢が形成された実例を示すべくつとめてみよう。私としては、読者がすでにこれに関する知識をある程度、まえもってお持ちだと考えてもよいわけだ。だが、当時の奢侈の発展について、数字ではっきり裏づけされた、明白な観念をできるだけ与えようという試みも、けっして余計なものとは思われない。それというのも、個々の奢侈の現われの背後にある、とくに個々の現われの全体の背後にある数量こそが、奢侈需要が市場形成にあたってもつ意味をはじめて認識させてくれるからである(われわれとしても、何よりもこのことを知りたいのだ)。

これにつづいて学ぶべきことは、何だろう? とてつもないほどの奢侈が行なわれたという事実が疑う余地もなくはっきりしたあと、こうした贅沢ざんまいが、前章で描かれたような社会を形成する諸要素といかなる関連があったかを追究することである(これが本書の根本思想にかかわるのだ)。とくに婦人が、なかでも法に反して愛人、恋人になった婦人、いうなれば女がどのくらい、現代の表面的生活の形成に関与したかを調べることである。

二 王侯の宮廷

往時は、すべての生活がそうであったように、華麗な生活も王侯の宮廷からはじまった。宮廷は真にすべてのエネルギーの源泉であった。

しかも、世俗的な豪華な暮しは、どこではじまったのかを知るためにもう一度過去を顧みるとき、われわれの視線はやはりアヴィニヨンに向けられることになる。

罪悪と犯罪に満たされてはりさけんばかりの……どん欲のバビロン。
その神々はジュピターでもパラスでもなくして、
ヴィーナスとバッカスである。
ここはローマ、バビロンとともに
いつわりと悪の住家だ。
汝を泣く者、悲しむ者は数多い。
汝は清きつつましやかな貧しさの裡にきずかれた。
だが不逞なる角が、汝をきずきし者にさからった。
汝はいずこに希望を託するのか？
汝の浪費に、悪より生まれた富に託するのか？

アヴィニヨンの宮廷について、この詩や同種の文章を残したペトラルカは、たしかに、完全に公平で、まったく先入観にとらわれない観察者ではなかった。しかし彼が大筋では真相を述べていたことは、他の公明正大な証人が教えてくれる。「教皇庁は、われらのガリアに変態性の風俗をもちこんだ」とニコル・ド・クラマンジュは嘆いた

(『腐敗せる教会』[4])。しかしこの言葉も、あまり多くのことを語っているわけではない。

むしろ、教皇クレメンス五世を讃えるために催された祭りについての、同時代の人の記録をとり上げてみたい[5]。これは次のようなきらびやかな言葉で結ばれている。

「きわめて豪華な食事が供せられる大酒宴。集まった人たちはすべて庭で踊りまわる。……殿方の目はこれらのすべてをながめ、そのはなやかさを喜び、いたって満足そうだ。神聖なすばらしいことに会ったときのように、彼らはなごやかに、満ちたりたようすである。」

あるいはE・ミュンツが伝えた教皇宮殿の財貨宝物を考えてみてもよい[6]。そうすれば、ペトラルカの判断があたっていることがわかる。もちろんアヴィニヨンのありさまについて正しいイメージを得るためには、何はともあれ、教皇の近くに住んでいた数多くの衛星ともいうべき、教会貴族たちのことも考え合わせておかなくてはならない。教会関係の宮廷をすべて総合してはじめて、その頃の記録文書が明らかにしたあの豪華さをよみがえらすことができるからだ。それというのも、教皇の家計支出は、最近の研究が示しているように、そんなに極端に多額というわけではなく、一三〇五年六月二十四日から一三〇七年四月二十四日までに(これも一例をあげただけ、しかも初期の宮廷をとり上げただけのことである。だが、後の時期になると、私の知るかぎりでは、支出状況はいまだに公開されていない）、官吏および使用人用にただ一七万五三一八グルデン（金貨）が支出されたにすぎない。台所、宮廷パン焼場、地下貯蔵庫、厩《うまや》のための支出は、毎週八二六フロリンである。厩には一三五頭の馬がいた。[7]

おぼろげなアヴィニヨン時代につづいて、われわれの脳裏にうかんでくるのは、まず次から次へとそれぞれ先代をしのぐ活力にあふれ光輝ある生活を送った、パウロ二世からレオ十世にいたる、偉大なるルネサンス期ローマ教皇が支配したあの栄華の時代である。

「異教的な雰囲気が、まるで昔の皇帝時代のように劇的な輝きとともにローマをつつんだ。世俗的なはでな装いが教皇庁にとって不可欠のものとなり、甘やかされた大衆は祭り祭りと騒ぎ、しかも思いのままに楽しむことができた。」（グレゴロヴィウス）

パウロ二世（一四六四―七一年在位）とともに飲めや歌えの大酒宴がはじまった。「彼の宮殿はきらびやかであり、彼自身も官能の喜びにひたっていた。」いわば彼自身の生活の象徴として、パウロ二世は、世俗的な装いをこらした謝肉祭《カーニバル》を見物した。彼はこうした新しい性格のカーニバルをはじめてローマに導入した。

シクストゥス四世は先行者に負けじとこれつとめた。彼のもとでぶらぶら生涯をすごしたのは、まず彼の親類縁者である。四世の息子ピエトロ・リアリオは六万フロリンの財産をもっていたが、二年間でこれをすっかり消費した。一四七三年、ナポリ王の庶出の娘がローマにきたとき催された祝祭は、「これまで行なわれた乱痴気騒ぎのすべてをしのぐ、大浪費であった。(8)」マダム・レオノーラはローマ教皇の親類筋の館で行なわれる贅沢ざんまいに、わずかながらでも似たようなものはこの世にはない、という確信を抱いてローマを去った。

この時代の奢侈は、とりわけ祭典、公式の展覧会、人の接待、それにいかめしい行列などの面で最もはなやかにくりひろげられた。一四七六年、聖マルコの日にジロラモ・リアリオが競技会を開催したナヴォーナには一〇万人が参集した。一四七八年には、ウルビノ公の王女とジョヴァンニ・ロヴェレスの結婚式が盛大に行なわれた。(9)そのとき入場したナポリの王子フェデリゴのすばらしい行列について、ブルカルドスがくわしい描写を残している。(10)だが世俗的な豪華さという点では、教皇庁の催しの中でも、一五一三年四月十一日の、あの永遠に有名となったレオ十世のレテラーノ祝賀行列が最高であろう。一日のために一〇万ドカーテンの費用がかかり、何百人という芸術家がその最高の技巧を発揮した。(11)画家ラファエロ・サンティが王冠をいただいた君主のようにローマ街頭をねり歩いたのも、ちょうどその頃であった。お供もすばらしく、彼を尊敬する人々、友人や弟子あわせて五〇人を下らぬ人数が彼のあとをつきしたがったのだ。

イタリアの世俗の宮廷、とりわけミラノとナポリの宮廷が、周知のように、世俗的な贅沢ぶりをローマの教皇宮廷と争った。これらの宮廷でその頃くりひろげられた奢侈のはなやかさについては、ブルターニュのアンナの秘書アンドレ・ド・ラ・ヴィーニュが、シャルル八世にしたがってイタリアを旅行したさい記した日記[12]が伝えている。

だが宮廷の奢侈（それに宮廷の歴史一般）にとって、真に意義深い事実は、フランスの諸王が、生活についての考え方や、生活方式に関し、イタリアの諸侯がはじめたことすべてをそのままうけついだことである。メディチ家のカトリーヌは、彼女に先だって、ヴァロア家が、シャルル八世、ルイ十二世を通じ、政治面におけるイタリア文化への傾倒を、周知のようにとことんまで追求したあと、いわば仲介者となってあらわれた。

なぜなら、これによって——それが決定的に重要なことなのだが——フランスがイタリア諸侯の領土をあわせたものより大きいという事情に応じて、外面的にもフランスでの奢侈が大きく発展する可能性がでてきたからだ。最後のヴァロア家は、その家計費として、イタリアの裕福な諸国家の公式の全収入より以上のものを支出した。十五世紀の終りの収入は次のように評価されている。[13]

ヴェネツィア	高々	一〇〇万	フロリン金貨
ナポリ	高々	六〇万	〃
ミラノ	高々	六〇万	〃
フィレンツェ	高々	三〇万	〃
教会	高々	二〇万—二六万	〃

これらの数字に対し、フランソワ一世（あるいはアンリ二世）は、宮廷の費用として一五〇万スキュード〔ターレル貨〕を消費した。この評価をしたヴェネツィア使節（マリノ・カヴァリ）はこの数をあげるとともに、次のような感想をもらしている。[14]「フランスの宮廷を見れば、この支出額の大きさを知っても驚くにはあたらない。宮廷はふつう六〇〇〇、八〇〇〇、一万から一万二〇〇〇頭の馬をかかえている。しかも旅行となると、支出は少なくとも三分の一増となる。それは旅行にとって必要であり、しかも旅行するとなると当然単価も倍増する多数のロバ、車、輿《こし》、馬、それに大勢の従者のための出費がかさむからである。」

他の使節は、王にしたがうおつきのための馬は八〇〇〇頭とふんだ。[15] 一五万スキュード（一九一二年の通貨に換算すると、およそ一〇〇〇万フランに相当する）が、個々の物件について、どのように消費されているかを、同じ資料にもとづいて計算すると、次のようになる〔いずれもスキュード〕。

宿泊関係費一〇万、狩猟費一五万、祝祭のための費用一〇万、衣裳および土産のための費用二〇万、王の宮廷維持費二〇万、皇后の宮廷維持費三〇万、という具合である。

個別的支出の状況を追究することは教えられるところが大きい。そこで、私の知るかぎりでは、これまであまり注目されなかった他の在外公館の報告にのっている一覧表をかかげてみようと思う[16]。一五四二年、フランス王の総支出は五七八万八〇〇〇リーヴルに達した（一五四一―六〇年、一リーヴルは今日の通貨で三・三四フラン貨幣にあたる）。

そのうち奢侈のための支出は（l＝リーヴル）、

王の家政費	八万五〇〇〇l
厩	八万l
贈物用の金および絹を用いた衣服	五万l
宮廷費	一九万l

皇后の家政費	一四万*l*
タカ狩りの費用	六万*l*
シャンフォール宮経費	三万*l*
（それまで四〇万*l*かかった）	
フォンテンブロー宮経費	五万*l*
王の小遣い	五〇万*l*
贈物のための費用	五〇万*l*
装飾品など王の楽しみのための商品購入費	一六万*l*
使途の明らかでない特別費	四〇万*l*
こまかい娯楽のための経費	七五万*l*
総　計	二九九万五〇〇〇*l*

なお外交使節によると、こまかい娯楽のための経費の中には、王としては、女のための費用など人に知られたくないもののための費用も入っていた。アンリ四世治下では贅沢のための支出はむしろ減少した。彼は治世の最後の年に次のような金額を支出した(17)（このときの一リーヴルは、ほぼ今日の二フラン貨幣にあたる）。

厩	二六万一五九〇*l*
王の宮廷費	四三万五五三八*l*
銀器	一九万七三三四*l*
こまかい支出	一六万二一八〇*l*
狩猟	八万八六七〇*l*
皇后の宮廷費	五四万一四三九*l*
建築費	六三万三二九八*l*
旅行費	一〇万七一八五*l*
贈物	八万五七九八*l*
買物	七万一五七五*l*
総　計	二五八万四六〇七*l*

(今日の通貨でいえば、およそ五、六百万フラン)

この頃から支出は年々増加した。ルイ十四世の治世末期にこの発展は最高潮に達した。一六八〇年から一七一五年にかけての予算も、おおよそ似たような形をとった。ここで任意に一六八五年という一年をとりあげてみよう[18](一六七六―一七〇〇年の間のリーヴルは、一九一二年現在の一・四八フランにあたる)。

王の宮廷費	六〇万六九九九*l*
金庫費	一六一万八〇四二*l*
銀器類（これは本質的には王の化粧品、装飾品のたぐいのものと解すべきである）	二二七万四二五三*l*
こまかい娯楽費	四〇万八五〇*l*
馬の購入費	一万二〇〇〇*l*
厩のための費用	一〇四万五九五八*l*
贈物のための費用	三一万三〇二八*l*
宮廷の執事のための費用	六万一〇五〇*l*
狩猟費（犬を用いた狩り、タカ狩り、狼狩り）	三八万八三一九*l*
廷臣のための費用	一二三万*l*
女官のための費用	二五万二〇〇〇*l*
報奨のための費用	一六万四三七*l*
王の小遣	二一八万六七四八*l*
王城建造費	一五三四万九〇一*l*
機密費	二三六万五一三四*l*

旅行費　　五五万八二三六l
総　計　二八八一万三九五五l

こうしてみると全予算一億六四万二五七リーヴル（ブリュットによる）のうち王の個人的支出、つまり贅沢のための費用だけで約二九〇〇万リーヴルという巨額を占めることになる。このような事情があるため、いかに巨額の金が贅沢品製造業者のところに流れていったかは、個々の支出をよく観察してみるとはっきりしてくる。その筆頭にあげられるのは建築の贅沢であることはもちろんであるが、王が建築のために行なった支出は、いちばんよくわかっている。それは、支出の詳細が記入されている一六六四年から一七七九年にいたる、フランス諸王の建築にかけた費用の完全なリストがあるからだ。この記録の中にふくまれる資料は、一六六四年から一七七五年までの支出のありさまを、これ以上は望めないというほどりっぱに記録しているにもかかわらず、私の知るかぎりでは、従来一般に十分に利用されておらず、まして隅々まで使用された形跡がない。だがこれは、経済史の資料としては信じがたいほど貴重なものである。[19] たしかに、ルヴァスールや他のフランスの経済史家はこの記録を知り、引用もしているけれども、これからすべてのことが学べることを予期していたようには思われない。私は、本来なら根本的にとりくむ価値のあるこの豊富な材料から、いまのところはごく一部を利用するだけにとどめておく。十七および十八世紀における手工業ならびに産業資本主義の重要な一分野の歴史に関しては、うまく利用しさえすれば、この資料だけからでも必須の素材を獲得することができる。それにもかかわらず、大型の四つ折本全五巻の中に、組合規則《ツンフト》という言葉が見あたらない。あるいは、おそらく組合規則によってこの言葉を避けたのではなかろうか。

ともかく、消費の巨大さのイメージを与えるために、まず王のための建築に要した支出の総額と、個々の建築の主な金額を伝えてみることにする。

ルイ十四世治下、王の建築に要した費用総額は、

一億九八九五万七五七九リーヴル　一四スー　一一ドルニエ

(その頃のリーヴルは一・二二から一・六三フランの間だから、総額では今日の約三億フランになる。)

この総額の半分以上がルイ十四世統治の最初の二七年間に支出された。すなわち、

一六六四―八〇年　七三九七万七二六九リーヴル　一四スー　五ドルニエ
一六八一―八七年　五七六五万七四七八リーヴル　六スー　二ドルニエ

この金額の主な部分はもちろん、庭と噴水の工事だけで一億フランかかったヴェルサイユの建造に使われた(従来の定説である六億から七億フランという数字は、きわ

めて大ざっぱなものだ)。

ここで、例の記録作成者が称賛すべき方法を用いて行なったまとめから、総額がいかに個々の支出にふりわけられたかというありさまを伝えよう。総額からは、たとえば次のような支出が行なわれている(*l*＝リーヴル、*s*＝スー、*d*＝ドルニエ)。

製造業者および手工業者からの購入費	一七三万二〇六*l*	一〇*s*	二*d*
ゴブラン(家具)製造業者からの買入れ	四〇四万一〇六八*l*	二*s*	七*d*
銀製装飾品	二二四万五二八九*l*	一四*s*	一〇*d*
大理石、鉛、亜鉛	三七九万四四六*l*	一六*s*	二*d*

本来の建設作業は最初の時期(一六六四―八〇年)に、それぞれ総額中の個別的支出によって示されているが、それぞれ次のような数字で示されている(これはヴェルサイユ、ルーヴル、チュイルリー、サン・ジェルマン、フォンテンブロー、ヴァンサンヌ、トリアノン、クラニー、マリーの各宮殿すべてについてまとめられたものである)。

左官仕事	一七三〇万九九五*l*	八*s*	一*d*
大工仕事	二三三万四一〇八*l*	一一*s*	二*d*
屋根ふき仕事	八二万六一四八*l*	一〇*s*	五*d*

鉛細工	二二六万八〇八七*l*	一九*s*	七*d*
錠前屋の仕事	一八七万八二四二*l*	八*s*	四*d*
指物建具	二〇八万七五四一*l*	五*s*	一〇*d*
画家の仕事	二八七万七八七五*l*	一六*s*	三*d*
彫刻家の仕事	二〇四万一三二一*l*	一一*s*	六*d*
ガラス屋の仕事	二八万九五二四*l*	一一*s*	一一*d*
床作業	七二万九七三八*l*	一六*s*	一〇*d*
庭師の仕事	二三〇万六〇〇三*l*	一九*s*	一*d*
土木工事	三七九万一〇六四*l*	一八*s*	九*d*
その他の作業	三五万一〇四*l*	一二*s*	｜
特別支出	四四五万六七三三*l*	六*s*	九*d*
総　計　一六六四〜八〇年	四三五三万七四九一*l*	一六*s*	六*d*

フランスの宮廷がもっていた銀製什器は、[20]一六八九年および一七〇九年にその大部分が溶解された。一六八九年には、銀器の量は二五〇万五六三七リーヴル四スー九ドルニエの貨幣価値に相当する八万二三二マルク五オンス九グラムあった。

王の宮殿の家具調度がいかに価値がある華麗なものであったかについては、それぞれの品目の写生をのせてきらびやかに装丁されている、在庫品目一覧表からうかがい知ることができる。(21) 支払われた金額からしても、たとえば巨大な織物の壁かけだけでも、ルイ十四世の諸宮殿にあわせて三三四枚あり、またこれらの壁かけは二六〇〇枚の絨緞《じゅうたん》と一四〇枚の一枚織りのものからなっていたことや、ゴブラン織業者から八二二枚の布地と一〇一枚の壁かけが、ルイ十四世の宮殿に送られたことなどがわかる。

一六六九年のいくつかの注文は、家具調度のためにどんなに贅沢なことが行なわれていたかを示している。(22)

▽商人デュックおよびマルソリエ両氏が陛下におさめた品目は、
　一エール〔昔の尺度、約六八センチ〕当り一三八リーヴル一〇スーの金銀の錦六四エール
　一エール当り一三三リーヴル五スーの赤、緑や金銀の錦四四エール
　あわせて一万六六五四五リーヴル五スー
▽同じくリヨン産の錦に二万二一五五リーヴル
▽同じく一エール当り六六リーヴルのリヨン産金銀糸の錦六二エール、あわせて四〇九〇リーヴル、それに一エール当り一一リーヴル一〇スーのツーロン産赤色

の緞子《どんす》二五九エール、あわせて二九七九リーヴル、両者総計七〇七〇リーヴル
▽レノン氏のおさめた金銀の錦に対し七万七一九リーヴル一八スー一一ドルニエ
▽マルスラン・シャルリエ氏のおさめた絹およびブロカテル〔浮出し模様のある錦織物〕に五五七二リーヴル五スー

王の宮殿の家具調度に見合って、これみよがしに着用される衣裳のきらびやかさもすばらしいものがあった。十七世紀、L・Pなる人物が宮廷の人々の個々の衣裳を、このありさまをうかがい知ることができる。[23] ルイ十四世はみずから一四〇〇万フランの宝石がついた衣裳をまとった。

〈優雅なメルキュール〉なる祭典にあたってことこまかに記した記録からも、

とある日、ルイ十四世がパリにあるレース製造所を見学したとき、彼は二万二〇〇〇リーヴルのレースを買いこんだ。[24]

フランス宮廷における着るものについての贅沢ぶりは、十八世紀を通じてますますさかんになり、大革命の数年前には最高潮に達した。マリー・アントアネットの衣裳に関する予算については、こまかい点までわかっている。[25]

一七七三年、その頃の皇太子妃の衣裳代は一二万リーヴルにおよんだ。この金額は後年にもいわば通常予算とされたのだが、実は年々この金額をこえてふえていった。

衣裳に対する支出額は次のとおり（lはリーヴル、sはスー）。

一七八〇年　一九万四一一八l　一七s
一七八一年　一五万一二九〇l　三s
一七八二年　一九万九五〇九l　四s
一七八七年　二二万七一八七l　—

このときから支出額は減少する。

それでは女は？　女は奢侈のための支出の急激な上昇に関係があったか？　あったとすればどんな関係があったのか？　イタリアの諸侯の場合、フランスのヴァロア家の場合は、あまりくだくだしく問いただされなくてもよい。彼らはただ女のためにだけ生きていたのだ。だが奢侈は奢侈でも、はじめて大規模な形でくりひろげたルイ十四世の場合はどうであったのか？　王をがんじがらめにして贅沢ざんまいにふけらせたのは、むしろ権力欲とはで好きな性格ではなかったか？　否そうではない。ルイ十四世の場合にこそ、愛妾の影響が、王の外面的生活の形成にあずかっているありさまを、いわば記録文書の文句そのままにうかがうことができる。ラ・ヴァリエールへの愛がルイ十四世をヴェルサイユ宮殿の建造に駆りたてた。父親がもっていた狩猟のための小さなヴェルサイユの城の中で、王ははじめて彼女と会った。

「あの森のある丘の上で、王の恋人は、魔の宮殿が出現するさまを見ることになろう。」

ラ・ヴァリエールへの愛とともに、宮廷で大祝典がはじまり、アリオストの怪奇物語「魅せられた島の喜び」が上演され、王はその中でロジェの役を演じた。一六七四—八〇年に二〇〇万フランの費用が投じられてクラニー宮が建てられたが、これも王の恋人のきまぐれの所産であった。そして新しい愛妾が現われて王の心をとらえるたびに、かならず奢侈の新しい洪水が見られた。愛妾が新しく変わるたびに、浪費の度合いは拡大される一方であった。フォンタンジェ嬢にいたっては、金貨をすべての窓から投げ捨てさせた。そのため毎月一〇万エキュー（エキューはフランスの主な金貨で、純金三・二グラムを含有しており、一三ドイツ・マルク以上の価値がある）もかかったのだが、彼女はこれが無駄使いだといわれると不思議に思ったという。

十八世紀のフランスの宮廷が、王の愛妾によって完全に支配され、宮廷生活が彼女たちによって方向づけられたことは周知のとおりである。ポンパドゥル夫人は、彼女の趣味のおもむくままに宮廷の全生活の支配者となった。その頃のある人は次のようにいっている。

「われらの生活はすべてポンパドゥル夫人によって定められている。儀装馬車も夫人式なら衣裳や色彩も夫人式、ラグー〔肉料理の名〕、炉、鏡、テーブル、ソファ、椅子、扇、食器箱、つまようじ、すべてが夫人好みにできている。」

ポンパドゥル夫人はアンシャン・レジームの文化面すべての代表者であったが、とりわけ趣味と外面的な生活を形成するうえでの代表者であった。夫人はみずから経済生活の渦中に入り、これを彼女の意のままに動かそうとした。夫人はマリニ侯爵に仕立てあげてやった弟を、まえもってローマに送って修業させたあと、建築、庭園、芸術、および製造業に関するすべてをあつかう大監督に任ぜられるようにした。ポンパドゥル夫人は、彼女の意のままに宮殿を建てさせた。プティ・シャトー・ブレヴー宮、それにトーディ宮（ブリボリオン宮）を追加した。彼女はショアシー宮を美しく改装した。さらに自分でブレヴー宮の画廊のプランをつくり、ヴァン・ロー、ブーシエ、ブリュネッティが画筆でこれを彩れば、クーストンがここにルイ十五世の立像を刻んだ。この宮殿で彼女は祝典を催したが、そのさい、彼女は客が着用する衣裳のデザインまで考え、しかもこの衣裳を客に贈物として与えた。だが、その費用は一万四〇〇〇リーヴルもした。またポンパドゥル夫人はショアシー宮にくる客の下着のために六〇万四五二リーヴルを投じた。こうしたすべての消費のための費用は、他のどんな女王でもまかないきれるものではない。ポンパドゥル夫人は勢いをふるっていた一

九年間に、記録によれば、彼女自身の消費のために三六三二万七二六八リーヴルをつかった。(26)

デュ・バリー伯爵夫人は、ポンパドゥル侯爵夫人にけっしてひけをとらなかった。ル・ロアの忠実な計算によると、彼女ははじめて権力の座についた時以来、一二四八万一八〇三リーヴル一一ドルニエをつかった。そのうち六四二万七八〇三リーヴル一一ドルニエは彼女が権力の座についていた（一七六九―七四年）時期に、銀行家ボージョンに命じて支払わせた金額である。アベ・テレーは周知のように、この王の恋人の小切手は「王の手形」として宮廷出入りの銀行家たちからつねに珍重されていたと主張した。

マリー・アントアネットはフランス宮廷を支配し、奢侈のための消費増大に（一七八〇年代の初めまで）これつとめた最後の偉大なるはすっぱ女である。ここに伝える数字は、たとえ正式の王妃であっても、華麗なる側室、愛妾たちと同じコースを歩むことのできたことをはっきりと裏づけるものである。しかも忘れてはならないのは、マリー・アントアネットは、最も幸福であった（皇太子妃の）時代に、危険なる競争相手デュ・バリーとその取巻きたちに対抗しなくてはならなかったことである。

初期資本主義時代の末期、女をめぐる奢侈の発展がいかなるものであったかを理解するうえで、汲みつくしがたいほど価値のある資料は、完全に残されている左側にあるデュ・バリー夫人の勘定書である。(この資料からは、何ダースにもおよぶ、しかもいつも同じ調子の組合規則や政府法令を集めた出版物よりも、国民経済上の認識にとって、はるかに多くのものを得ることができる!)

	Ⅰ		
金銀細工師	313,328 *l*	4 *s*	
宝石細工師	1,808,635〃	9〃	
美術装身具製作者	158,800〃	—〃	
	2,280,763 *l*	13 *s*	
	Ⅱ		
絹製品	389,810 *l*	15 *s*	
レース	215,988〃	6〃	
流行品	116,818〃	5〃	
小間物	35,443〃	14〃	
	758,061 *l*	— *s*	3 *d*
	Ⅲ		
家具	24,398 *l*	18 *s*	
絵画，つぼ	91,519〃	19〃	
	115,918 *l*	17 *s*	
	Ⅳ		
蹄鉄工	60,322 *l*	10 *s*	
刺繡師	471,178〃	—〃	
	531,500 *l*	10 *s*	
	Ⅴ		
馬車と装具	67,470 *l*	1 *s*	
馬	57,347〃	—〃	
馬糧	6,810〃	—〃	
	131,627 *l*	1 *s*	
	Ⅵ		
鍍金師	78,026 *l*	— *s*	
彫刻家	95,426〃	—〃	
鍍金師(再度)	48,875〃	12〃	6 *d*
鋳物師	98,000〃	—〃	—〃
大理石の石工	17,540〃	8〃	10〃
指物師，錠まえ師	32,240〃	8〃	—〃
	370,108 *l*	9 *s*	4 *d*
	Ⅶ		
リュシアンヌにおける初期の作業	111,475 *l*	6 *s*	9 *d*
造園	3,739〃	19〃	—〃
新規の作業	205,638〃	16〃	8〃
造園	3,000〃	—〃	—〃
	323,854 *l*	2 *s*	5 *d*

ここにその実例のいくつかを伝えよう（前ページ表）。ボージョンが王の寵姫の指示によって支払った総額は前ページのように支払われた（l＝リーヴル、s＝スー、d＝ドルニエ）。

（他の支出金額は贈物といったもっぱら個人的性格のもので、関心をよぶことはあるまい）

とくに金がかかった贅沢品としては、次のものがあげられる。

白絹製の礼服衣裳　一万二〇〇〇l

別の礼服の装飾　一万五〇〇l

他の衣裳の経費　九〇〇〇l、五八四〇l、二四〇〇l、七六〇〇l、

等々

一二個のひじ掛椅子つき室内設備一式七二〇〇l、トルコふうの長椅子一式二四〇〇l、リュシアンヌ宮の寝台五九四五l、時計一個五四〇〇l、タバコ入れ一個五七六l、ムスラン産コーヒーセット一五個二二五l、伯爵夫人肖像画用の金の額ぶち（彼女がその絵の中で女神ミューズのいでたちをしていることは有名）二二五〇l。

この家計の中でとくに値のはったのは陶磁器で、セブルの陶器一式二万一四三八l、伯爵夫人が義理の兄弟に贈った別の陶器一式四八五六l。

判明したところによると、ゴブランが一平方エールで四八八l五s、たとえばヴァン・ローの『ネプチューンとアミモン』三五三四l一四s五d、ブーシェの『ヴィーナスとヴルカン』がほぼ等価。

こうした価格計算は、フランス国立図書館付属館のMss. という項目の八一五七、八一五八を参照されたい。その主な部分はゴンクール兄弟がデュ・バリーについて書いた本の付録にのっている。

短期間ではあっても、その華麗さからいって、スペインの宮廷がフランス宮廷をしのいだこともおそらくあったであろう。ポトシスとガナハトスの銀鉱山開発から、フェリペ四世の治世時にいたるまで、マドリッドは、前代未聞の贅沢ぶりがくりひろげられた舞台であり、周知のように、スペイン風俗がその頃から支配的なモードとなった。

こうしたきらびやかな生活を送るための基礎となった収入は、フェリペ三世の代になってもやはり相当の額であった。ヴェネツィアの使節トマソ・コンタリニスの計算によるとその額は一六〇〇万ドカーテン（つまり約一億五〇〇〇万フラン）に達した。この計算の正しさは、アンリ四世が（敵方の資力をしらべるために）行なわせた調査の結果によって立証された。それによると、スペイン宮廷の収入はまるまる一五六五万八〇〇〇ドカーテンで、その他五〇〇〇万ドカーテンが、あるいは副王の収入、あるいは税収入等々として計上された。もちろんこの金額の総額の非常に大きな部分が国の債務の利子支払いにあてられた（しかし、本質的には、あとにも見るように、これが奢侈の発展に役だっている）。そのためにレルマ伯爵の計算書によると、一六一〇年には、ただ四四八万七三五〇ドカーテンが王の自由になっただけであり、そのうち一〇〇万ドカーテン足らずが宮廷費として使用された[27]。

（西ヨーロッパでは）フランス、スペインに直接つづいたのがイギリスである。宮廷のはなやかさという点で最高潮に達したのは、フランスの諸王を模範としたスチュアート朝であった。これらイギリスの諸王の宮廷がいかにきらびやかであったかという名残りは、おしゃれな男たち、それにバロックふうの深いひだのついたすばらしい緞《どん》子《す》や繻《しゅ》子《す》の衣裳をまとった誇り高き美女たちを描いたヴァン・エイク、ピーター・レーリ、ユイスマンの絵に見受けることができる。ピープスの日記の中にもふくまれているその頃の人々の描写は、これら芸術家の筆になる絵がよび起こす、なにか怠惰な気分で生活を愛する当時のすがたと一致している。チャールズ一世が一つの宮殿から別の宮殿に移るとき荷物をはこぶ面倒をはぶくため、二四の宮殿を建てたことや、ジェームズ一世が娘の結婚式に九万三二七八ポンドも支出したことをきくと、どうしてもあの偉大なるルイ十四世を想起せざるをえない。それでも、チャールズ二世が悲しそうなへりくだったおももちで、下院内で、「王室費でどうにかやってゆこう。今後は従来よりも金づかいをひかえる」という約束をした話をきくと、今度は英仏両国では多少事情がちがっていたことに気づくのである。尊敬すべき市民なら、こうした瞬間、朝の空気の到来を感じたかもしれない。新しい世界が、おおらかな、しかも礼儀正しい精神が支配する世界がはじまったのだ。そうはいってもオランニェ家〔イギリスではオレンジ公〕も宮廷をはなやかに彩ることを好んだ。(28) さらにハノーファー家も最初の二代目までの君主はオランニェ流にならおうとつとめた。

イギリス諸王が入手した財産は全部合わせても、ルイ十四世が国土から無理やり徴発した金額にはとうていおよばなかった。それでもイギリス諸王の財産は、当時としてはかなりのものであり、奢侈品に対する需要も相当大きかった。

一五四九年、宮廷をまかなうための支出は一〇万ポンドで、これだけですでにヘンリー七世時代の五倍に達した。これにつづく二世代の間に、支出はさらに五倍にふえた。王政復古ののちに、イギリス諸王は、王室費をはっきり認められたため、それ以後の支出は、きちんと数字をもとにして追究できる。(29)チャールズ二世のためにきめられた一二〇万ポンドは、もちろん完全に支払われなかった。そのため本当はその程度の金がいる哀れなチャールズは、いつも金が足りなくて苦しんでいた。一六七五―七六年にかけての彼の予算は、四六万二一一五ポンドという支出にみあって定められたものである。

ウィリアム三世は、一六八九年十一月五日から一七〇二年三月二十五日にいたる統治時代に、あわせて八八八万五〇六ポンド二シリング九ペニーを、彼および彼の宮廷のために支出した。アン女王はその後一二年間に七六〇万四八四八ポンド、年平均五八万六九〇〇ポンドを支出した(彼女の王室費は、一九六万五六〇五ポンドのいわゆる全平和予算のうちの七〇万ポンドを占めた)。ジョージ一世および二世の王室費は八〇万から九〇万ポンドの間を上下したが、ジョージ三世になると、これが九二万三一九六ポンドにあがった。

イギリスでも、宮廷の奢侈はとりもなおさず、愛妾たちの、そして王妃たちのための奢侈であったことは、イギリス宮廷の内幕の歴史が教えてくれる。イギリスに宮廷ができて以来、王には愛妾がかならずおり、彼女たちがはなやかに生きていこう、はでに暮らそうという傾向があったこともよくわかっている。まず想起されるのはケルアーユと呼ばれたバーバラ・ポーマーである（ルイ十四世でさえバーバラがパリにきたときは夢中になったため、彼女の絹の腰帯は一五年間も英仏両国を結びつけたなどといわれたが、これはもっともなことだ）。つづいて思い浮かべられるのは、キャサリナ・セドレイ、ダーリントン男爵夫人、ドーチェスター伯爵夫人、それにスチュアート朝時代の位階のある愛妾たちである。さらにイギリス王に選ばれたハノーファーのゲオルク・ルートヴィヒが愛人をつれて海を渡り、彼女たちをイギリスでそれぞれアーリントン伯爵夫人、ケンデル侯爵夫人に仕立てあげたこと、またジョージ二世すら、愛妾ほしさが、昔なつかしの故郷ハノーファーへの望郷の念と一致したため、ワルモーデン在の婦人をヤーマウス伯爵夫人に昇格させたことも知られている。

ドイツ諸侯の宮廷の中では、ザクセン、ハノーファー、ヴュルテンベルクの宮廷が最も贅沢であった。しかしドイツの宮廷や東欧諸国の宮廷におけるまったく似たような関係について述べても、どうということもない。なぜならこれら諸国の宮廷は経済発展の歩みに対しては、かなり以前から西欧の宮廷のような決定的意味をもっていなかったからである。

ただとくに強調しておきたいことがある。それは十八世紀の初めから、ヨーロッパ全体でその生産がはじめられ、やがては初の大工業に発展する陶器の使用のありさまである。その原動力になったのは王侯が狂気に駆られたようになって陶器の発注をしたことである。たとえば一七三二年二月二十五日、ザクセン宮廷が発注した品目のリストを見てもらいたい。(30)

「わが王宮が階上に新築する画廊装飾のため必要とする特別の品目は次のとおりである」

六個で一揃いの皿	三〇
異なった様式の花瓶	二六六
大小動物を表わした品	一九八
鳥の形をした品	一九八
蓋つきの鉢	四八
深皿	一七〇
計	九一〇

しかし貧乏なプロイセン王すら、マイセンの陶器業者に二八万三六七九ターレル四

グロッシェンの陶器を注文した。

三　騎士と成上り者の第二ラウンド

宮廷でたけなわの贅沢は、しだいに、宮廷こそわが理想だとする者や、宮廷となんらかの関係のある人々の間にひろまっていった。だがこれらの人々は、宮廷内の連中と同様、世間的にはでなところを見せてやりたいとこれつとめた裕福な者ばかりであったと断言してもよい。また贅沢を強いられること自体が王侯から起こってきたこと、とりわけルイ十四世に源を発することをことこまかに追究することができる。この点におけるルイ十四世の社会への影響については、絶対信用のできる証人が次のように報告している。

「何にもまして王は、華麗、豪華、それに浪費を愛した。これは政治上の原則となり、王はそれを全宮廷に鼓吹した。誰かが宮廷内と同様に、食卓仲間と贅沢にふけったり、衣裳や馬車や装具、建築や賭け事に湯水のように金をつかえば、これはたいへん王のお気に召した。……このことはけがをしてひとたび傷口が開くと身体のなかに悪性のできものを生じ、その人全体をほろぼすようなものである。なぜなら、奢侈は宮殿から発して、ただちにパリ全市にひろがり、田舎や貧乏人の間にまで及んだ。そうなると人間の価値や品位は、その人がどのくらい金をかけた食卓につくか、どのくらいはなやかに暮らしているかによって評価されるようになる。……人間のバカさ加減によって浪費癖はつねに拡大していった。その結果はまだわからないが、やがて全員が破産壊滅ということになろう。」（サン・シモン『回想録』第八巻、アシェット版、一二五―一二六ページ）

フランスでは、まるで神を仰ぐようにルイ十四世はあがめられ、彼はパリばかりか、農村や全ヨーロッパの趣味の支配者となった。ラ・ブリュイエールは、パリ市民のほとんどが宮廷の真似をしていると述べた。マンサールが家を建て、ル・ノートルが造園し、ルブランが家具を設計し、リゴーが画筆をとったのをそのままに、誰しも資力の許すかぎり、普請《ふしん》し、造園し、家具調度をととのえ、肖像画を描かせようとした。これは周知のことだ。

だが、もし宮廷とともに、他の源泉から、享楽や生の楽しさ、むなしい虚栄を追求する幅広い大河が世間に氾濫しなかったとすれば、すなわちその成りたちについてすでに眺めてきた、新興成金の贅沢を求めようという強い気分がまるで伝染病のように蔓延《まんえん》しなかったとすれば、世間的な贅沢追求の過程はあれほど迅速には進まなかったであろうし、奢侈の発展はあれほど短期間に限りなくふくれあがることもなかったであろう。そこでこれからは、生活のスタイルの変化への新興成金の影響と、彼らが奢侈品を量的に増大させるうえにいかなる役割をはたしたかを、追究してゆかねばなるまい。

われわれの文化圏内でつねにくりかえされる現象は、もとはといえば一般大衆の一人であったにもかかわらずやにわに裕福になった者が、自分の財産を主として贅沢をする目的のために使うことである。こうした現象のもとになる関係は容易には定めがたいが、その一つに自然そのままの粗野な人間にしてみれば、物質的な喜び、それもとりわけ享楽手段が十分に用意されていることから生ずる喜び以外の喜びを生活の中から汲みとることができないことがあげられる。もう一つは、位階や地位の高低がきわだっている社会で、人に尊ばれる地位を獲得しようという燃え上がるような欲望である。小売業者や、召使いを贅沢ざんまいに走らせるのもこの欲求である（もしそうした人間が、まったく逆の道にふみこみ、吝嗇《りんしょく》になる場合については別の場所で追究しようと思う）。すべての奢侈を生む二つの衝動力——野心と感覚の喜び——は、他人にこれみよがしにみせつけようとする贅沢を発展させるさいに、手をたずさえてくる。

こうした事情によって、歴史のうえでの富形成の道は贅沢の花がどの程度開いたかによって区分されることになる。まずはじめは市民階級の成上り者の登場である。ディドロが、いまでこそ裕福な俗物たちも昔は遠慮がちに人目を忍んで暮らしていたものだが、彼の時代になってはじめておのれの富をひけらかすようになったという考えを述べたとき、さらに、贅沢ぶりを発揮しておのれの富を誇った最初の人物はボニエであると名ざしで信じたとき、彼はたしかに正しく観察していなかった。ダンテの時代にも、すでに浪費をほしいままにするおかしないばりやがいた。祝祭の気分を高めるために金器、銀器を川の中に投げ捨てるジャコモ・ダ・サント・アンドレアと似たように暮らし、浪費者の社会をつくっていた連中は大勢いた。(31) こうした連中は「享楽組」とか「浪費組」とか呼ばれた。

民と富があまりにも生い繁ったため
誇りと慢心が汝をほとんど破滅させた。
フィレンツェよ、汝はこのため
すでに涙を流してきた。
(地獄編一六歌七三―七五)

この詩句をフィレンツェをあつかったあらゆる歴史家が引用してきた。

フランスについて、ディドロはけっして正しいことを述べたわけではなかった。十五世紀の裕福な資産家で、パリ、リヨン、ツール、その他七ヵ所に館を構えたジャック・クールを、あるいは十六世紀のサンブランセやシュノンソーの創立者トマ・ボイエを浪費者としてはならないであろうか？　ルイ十四世すら「ひどい贅沢だ」と評したと伝えられるような奢侈に明け暮れた十七世紀の無頼漢たちを、どうして忘れてよいであろうか？　ルイ十四世が述べたという次のような言葉はなかなか含蓄がある。[32]「事業にたずさわる者どもは、一方では彼らの不正行為をありとあらゆる種類の技巧とはかりごとによってひたかくしにしておきながら、他方では私から無視されることを怖れているかのように、傍若無人の贅沢ぶりをこれみよがしにくりひろげている。」

最後に大詐欺師フケもこの種の人間に属している。彼は奢侈のために二〇〇〇万から三〇〇〇万フランを浪費した（そのうちの一八〇〇万フランは、ヴォーにある館の建築費である）。もともと大規模な投資をけっして軽蔑しているわけではなかったコルベールも、フケの浪費ぶりにはあいた口もふさがらなかったことを、その覚え書の中に記している。

新興成金の地位の向上と、奢侈品需要の拡大とがいかに密接に関連しているかは、勇敢なうえに幸運に恵まれた人々が大挙して一般下層民の間から抜け出していった状況を段階を追って調べてゆけば、十分に理解できる。(33) その段階に対応して、近代になって奢侈が形成されてゆくありさまもはっきりと区分できる。また歴史のうえで富がつくられてゆく状況を段階ごとに、すなわち十四、五世紀のイタリア、十五、六世紀のドイツ、十七世紀のスペインとオランダ、十八世紀の英仏両国に区別して追究することもできる。

われらの観察にとって、なんといっても最大の意味をもっているのは、欧州諸国民が十八世紀の初め以来、福祉安寧にむかって、とりわけ贅沢な暮しをめざして進んでいった大躍進ぶりである。これらの時期において、リチャード家がきわめて大きな役割をはたした。しかも決定的な変化は、その頃、すなわち一七二〇年以来、奢侈が広い範囲に拡大してゆく勢いを見せたことにある。そのことは、この頃書かれて今日まで残されている多くの家計簿の中から読みとることができる。十八世紀の中頃になると、各国の上流人士は、とくに富裕国にあっては十七世紀との格差を痛感するようになった。それはちょうど今日〔一九一二年、第一次大戦前〕のドイツ人が、一八七〇年頃との格差について感じるようなものである。「今日、過去の遺物によって生きることはたいへんな苦労がいる」[34]といった苦情はしばしば聞かれるところである（こうした苦情については他の関連で、何度も論述しておいた）。こうしたことからしても、十八世紀の中頃に獲得された財貨の大部分が（十八世紀の収入のありさまのサンプルを第一章第二節ですでに示しておいた）、奢侈のために支出されたことを知った場合は、こんな苦情が出てくるようになった当時の物の考え方について、とりたてて奇異に思うことはあるまい。エピネは一七五一年から五五年にかけて一五〇〇万リーヴルを支出した。またルーセル、デュパン・ド・シュノンソー、サヴァレット、ブーレはそれぞれ、一二〇〇万、七〇〇〇万―八〇〇〇万、一〇〇〇〇万、四〇〇〇〇万リーヴルを浪費した。富者ファヴァントネスの隣人アルトア伯爵は、「岩の中からたえず流れ出る黄金流の分脈が私のところにもやってきてもらいたいものだ」と考えた。資本の蓄積はすでに不必要と考えられた。むしろ建物、家具、衣裳の贅沢が競って行なわれた。そのころフランスおよび外国産の最も美しい商品を管理していたサン・トノレ通りの倉庫は、一七二〇年、パリに黄金の雨が降ったとき、数日間ですっかり空になった。「絹も品切れ、金を織りこんだ品物もなくなった。しかしいたるところで製造が行なわれている。」

こんなことを書き残してくれたデュオーシャンは、さらに街路上を色とりどりの各種各様の刺繡《ししゅう》で飾られ、金銀の織糸で輝く衣裳をまとった人が群がっているもようを伝えた。

近代社会の発展にとって一般的に重要な意味をもっているように思われる点は、富の神、それは手持ちの巨大な資本を駆使して豪華な生活をくりひろげる能力以外の何物をももっていない裕福な新興成金たちが、その唯物主義、拝金の世界観を昔からの高貴な家柄の者たちにも伝えるばかりか、彼らを贅沢ざんまいの暮しの渦中に巻きこんだことである。私は拙著『近代資本主義』の中の財産形成をあつかったくだりで、貴族の貧窮化が市民階級の資本家を富裕にする源泉であったことを述べ、さらに同じ場所で、封建的財貨の市民的財貨への転換が、十字軍以来、ヨーロッパのすべての国で中断することなく行なわれた過程を示した。そこで本書ではただ、古くからの家系がなぜ貧しくなり、その代わりに新興成金が登場したかという理由の一つは、古来から家柄のよい者が、奢侈支出について肩で風をきって歩いている成上り者に負けまいとつとめたこと、さらに、古来のゆかしい伝統の否定は、古い家柄の家族を経済的破滅に導くか、それとも、すでに詳細に述べてきたように、古い家柄と裕福になった新興成金貴族とのいまわしい結合をもたらすか、そのいずれかの結果を生んだこと、さらには、この過程の進行中に、きわめて関心がもたれる中間的現象として、ほとんどすべての貴族たちが世俗化し、唯物的考えにとらわれるようになったこと、以上の諸点を追加して述べるにとどめておこう。新興成金たちがこうした結果をもたらしたこと、しかも彼らが、前述したように、もちろん宮廷の影響によって支持されたものの、この変革、転換に誰よりも責任があることは、よくいわれているように、とりわけ重大な意味のある出来事であったように思われる。

胡椒袋〔貧しさのしるし〕を肩にかけ、なおかつ贅沢ざんまいの歩みをともにしようとした貴族たちのあわれむべき傾向は、市民の富がにわかに拡大したすべての時代、あらゆる国に見受けられる。

ドイツでも、早くも十五世紀、「おしゃれで残忍なのが騎士の特徴」といわれ、きれいに着飾ろうとするのが、借金がたまる根本原因となった。ある道徳説教師は次のように述べた。

「衣裳をはでに着飾ることがもととなって、ドイツの貴族は斜陽化した。彼らは町の金持の商人がやっているようにきらびやかに着飾ろうとする。……ところが彼らは商人のようには金をもっていない。……そこで大借金をつみかさね、ユダヤ人やキリスト教に改宗したユダヤ人の高利貸しの餌食になり、土地の全部、あるいは一部を売りに出さねばならぬ。」

ホイドルフのある寡婦は競技会のとき、青色の絹の上着をととのえるためのわずかの金の代償に、アプラッハ川沿いのゲッピンゲン村を売ってしまった。

(今日でも、こうした変革過程の最終結果として、貴族たちが新興成金の唯物的な考えに屈従したありさまが見受けられる。たしかにいまでも少数の最後のゆかしく古い家系の人々が、時代の風潮となった拝金主義から離脱しようと、はかない試みをつづけている。だが、貧しい貴族の中から善意ある人が出てきて、シミという虫が木綿織物をわずかな断片をのこして食いつくすように、古い高貴な考え方を破滅させるおそれのある贅沢の危険を仲間たちに力説しようとも、すでに一種のドン・キホーテにすぎないように思われる。)

フランスでは、貴族の斜陽化はややおくれてはじまった。みずから古い家柄の貴族の一員であり、つねに時代を悲観的に見てきたシュリーは、最近の一世代に、大地主や資本家が短い間に獲得した財貨が支配階級に対し恐るべき影響を及ぼしはじめたことを嘆いた。彼の含蓄ある言葉はそのまま伝える価値があろう。なぜならこれは、近代史の最も主要な転機の一つを古典的な形で明白に示しているからである。(35)

「公正、単純、無私の概念をなくし、これらの徳目を笑うべきものに変えるうえにこれほど役だったものはない。なんとしても贅沢に優雅に暮らしていきたいという不幸な好みは、あまりにも強くなった。たしかにこうした好みは万人共通の素質であるとはいえ、わが国では、人々が情熱に走る性格をもっていることもあずかって、第二の天性にまでなってしまった。われわれは享楽のために提供されたものすべてにやにわにとびついてゆく。とくに租税請負人や他の事業家たちがやにわにためこんだすばらしい財産ほど、フランスの貴族を堕落させたものはない。しかもこうした成金たちは、たしかに一理はある次のような見解、すなわちフランスでは、ただ彼らの方法を通じてのみ位階勲等に到達できるのであり、そうなれば昔のことなどすべて忘却され、あらゆることは許されるという見解をひろめたのだ。」

十七世紀および十八世紀の間に、古来からの高貴なものの考え方が、あらゆる国でにわかに消滅していったことは、本書第一章第三節に示された過程が、十分にはっきりと示したはずである。ここで特記したいのは、ただこうした思考の変化が、その源泉までたどってしかるべき奢侈の流れに新しく水を注入したという事実である。

貴族たちは、おそらくはじめのうちは、新興成金あるいは宮廷にそそのかされて贅沢な生活に入ったのであろう。そうはいっても、彼ら貴族たちが当時の贅沢ぶりの模範となっていた。その頃でも豚肉屋や金貸しがぞくぞくと裕福になってはいたけれども、やはり当時は、現代とはちがって、なんといっても貴族的風格がはっきりと打ち出されていた。

　ヴェネツィア軍のコンスタンチノープル征服からポールによる三個のロール発明までの時代を通じて、贅沢は統一的基調をそなえており、その性格は宮廷的・貴族的であったと明言できる。贅沢の基調は宮廷あるいは貴族社会（庶民の血が混じっても貴族はやはり貴族であった）によって定められたが、あるときは、十七世紀の（フランスの）ように、宮廷的色彩が濃く、またあるときは、十六世紀および十八世紀の（イタリア、イギリスの）ように社交界の好みが前面に出てきた。そうはいっても、これら二要素だけがつねに奢侈文化の担い手であったことに変わりはない。ありとあらゆる奢侈がくりひろげられたこのサークルは——彼らの頭の中でも、また他人の考えの中でも——たしかに市民社会の間でもすでにかなりの財産が集積されてはいたけれども、市民社会、一般庶民の世界とは鋭く対立していた。さらにウェストエンド居住者とシティー住民、ナイトと円頂党〔一六四二—四九年、英王に反対した議員党〕は、それぞれ往時の政治的感覚ではともかく、鋭くきざみつけられた社会的感覚のうえでは、十八世紀末までのイギリスで、はっきり区別されていた。この点については、すぐれた観察者がすべて一致している。

「ウェスト・ロンドン居住者は無為を楽しみ、はなやかさを愛し、不規則な暮し方をするうえにフランス式風俗を好むという点で、シティーの住民と一線を画している。だが前者も後者のあざけりに応え、シティー居住のイギリス人などは金を貯めることしか能のない、行儀の悪い野獣だときめつけている。」

（アルヒェンホルツ、その一、一六四ページ）

「数多くの街区にわかれているこの都会を眺めるとき、ここはそれぞれの習慣、風俗、関心がはっきりわかれている多くの民族をよせ集めた場所のように思われる。別々の国の二つの宮廷にしても、この都会にある宮廷とシティーがちがうほど、特別な生活のしきたりや言葉づかいの点でちがっていることはない。簡単にいえば、セント・ジェームズの宮廷社会は――同じ法律法令のもとに暮らし、同じ言語を使うことを度外視すれば――チープサイドの住人とはまったく異なっている。しかもこのチープサイドの住人にしても、その考え方や暮し方のニュアンスや様式からして、テンプルの住人ともちがうし、いっぽうスミスフィールド居住者ともかけはなれている。」（スペクテーター誌、四八三号、一七一二年六月十二日）

またシャトーブリアンは彼の時代について次のようにいっている。

「宮廷と都市、文士と経済学者と百科全書派、貴族と大地主、財界人と市民、これらはすべて同一である。そのことは、彼らが残した回想録が証明している。」

この言葉は社会の「酸っぱいクリーム」といわれる上流の人々を問題としている場合にはあたっているであろう。だがゲーテが中産階級をさしていった〝凝乳〟とされる人々はこの中には数えられていない。大市民であろうと小市民であろうと、要するに市民はわき役にすぎなかった。時代の風潮はなんとしても貴族的であった。金を意味するもの、金目のものはすべて無雑作に扱われた。経営をとりしきること、収支を正しい関係におくことはいやしい市民的なこととされ、お雇いの執事の手にゆだねられた。自分で家計のやりくりの心配をしなくてはならないのなら、どうして人を雇っておくのだ。いろいろと算段をして悩んだりしなくてはならないのなら、生きていても少しも楽しくないではないか。これこれの物が必要だというなら、総額を会計係に教えてやればよい。そうすれば係が算段してどうにかしてくれるはずだ。出入り商人に借金があるからといって、それがどうしたというのだ。とどけた品の料金を支払ってもらうために、計算書がいる、いらないなどと考えることは小売商人の悩む問題である。それに支出にあたって、それがいいのか悪いのかを考慮すること自体が小売商人流の思考である。

しかし秩序正しい経済を頭から、貴族らしく軽蔑するという態度は、すべての投機者に共通していることだ。この点では資本家は古来からの貴族と軌を一にしている。前者も後者同様、支出についての経済には一生懸命だが、収入については経済観念がない。彼らの手もとに一夜にして大金が入ると、彼らは翌日を遊びほうけて暮らすこともできる。それに彼らは一夜にして蕩尽してしまった金を翌日の昼間、幸運なる一撃によって一挙にしてとりかえすこともできる。資産家は経済のやりくりにあたっては、封建貴族たちと同様、一銭一厘の計算もないがしろにしない小売商人とは大きく隔たっている。資産家は、貴族と同じように〝倹約〟の観念にほとんど縁がない。市民階級の中にも浸透してきた小市民的な特殊な考え方は、初期資本主義の裕福な人々にとってまったく無縁であった。少なくとも、その時代の奢侈消費の大口を占めていた連中についてはそのとおりであった。また奢侈消費は、たとえ新興成金がからんでいたにせよ、まったく貴族的性格を備えていたといいたい。私の考えていることをはっきりさせるために、二、三の例をあげてみよう。
贅沢な消費家の化身ともいうべき人に、かの有名なるバソンピエールがいる。次に伝えるいろいろの逸話を生んだ連中の中でも、まさに典型ともいうべき人物が彼であった(36)。ある祭りのとき、バソンピエールは金糸を交えて織った衣裳をまとい、シュロの葉でかざり、真珠をいたるところにあしらった姿で現われた。真珠の重さは五〇ポンドだと彼自身があきらかにした(貴族的な、豪華絢爛《けんらん》たるものの典型については、のちにも述べることにする)。衣裳代は一万四〇〇〇エキューで、そのうち七〇〇エキューは手間賃にかかった(仕立代)。バソンピエールがこの衣裳を注文したとき、仕立屋は手付金として四〇〇〇エキューを要求したが、バソンピエールはいい値どおりの支払いを約束した。そのあと彼は食事し、賭け事に興じた(ふところには七〇〇エキュー入れていた)。賭けで五〇〇〇ターレルもうけたので、彼は(気が弱くなったせいもあろうが)翌朝、仕立屋に手付金を払った。その翌日彼はまた賭けに勝ったために、仕立屋に払うべき残金の他に一万一〇〇〇ターレル入手した。そこで、その金の半分(五五〇〇ターレル)でダイヤをちりばめた短剣を買い、残り半分を小遣い銭にした。

賭け事(37) オルリー・ド・ファルヴィは一夜にして六〇万リーヴルを失い、デュパン・ド・シュノンソーは一夜にして七〇万リーヴル、またド・ラ・エイエはやはり一夜にして八〇万リーヴルを失った（ジャンリス夫人とド・フェネロン氏が争った試合でもあった！）。パリっ子のラ・モンターニュはキーンズというゲームで八〇〇〇ターレル損したが、ジャン・デュ・バリー伯爵（十八世紀の堕落貴族の典型）は一回の賭け事で七〇〇〇ルイを失い、それでいて五番目の百万長者だなどといばっていた。一七一八年にはパリには六三ヵ所の「賭博地獄」があった。

金や金目のものをすべて軽蔑すること[38]　リシュリュー元帥は金がいっぱい入った財布を窓から投げ捨てた。元帥が与えてやったこの財布を孫がそっくりそのまま返してきたからだ。元帥にしてみれば、街の掃除夫がこれを見つけて使ってくれるだろうと考えたわけだ。コンティ公爵は恋人が彼の贈った宝石を返してきたので、足でこなごなに踏みくだいた（彼女としてみればこの贈物をただ受け取る気持はなかったのだ）。しかもこなごなになった宝石を公爵はインクにまぜ、恋人にうらみの手紙を書きつづった（この宝石は四〇〇〇から五〇〇〇リーヴルの値打ちがあった）。

スービーズ元帥はフランス王の訪問を受けたさい、この日一日のために二〇万フランつかった。

マティノン夫人は毎日理髪師をよぶために、年に二万四〇〇〇リーヴル支払った。

恋文に高価な宝石の粉をばらまいた例のコンティ公爵は、結局六〇万リーヴルの利子支払いのため、日々のパンやたき木にも困るようになった。それというのも、彼は贅沢品は何を買うにしても現金払いにするのがよいと考えていたからである。

借金だらけになること　ゲムネー夫人は靴屋に六万リーヴルの債務があった。ローザン侯爵は一〇万ターレルの利子をもたらす大財産を使いはたしたあと、二〇〇万リラの借金をこしらえた。

エミール・ラングラード[39]がこのほど公開したローズ・ベルタンの家計簿は当時の上流階級の人々がどんな暮しをしていたかを、くわしく教えてくれる。一七九〇年の初め、ローズが未回収金を取り立てようとしたとき、次のような請求があかるみに出た。

ブイユ侯爵夫人	一七七四―八六年	六七九一 l
サーユ伯爵夫人	一七七八―八一年	一一四八〃
デュラス伯爵夫妻	一七七四―八九年	七三八六〃
オーギュスト・ド・ラマルク伯	一七七四―七五年	一五五八〃
サン・ポール騎士	一七七八年	一三四三〃

そのほかにも（長年にわたって）ポラストロン子爵夫人は一万九九六〇リーヴル、

ロシュフォール侯爵夫人は一万九〇四リーヴル、トネール侯爵夫人は一万九四六リーヴルの借金があった。

お得意さんは一流人士ばかりであった大洋裁師の債権は、しめて四九万フランに及んだ。

だが奢侈支出の向かう方向も、貴族によってきめられた。

宮廷における衣裳の贅沢ぶりについては、すでに見てきたとおりである。しかし衣裳に金をかけることは、貴族的な暮し方の本来の特徴である。ナイトを円頂党と区別するには衣裳にまさるものはない。ナイトは当時の時代相そのままに、ビロード、絹、金の刺繍にレースからなる優雅な衣裳を身につけていたが、それなりに値段も高かった。また女性の衣裳も男性同様、なかなかみやびやかであった。

十五、六世紀の衣裳の贅沢ぶりを最もはっきりと物語るのは、衣裳だんすにしまわれた財産についてかなり残っている一覧表である。たとえばヴァレンティーナ、エリザベッタ・ヴィスコンティ、ビアンカ・マリア・スフォルツァ、それにルクレツィア・ボルジアの衣裳一覧表が伝えられている。とくにルクレツィアは嫁入りにさいし、刺繍やレースのついた錦やビロードの衣裳五〇点を持参した。彼女がローマを出るとき、(40)一五〇頭のロバが着物や下着を運んだ。

いつの時代にあっても、衣裳の贅沢ぶりを知るうえによい資料となるのは、まず芸術作品であり、ついで祝祭や行列についての記録である。たとえばブルカルドスは日記の中で（これについてはすでに一度指摘してある）、フェデリゴ公のナポリからローマへの旅について次のように述べている。

「誰もが、すばらしい馬にのり、金や錦の衣裳をまとい、胸の上、帽子の上、あるいはベレー帽に高価な宝石をつけていた。フェデリゴ公自身は紫色のビロードの衣裳をまとい、しめて六〇〇〇ドカーテンはする真珠と宝石の首飾りをかけ、やはり同じくらいの値段の刀を腰帯にさしていた。馬の手綱《たづな》には三〇〇〇ドカーテンはする真珠と宝石がちりばめてあり、馬具の前部、後部は金鍍金《きんめっき》がしてあった。」

ルネサンスの衣裳はバロックの衣裳となり、バロックの衣裳はロココの衣裳へと繊細の度を加えていった。たとえば十七世紀のイギリスではナイトの優雅な服装が、ナイトという階級を示すしるしであったことはよく知られている。その頃の支配的な流行衣裳は、きわだってエレガントであった。長い騎乗用の長靴は高価な材料でつくられ、レースまでついていた。男の衣裳も大部分が、重厚な絹やビロードを材料にしていた。ヴァン・エイク！

しかもなんという支出だったろう！　バッキンガム公爵は、そのいずれもが三万五〇〇〇フランはする、絹、ビロード、レース、それに真珠などからなるすばらしい衣服を二七着ももっていた（一六二五年）。彼がチャールズ一世の結婚式のとき着用した式服は五〇万フランもかかった（ヴァイス）。十七世紀フランスのある貴族とその夫人は、収入の三分の一を衣服のために費やした。また化粧と馬車のために収入のおよそ半分、つまり一万二〇〇〇リーヴルのうちの五〇〇〇リーヴルをつかった。[41]

十八世紀にも、衣裳の贅沢ぶりはむしろ拡大していった。それも繊細、精巧という方向に向かった。優雅な紳士服の価格は平均一二〇〇－一五〇〇リーヴルにのぼった。みずからひとかどの人間だとしている者は、夏服六着、冬服六着をもっていた。男性の式服は一万五〇〇〇リーヴルにも達し、優雅な灰色の布一エール当り七〇－八〇リーヴルという値段であった（バルビエ）。

とくにエロチックな贅沢――良質な肌着の贅沢もその頃になってようやく発展した。『完全なイギリス商人』のきまじめな著者デフォーは、その頃の普通の紳士、〃わが国のお洒落《しゃれ》紳士〝が一エール一〇シリングから一二シリングかかる肌着をつけ、それを日に二回もかえていたことをけしからんと激怒した。さらに彼は、彼の祖父の時代の人々は半値で買えるオランダ産のリネンで満足し、肌着を替えるのもおそらく週二回にとどめたはずと指摘し、さらに今日の洒落《しゃれ》者は、先祖とくらべるとよほど汚れた身体をしているので、下着を年中かえなくてはならないのだろうと、いじ悪くつけ加えた。

「彼らの汚れた身体は先祖の身体以上に下着の取替えを必要としたと考えてよいであろう。(42)」

では衣裳を貴族的にするというのはどういうことかというと、それは人の目にたつ、豪華なものということになる。絢爛たる衣裳、金色にぬった四頭立ての儀装馬車、やとい上げのお仕着せを着た大勢の従者がこれにあたる。とりわけ異常といってもよいほど大勢の従者をかかえることは、貴族ふうの贅沢の特徴であった。この風習は往時の従者の名残りである。かつてのあらゆる奢侈のなかでもきわだっていたこの風習は、貴族ふうの贅沢が行なわれるところでは、一種独特の性格となってあらわれる。アダム・スミスが本来ならば美しい織糸をつむぐことのできる多くの手を、まるで非生産的なことにたずさわらせている当時の人々のあやまった風習を嘆いたことはよく知られている。

当時から伝えられているもろもろの記録は、アダム・スミスを嘆かせるきっかけとなった状態が実在したことを証明している。なんとしても貴族きどりが鼻もちならなかったデフォーは、ロンドンのごく並みの商人が、小間使いを少なくとも二人あるいはそれ以上やとい、多くの者はそのうえ一人あるいは二人の下男をかかえていたこと、特別のケースでは商家のおかみさんが小間使い五人と下男一人をつかっていたと語っている。こうした小売商人のもとで働く召使いの青いお仕着せがあまり目だつようになったため、青いお仕着せは「商人のお仕着せ」といわれるようになり、紳士たちは、自分がやとっている召使いが青い衣服を着ないよう気を配ったほどだ(43)。貴族ふうの贅沢があまりにも一般的になったので、新興成金がこの種の贅沢にふけるのはあたりまえとなった。ましてナイト連中の贅沢ぶりは筆舌につくしがたかった。馬丁を一〇〇人もかかえたイギリス貴族のことをきいても、とくに驚くにはあたらない(44)。

そうはいっても、召使いの人数がきわめて巨大であったことは、やはり法外であった。ヌーベル公は一四一人、ポソシャルトラン家は一一三人、ショアズル公は四〇〇人（そのうちお仕着せをきたものが五四人(45)）、セヴィニェ夫人は三〇—四〇人をやとっていた(46)。なにかにつけ自慢のたねをみつけてやろうという連中が、貴族たちの贅沢ぶりを忠実に模倣しようとしたのはいうまでもない。新興成金の一員となった風景画家〝ミシシッピー〟の家には九〇人も召使いがいた[47]。またメルシエはざっと一般的に次のように伝えている[48]。

「こうした富農の家庭には、いずれもお仕着せをきた召使いが二四人いた。台所の下働きのボーイ、コック、それにこの家の婦人たちに仕える小間使い六人は、この数の中に入っていない。」

さらに彼は、チョコレートを飲むとき四人の召使いにひかえさせる新興成金について語っている。

これらのすべてを通じて、奢侈の本質は内容的にいっても貴族的であった。それもこの種の贅沢は一般大衆の手にはとどかず、ごくせまい範囲の選ばれた人々だけが享受できるという消極的意味があるばかりではない。当時の贅沢は、いかなるところでもきわめて高貴な風格を示したという点で、積極的に貴族的であった。このことはみえっぱりの成上り者についてもいえることだ。なぜならこうした人物でも、つねに少数者の間にだけ見られる好い趣味にしたがっていかなくてはならなかったからである。当時の贅沢は卓越せるものであり、つねに純粋に審美的かつ純粋に形式的な風格を示した。こうした贅沢が勢いをふるった時期は様式にわけていうと、ゴシック、ルネサンス、バロック、それにロココである。しかしこれらすべての様式は、高貴な、主人の様式であり、なによりもまず風格をもっており、そのために、俗臭がつきまとうおよそ風格のない現代の様式とは厳密に区別される。

だが十八世紀のイギリスでは、市民的スタイルの威勢がよくなり、すでに庶民の感覚がうごめきはじめてきた。ムーテルはレイノルズやゲインズボローの肖像画のなかに、すでにこうした新しい調子がでてきたことを見出し、これによってイギリスをフランスから区別できると信じた。しかし私にはこの二人の肖像画家の作品のなかにこそ、当時の貴族的風格がはっきりと表現されているように思われる。たしかにゲインズボローの描いたシドン夫人は、街頭を歩く衣裳すがたであらわされている。「頭上に大きな帽子、手ぬくめを持ち、真珠の首かざりではなく、単純な絹のリボンを首にまきつけている。」たしかに貴族風ではない。しかしそう単純には割り切れない。彼女は現代の女性とは天と地の差があるし、彼女の時代のシティー居住の婦人ともはっきりと区別される。ブルー・ボーイは貴族的文化の最後の時代の象徴ではなかろうか？　ホガース、そうだ。彼の時代になってはじめて「下品で野卑な動物」が登場した（オランダで大衆が支配した時期以来）。しかし奢侈の発展を考察しようというあの世界は、こういった下品さとは無縁であった。

では女はどうだろう？　愛妾が支配する経済が十八世紀を通じ、上流社会ではきわめて一般的であったことは知られている。「妾のいない男なんて、どんな奴だ？」あの頃の哲学者はいとも素朴にこう叫んだ。われわれとしては、すでに当時の一部グループが法外な消費をしたことを知った以上、なんらためらうことなく、その消費の大部分が非合法恋愛のゆえに行なわれた、のこりは正式の夫人が担当したと結論できる。

高等娼婦の大物のいくたりかについては、彼女たちがどんなに浪費をほしいままにしたかが数字によって裏づけられる。「愛すべきデシャン」について弁護士のカルジリエはある随筆の中で次のように述べた。

「彼女の贅沢ぶりはパリ全市を驚かせた。ゴルコンダ鉱山も彼女にとっては物の数ではない。彼女が歩くたびに黄金が湧出してくる。」

大資本家の愛妾たちの多くは（たとえば大富豪ラ・モソンの愛妾プティパ夫人や、デュフレーヌ）、あまりにも行き過ぎた贅沢ぶりによってパリで有名であった。実際に、彼女たちの指の間から巨大な財産がこぼれおちていった。財界の他の大物の愛人で、グランド・オペラの踊り子メゾン・ルージュは、旦那から建物と家具調度のため二一万リーヴル、装飾品のため一五万リーヴル、絵画と銀器のため五万ターレルをしぼりとった[49]。若きショーヴランは、踊り子のミノス嬢のため、一六〇万一四〇リーヴル一九スー一一ドルニエにのぼる借金をこしらえ、海軍の出納係サン・ジャムはボーヴォアザン嬢に一五〇万から一八〇万リーヴルにのぼる装飾品その他高価な品々を贈り、さらに彼女に二〇〇〇ターレルの年金を支給した。一万リーヴル（二〇〇〇エキュー）が高級大物娼婦の通常の月給であった[50]。

しかし、私はあの頃の贅沢の発展と、女の支配（女でさえあれば、既婚であろうと独身であろうと問題ではない）との間の密接な関係を、ただ一般的に述べたり、個々の愛妾の浪費ぶりを指摘するだけにとどまらず、もっと具体的に追究していきたいと思う。すなわち、私は個々のケースをいっそうくわしく調べ、どんな贅沢がくりひろげられたかを、その最も重要な内容にふれながら追究していこうと考えている。そうすれば、アンシャン・レジームにおける奢侈が多種多様にくりひろげられたありさまを、はっきりと眺めることができるし、さらに個々の奢侈支出、いうなれば贅沢ぶりを発揮した個々のケースの積み重ねによって、商工業の領域で資本主義的組織の最初の芽がいかに生じていったかも、いっそうはっきり認識できるであろう。

四　女の勝利

1　奢侈の一般的発展の傾向

これまで初期資本主義期のすべての奢侈に共通する特徴を示してきたが、これからは、その五、六世紀の間に、奢侈もいろいろと変化していったことを指摘し、しかもこうした変化には、(すでに見てきたように)婦人がおおいに関与していたことを示そうと思う。まず観察すべきことは、奢侈の一般的発展の傾向である。

(よく注意すべきことは、はっきりときまった歴史上の時期、すなわち一二〇〇年から一八〇〇年までの時代の奢侈は、世界史上、唯一独特の現象であったことである。ロッシャーが試みたように、奢侈の一般的時代を定めようとするすべての努力は無駄である。まして半可通の唯物史観をふりまわして、奢侈の現われ方のような微妙な問題をとらえようとするトルパッチェらの試みについては、相手にする必要すらない。)

私は奢侈の発展傾向を次のように区別する。

(a)　**屋内的になってゆく傾向**　中世の奢侈のほとんど多くは公共的であったが、それがしだいに個人的になっていった。しかも個人的でも、往時の奢侈はほとんど家の中よりも戸外でくりひろげられていた。ところが、時代がすすむとともに奢侈はだんだんと家の中に、家庭的なものに置き換えられていった。女性が奢侈を家の中にひきずりこんだわけである。

往時は（ルネサンスの頃でも）、贅沢といえば、馬上槍試合、はなやかな戸外の催し物、行列、野外の宴会であった。それが家の中にひきこもった。そのため贅沢は、往時かねそなえていた時を定めた年中行事の性格を失い、いつでもくりひろげられるようになった。こうした変化と奢侈需要の増大がどれほど密接に結びついていたかは、とくに述べるまでもない。

(b)　**即物的になってゆく傾向**　現代の奢侈にもいぜんとして、人手がかかりさえすればよい、量さえ多ければよいといった性格が見受けられる。それは、もともと奢侈が貴族的風潮から生じたからではないかと考えられる。なんとしても、召使いが大勢いればよいというのは、家来の多いことを誇る昔ふうの考え方の名残りである。だが奢侈にふけるさい、人手さえかければよいという傾向が、中世以来、たえず弱まっていたことは疑うまでもない。かつては贅沢といえば多数の家臣や従者を動員することであり、たとえば祝祭日に彼らを集めて飲食させ、楽しませることであるとされた。

だがいまや有益な品物をどしどし奢侈のために使ってゆくことが本命となり、従者の多いことは、これにともなう副次的奢侈となった。私はこうした過程を即物化と名づけているが、この即物化はまたしても婦人の関心のまとであった。なぜなら、すばらしい衣裳、住み心地のよい住宅、高価な装飾などとちがって、召使いが大勢いることは、女にしてみればさほどありがたくはないからである。

経済学的にいえば、こうした変化はやはりきわめて相対的である。アダム・スミスならきっと次のようにいったであろう。人は非生産的奢侈から生産的奢侈に移行した。なぜなら、例の人手のかかる奢侈は非生産的であり、これに反し即物的奢侈は生産的な手（資本主義的な意味で、すなわち資本主義的企業内の賃金労働者をさす）を仕事にたずさわらせるからであると。実際、奢侈需要の即物化は、資本主義の発展にとって根本的な意味があった。

(c) **感性化、繊細化の傾向**　これは奢侈の即物化と手をたずさえて登場し、女性が全精力を傾けて促進した傾向である。奢侈の感性化とは何かというと、それは、奢侈がしだいに理想主義的な生の価値（芸術のような）にではなく、もっと動物的な、低度の本能につかえるようになる動きである。この過程の進むありさまについて、ゴンクール兄弟は次のように指摘した。

「芸術の保護も青銅細工、木彫細工の職人や刺繍師、裁縫師の保護に転落した。」

この言葉は、ポンパドゥル時代とデュ・バリー時代の相違を特徴づけるものであった。いうまでもなく経済学的にもきわめて重要なこの変化は、十七世紀から十八世紀への移行を、換言すればバロックに対するロココの勝利を特徴づけるように思われる。だがこの勝利はとりもなおさず、女性の最終的かつ完全な勝利以外の何物をも意味しなかった。女性的なスタイルが文化のあらゆる領域にのさばってきたことは、ここにかかげた定理の正しさをはっきり証明している。この頃の芸術作品のすべて、手のこんだ手工業の製品のすべてから、実際に女の勝利が光り輝いていることがわかる。窓と窓の間の鏡、リヨン製クッション、網目になった白絹のカーテン、空色の絹地でつくられたベッド、淡青色ペティコート、灰色の絹靴下、バラ色の絹地衣裳などから、また白鳥の羽毛のついたお色気のある化粧着、あるいはダチョウの羽毛やブラバントのレース、さらにロココの時代相を描写した人としては不朽の存在であるムーテルのような教父——以上の諸例はすべて彼の文章からとったのだが——がこの時代の特徴として述べたすべてのものから、サロンの交響曲がなりひびいた。

奢侈の感性化への傾向と密接な関係にあるのが、奢侈の繊細化への傾向である。繊細化ということは物を生産するさいに、生きた労働力の消費をますことであり、より多くの労働によって素材に浸透し、素材を吸収することであるとされている（繊細化が、めったにはない材料を使うという意味ではない場合）。しかしこれによって資本主義的工業にとっても、資本主義的商業にとっても（はるかかなたの土地から材料を仕入れること！）、その行動半径が本質的に拡大されることになった。

(d) **圧縮される傾向**　これは時間的な意味でいわれることである。多くの奢侈が与えられた時間内にくりひろげられ、多くの物が利用され、たくさんの享楽が味わわれることでもよい。またかつては年中行事のように時期をきめて行なわれていた贅沢な催し物が常設され、年一回の祭りが原則的に年がら年じゅう行なわれるものに変わり、祝祭日の行進が毎日の仮装舞踏会となり、特別の日にだけくりひろげられた大宴会や飲酒の集いが毎日のディナーやごちそうに変わったことでもよい。さらには、（この点をとくに強調したいのだが）使用者がより迅速に手に入れることができるよう、より短い時間内に贅沢品が生産されることでもよいわけである。

中世では、生産に長い時間をかけるのがしきたりとなっており、何かの商品をつくったり、何かの仕事をするのに、一年、一季節をかけたものだ。完成させるために急ぐということはなかった。当時の人々は全体の中で生きていたために、それだけのんびりと暮らしていけたのだ。教会、修道院、都市の共同体、種族ならばたとえはじめに仕事をゆだねられた個々の人間がはるか以前に土と化していようとも、いつかは仕事の完成を見ることができるのはたしかであった。なんと多くの種族がパヴィアの修道院の建設にたずさわったことであろう！　ミラノのサキ家は三〇〇年、八世代にわたり、礼拝堂床板の外装と寄木細工づくりのために働いた。中世のあらゆる大聖堂、修道院、市庁舎、城は個人個人の生涯をつなぎ合わしてつくられたものであることを示している。これらの建物は、永遠に生きることを信じた種族を通じてはじめて実現した。

個人が個人をこえて持続する共同体からひとり抜け出したとき、その個人の生涯がおのれの享楽の尺度となった。個人はおのれ自身が、事物の変化からできるだけ多くのことを体験することを欲した。王でさえもおのれ自身になりきった。王は自分が建てはじめた宮殿の中に住みたいと思った。しかもこの世の支配権がやがて女に移行すると、奢侈需要を充足させる手段をもたらすテンポが二倍に加速された。女は待つことはできない。恋する男になるとなおさらのことである。生の断面になんたる変化が行なわれたことであろう！

メディチ家のマリアは、リュクサンブール宮殿を五年という前代未聞の短期間内で完成させた[51]。

ヴェルサイユ宮殿は昼夜兼行で施工された。コルベール自身が、「ヴェルサイユのために大工の仕事場が二つある。一つは昼間用、もう一つは夜間用のものだ」と述べた。(52)

アルトア伯爵は女王のために祝祭を開くためバガテーユ宮を根本的に新しく建てなおさせ、昼夜兼行で九〇〇人の労働者を働かせた。それでも、思ったように工事がすすまないことを案じた彼は、石材、石膏の運搬馬車をはやくつれてこさせるため、家臣を田舎の公道に派遣した。

ここで、次に示すような重要な分野で行なわれた贅沢のいくつかを個別的にとりあげてみれば、奢侈の変化のありさまがはっきり眼前に浮かんでくることであろう。そうすれば、贅沢のありかたの変化の中にひそむ経済的な意味、すなわち、つねに最も重要な要因としての数量に示された意味を、はじめて、はっきりととらえることができると思う。

2 屋内の奢侈

(a) **飲食の奢侈** これは、十五、六世紀、イタリアで、他の学術諸芸とならんで料理術が発生したときに形をなすようになった。それ以前には、たんに、たくさん食べる贅沢があったばかりであったが、このころになると飲食の楽しみも繊細化し、量より質が重んぜられるようになった。

飲食の奢侈もイタリアからフランスに移り、とくに十六世紀の末期以来、本格的に育成された。その発展ぶりをたどるには、本書の枠内にはとうていおさまるとは思われない、食物のあつかいに関する長い論文を書かなければならない。そこで、ここでは、他の場合にも行なってきたように、ただ一つの問題だけをとり上げることにする。すなわち、料理術の繊細化とそれにともなう飲食の奢侈の発展もやはり女性に負うているのか？　を問うことにしよう。

心理学的、生理学的にいって、料理術と愛の技術がたがいに親近関係にあるかどうかは問題である。人生の段階を、恋愛、野心、そして美食とわけることもある以上、性愛と食欲はどうしてもある程度、相対立しているものと考えられがちである。およそ性愛とは縁がなかったようなカントのような人も、なかなかの美食家であった。そうはいっても、婦人の影響に負うところの大きい一般的な趣味生活の繊細化と感性化がなかったとしたら、飲食の技術も、あまり高度に発展しなかったと思われる。年寄りの独身者に見られるような情熱的な美食癖は、性衝動の一種の抑圧ではあるまいか？　それなら男性の美食癖というのは、独身の老婦人がネコをかわいがるようなものではなかろうか？　この点は吟味する必要があろう。

ただ一つだけいまでもはっきりしていることは、甘味品の消費と女性優位との関連である。今日でも女の種類を、土地ごとにわかつ線をはっきりと認めることができる。この線は、各国の料理のうまいところ、まずいところをわかつ線、それに穀物を材料にしてつくられる食べ物のちがいをわかつ線と一致している。イタリア、オーストリア、フランス、ポーランドにはすてきにうまい菓子がある。北ドイツにはフラメリ〔小麦粉、卵、牛乳などでつくったプディング〕があり、イギリスにはアルバート・ケーキがある。

だが、この（旧式の）女性崇拝と砂糖との結合は、経済史的にはきわめて重要な意味がある。なぜなら、初期資本主義期に女が優位に立つと砂糖が迅速に愛用される嗜好品になり、しかも砂糖があったがために、コーヒー、ココア、紅茶といった興奮剤がヨーロッパで、いちはやく広く愛用されるようになったからだ。しかもこの四つの産物についての商業、ヨーロッパ各国の植民地におけるココア、コーヒー、砂糖の生産、ヨーロッパ内部におけるココアの加工、ならびに粗糖の精製は、資本主義発展のうえで大きな役割をはたした。

これらの嗜好品の歴史やそれがヨーロッパで広く用いられるようになったいきさつ

をのみこめば、ここにかかげた一般的結論の正しさがわかってくる。さらにこれらの嗜好品の歴史がどのくらい砂糖の歴史と軌を一にしているか（実際に、大ざっぱにいえば、ほとんど同じであったといえる）については、エドムント・フォン・リップマンの著述から十分に教えられる。(53) 次に示す文章も、もともと彼の著述からとり上げたものだ。

はじめて砂糖が登場したのは十四世紀のことであるとされているが、砂糖が真に愛用される嗜好品として普及するようになったのは、十五世紀、それもイタリアである。パンチロルスの書いたものによれば、今日では砂糖を各種各様な仕方でふんだんに使用しないような大宴会は見あたらない。砂糖はさまざまの形をとり、いろいろなものにつくられる。鳥やけもの、それに天然自然の色彩をそのまま模倣した驚くべきほどみごとな果実が砂糖でつくり上げられる。しかもダイオウ〔大黄〕、松果、肉桂その他の香料も加工され、砂糖をかぶせるようにする。まさに人類の喜びの極致だ。砂糖ぬきではほとんど何も食べられない。砂糖はケーキに使い、ワインの中に混ぜる。水のかわりに砂糖水を飲む。肉も魚も卵も、砂糖を使って料理する。簡単にいえば、塩も砂糖ほどは年じゅう使わなくなった。

またしてもメディチ家のカトリーヌが、フランスの社会に砂糖消費を普及するうえでも仲介者となった。何よりもまず、この女君主のイタリア人従者が、最初にパリにリキュールを用いることを教えたという。その後リキュールはフランス人自身によって高度に洗練された飲み物とされた。その頃最も愛用された品目は、アルコール、砂糖、サフランからつくられる〝ヴィーナスの油〟である。エティエンヌはその農業経済に関する論文の中で、当時、砂糖の消費がかなり普及したことを立証している。かつてフランソワ一世の侍医だったラ・ブリュイエール・シャンピエは(一五六〇年)、もちろん上流社会内部のはなしだが、砂糖は不可欠の嗜好品であると述べた。彼は自分の考えを次のように説明した。

「なぜなら、上品な生活をしている人々は、粉状の砂糖でまぶしていないものなど食べるわけにはゆかないからだ。」

イギリスもフランス同様、すでに十六世紀に、砂糖菓子、ジェリー、ママレード、砂糖づけにしたレモン、オレンジ、ショウガ、それに砂糖でつくった城、船などさまざまの形の食物が、あらゆる上品な食卓には欠かせないものとなった。

十七世紀の初めから、砂糖のおかげで、ココア、コーヒー、紅茶がヨーロッパで愛用されるようになった。これらの品々はまず、最上級の社会で、とくに宮廷で愛用された。たとえばコーヒーは、ルイ十四世がオスマントルコのスルタン・マフムト四世（一六七〇年）の使節の接待にあたってこれを飲み、その後この飲み物を宮廷内に導入して以後、フランスではじめて受け入れられるようになった。この嗜好品を中心として、おおやけのコーヒー・ハウスに都会的な新しい贅沢が発生することになるが、これについては後でもう一度述べることにしよう。

(b) 住居の奢侈　住居の奢侈の発展は、前に詳細にあつかった大都市の発達と密接な関係にある。大都市の発達こそ、ルネサンス以来、とくに十七世紀末期以来、普及するようになった住居ならびに家具調度の奢侈をとくにうながすものであった。なんとしても大都市が発達するとなると、大勢の人がせまい場所に住まなくてはならない関係上、まずどうしても生活活動のゆとりが制限されることになる。それに貴族、紳士が都市の中に住居をかまえる場所には、従者を大勢使うという意味での贅沢も、やはり制限せざるをえなくなる。このように、たとえ裕福な人であっても都市に住む以上、内外から制限を受けるために、このように表現することが許されるならば、贅沢の密度の強化、すなわち、一方では即物化、他方では繊細化をともなう密度の強化がみられるようになった。食べ物の贅沢の場合に、料理術を高度に発展させる方法がとられたが、大都市の住居の贅沢でも同じようなてだてが用いられた。すなわち、かつては巨大な広々としたお城であったものが、いくらかこぢんまりとはしたものの、室内には貴重な品々がぞくぞくともちこまれるというのが都市内の住居の特徴である。宮殿が邸宅にとって代わられたわけだ。

だがこの都会式の居住方法は、やがて地方にも進出した。都会式の優雅さをあしらった田舎屋敷もできてきた。また別荘は、(古典古代におけると同様)都市生活の直接の産物であった。これによって奢侈は津々浦々にまで波及し、この点では山村僻地も大都会の生活条件にしたがうことになった。

十七世紀の末期から十八世紀を通じ、同時代の人々が書いた英仏両国の富者がかまえた都市内の邸宅や田舎屋敷の記録を読むと、どうしてもまずこれは誇張しすぎていると考えざるをえない。だが、どの人もどの人も、いつも同じように記録していたことがわかってくると、あの頃の住居の贅沢ぶりは、華麗な風潮がはびこる現代の標準からしても、やはりたいへんなものであったことがわかる。そうなると、おのずと思い起こされるのが、今日でも古道具屋の店頭で売りに出されている、バロック時代、ロココ時代の豪華な家具類である。さらに想起されるのは、芸術史の中におさまっている当時の家具調度の絵や写真である。そうなると、模造品であれ、現物であれ、今日われわれが見ることのできる当時の家具調度はいずれも、個々の品目であるにすぎないけれども、かつてはこれらの品々が全部いっせいに集められて、アンシャン・レジームの公爵や、資産家の各部屋におさめられていたことがわかってくる。しかも、当時の新興成金たちが住居のために支出した巨大な金額が脳裏に浮かんでくる。

だが、こうした豪華絢爛たる住居や家具調度をととのえるべく人を駆りたてたのは、いったい誰だったのであろう？　あまり長々と問う必要はない。アンシャン・レジームの高貴な人々が暮らした住居は、男たちをひきよせるため、女たちが苦心を重ね、熟慮したうえで建てた巣だったのだ。このことは、住居や家具調度の歴史が、これ以上は望みうべくもないほどはっきり教えてくれる。

恋愛詩人《ミンネゼンガー》時代の性愛についていろいろのことがわかっているとすれば、いったい愛の生活はどこでくりひろげられたのであろう？　せいぜい森の中だ。なぜなら、お城は羊飼いめいたいとなみをするには、けっして適当な場所ではなかったからだ。ともかく、当時の愛のいとなみは、今日理解されているものとはまったく違っていたことに留意しなくてはならない。たしかにゴシックと性愛は相反することはないけれども、たがいにしっくりかみ合うわけにはゆかない。そうだ。この点についても、やはりルネサンスが、根本から新しく形づくられる生活方式の外的諸条件を、はじめてつくり上げたのだ。

今日、優雅、快適とされている住居の設備はすべて、まず十五、六世紀のイタリアでつくられた。ルネサンスのスタイルは、その本質からして、一面的かつ不自由なゴシックの装飾のゴテゴテしたスタイルよりも、日常生活のもろもろの要求にいっそうよく適したものであった。ルネサンスに入ると、柔らかくて弾力性のある寝台が登場し、床の上に敷く高価な絨緞も用いられるようになった。

「これまではどこでも話題になったことがないようなさまざまな化粧道具のことが、とくに小説家を通じて知られるようになった。白リネンを大量に、しかも美しく用いることが、ことあるごとに強調された。等々[54]」

どれもこれも女性のなせるわざだ！　否、高等娼婦たちのしわざだ。芸術的なセンスと快適さがいわば共存する近代的意味での最初の住居は、おそらくファルネジーナであろう。すなわち、裕福な資産家アゴスティーノ・キジが愛妾の美しきヴェネツィア女モロジーナのために建てた別荘であろう。この高等娼婦の住居の奢侈は、教皇パウロ二世が、新建築様式でローマで建てはじめた宮殿のそれとも趣きを異にしている。

「新時代の人々にとっては、優雅と明朗な感覚がなくてはならないものとなってき

た。」（グレゴロヴィウス）

なぜなら、新しい人々は婦人の束縛下におかれていたからだ。十六世紀のローマで近代的な設備をもつ住居が生まれた。すでにお近づきになった例の娼婦インペリアの御殿については、次のようなことがいわれた。

「絨緞、絵画、花瓶、小装飾品、厳選された書物、それに美しいルネサンスの家具が、彼女の室内に輝くばかりに配置されていたために、スペインの使節は、とある日、この室内で、召使いの顔につばを吐きかけた。それというのも、彼はほかにはおのれの要求を満足せしめる場所を見出すことができなかったからである。[55]」

高等娼婦たちの住居の設備万端は、その頃の一般の住居や家具調度の模範となったが、その後二、三世紀のちまでも、事情は変わらなかったことがわかる。ヴェネツィアではアンジェラ・ザフェッタの住居が、観光名所の一つとなった。

「アンジェラは、王侯にふさわしく建てられたプラッツォ・ロレダンに住んでいた。フランドルの絨緞、錦や金色に塗ったなめし革が壁をおおい、いくつかの広間には、最高の巨匠の手によるフレスコ画が描かれていた。床の上にはトルコの絨緞が敷きつめられ、テーブルの上には金で刺繡したビロードのおおいがひろげられていた。彫刻をほどこしたり寄木細工になっている家具が多くの広間を埋め、食器台には、銀器をはじめ、ファエンツァ、カファジオロ、ウルビノ産の陶器、最も高価なヴェネツィアのガラス製品が並べられていた。趣味のよいことで知られているこの家の女主人は、家中に、彫刻や高価な武器、美しく装丁された書物、マンドリンや、こまかい手作業を必要とした芸術品を、ところせましと配置していた[56]。」

バロック時代の様式は、おそらくあまりにも強大な婦人の支配から脱け出そうとつとめたのではないか、といいたいところであろう。ところがバロックの様式も好んで婦人優位のままにとどまっており、そのありさまが鏡の中に化身した。鏡をはじめて室内装飾にしたことについて、ある情感あふれる吟唱詩人は、適切な考えを次の詩句の中で歌いあげた[57]。

あの人たちの魔力にみちた部屋の中には、
物や布地を置く場所はない。
四面の壁にはすべてガラスがはめこまれ、
また壁の一つ一つに鏡がある。
あの人たちはおのが魅力を見るために、
いたるところで鏡を眺められるようにする。

このほか、彼女たちは住居の中を快適にし、男たちをその中にとどめておくために、他の挑発手段を用いた。部屋に香水の匂いをただよわせ、花でかざりあげたりした。ランブイエ夫人の屋敷を、寒々とした堅苦しいところと見るのは正しくない。この館を訪れた愛すべきスキュデリー嬢は、次のようなこの館についての記録を残している。

「夫人の館ではすべての物がきらびやかだ。まったく独創的だといってもよい。ランプにしても他のところにあるのとはまったくちがう。どの部屋にも無数の珍しいものがおかれている。……館の中の空気は、つねに香水の匂いをただよわせている。広間には、いつも春を告げる花いっぱいの、すばらしい籠《かご》が並べられている。」

しかも寝台はつねに、家具調度の中でも最も金をかけてつくってあった。モンテスパン夫人に、ド・マン氏は四万リーヴルの寝台一つと、さらに三つのもっとすばらしい寝台を贈った(58)。

その頃、住居の贅沢ぶりがどの程度の段階にまで発展したかは、そのときどきに勢いをふるった王の愛妾たちの住いの設備が教えてくれる。この発展のバロック期における頂点がヴェルサイユ宮殿であることは、誰の目にも明らかである。もっとも、人の手が生みだしたものの中でもいちばん華麗なこの宮殿をつくるにあたっては、女への愛情とならんで、他のもろもろの動機が働いていた。とはいうものの、バロック期を通じて住居の奢侈の最も華麗な花を咲かせた王の愛妾の住まうこの宮殿は、やはり夢中で恋する人のその時その時のきまぐれの所産であった。ここで思い起こされるのは、ポーツマス侯爵夫人（チャールズ二世の最後の愛妾）の屋敷のことである。これについて当時の証人は次のように伝えた。

「私を驚かせたのは、この屋敷の美しさと富である。この建物はポーツマス侯爵夫人のきまぐれと浪費癖を満足させるために、何度もとりこわされたり、きりくずされたりした。それでいて、陛下は王妃の家計には多くの貴族の夫人に与えるもの以上はお出しにならなかった。……ともかく私はこの館で、私がこれまで見てきたものすべてをしのぐほど精巧な労力をかけ、さらにこれ以上はないといえるような模写の迫力がみなぎっているフランス産絨緞の新製品を見た。次に室内に入ると日本製の漆器をはじめ、衝立《ついたて》、時計、銀製花瓶、テーブル、書類立て、炉の装飾、それにふんだんに銀を用いた数々の火鉢、さらには陛下のすばらしい肖像画がいくつか見受けられた。[59]」

ついで、エロチックなスタイルそのものともいえるロココ様式が、とりわけ住居の奢侈をくりひろげるさいに、あますところなくとり入れられたことはよく知られている。この時代の真の代表的な建物は、ルイ十五世がデュ・バリーのために準備した愛の巣リュシアンヌである。この館を見たゴンクール兄弟は次のように叫んだ。

「リュシアンヌよ！　これこそ、十八世紀のもろもろの書物が悪意ある動機から描いた、あのバカな王様の宮殿と考えなくてはならないのだろうか？　あの王様はあやつり人形となったサルタンさながらに、彼のおかしな欲望を適当に操縦した寵愛の女の奴隷になったわけであった[60]。」

身分の高い者は誰でも、資本の許すかぎり、自分の情人のためにミニサイズのリュシアンヌをつくった。この種の宮殿の典型はブーローニュの森の中にある「バガテーユ」である。もともとこの館は、エストレ元帥夫人が十八世紀の初め、元帥でしかもスペイン貴族である夫から贈られたものだが、やがてモンコンセイユ夫人のものとなった。夫人はこの館で、ポーランド王スタニスラフと愛の生活をくりひろげた。一般にその他大勢の愛妾の巣は、周知のように「小さな館」と呼ばれ、その中では、すべてのものが、繊細、精巧の最高の技術を発揮してととのえられた[61]。

十八世紀を通じて住居の奢侈が異常に高まったありさまは、同時代人からも行き過ぎと感ぜられた。

「室内の諸設備についても、けっしてふさわしいとは思われないような過度のきらびやかさが見受けられる。」こう考えたメルシエは、当時の建築面での贅沢ぶりを描写したくだりを、次の言葉で結んでいる。

「国民の偉大さは、まったく家の中に存在する。」

他の証人はメルシエと軌を一にして、次のように述べた。

「家具は最高の奢侈の対象であり、最大の支出を必要とした。家具は六年ごとに新調されるが、それも、ときどきの粋な流行に即して美しいとされるものすべてを享受しようとするためである。」

イギリスでは住居の奢侈がフランス以上にたくましく発展した（もっとも、イギリスではおそらく、パリの「小さな館」に見受けられるような純粋に女性的な趣きはなかったことであろう）。すぐれたある観察者は富裕なイギリス人の邸宅について、次のような描写をのこしている。

「上流のイギリス人が室内を飾るさいのきらびやかさは、全ヨーロッパのどこの土地で求められる華麗さをもしのいでいる。階段には絨緞が敷きつめられ、マホガニー材のてすりには、えもいわれぬやさしいすがたが彫ってある。頭上には、水晶や金属をあやなして木の枝のようにこしらえたランプが堂々とたれ下がっている。階段の途中には胸像がおかれ、絵画やメダルもかけられている。うるしぬりや鍍金《めっき》をほどこした室内には高価な画や小さな彫像が見受けられ、炉は高価このうえもない大理石でつくられ、はなやかな台の上にはすばらしい彫刻や花瓶などがおかれている。それに石炭の上にかぶせるみがきあげた鋼鉄、青銅のかざりがついた簀子《すのこ》板もある。とびらの鍵は鉄と金のきめこまかい芸術であり、足の下に敷く絨緞も、一部屋分だけで数百ポンド・スターリングはかかっていることであろう。窓枠は高価な東インドの産物でつくられており、各種各様の豪華な時計にも、工学のすべての技術がおしみなく用いられている、等々。」（J・W・フォン・アルヒェンホルツ『イギリスとイタリア』その一、一七八五年、一七〇ページ）

金持の田舎の館についても同じ証人が似たようなことを書いているが、その記述の正しさは他の多数の記録が裏づけしている。

富裕な人々の贅沢な暮しぶりをあつかった十八世紀の文学をひもとき、その頃の宮殿や住宅、それに家具調度の模写を見、さらには一八〇〇年以前にできた記念碑的な個人の邸宅を、古きウィーン、古きロンドン、そして古きパリの街頭で眺めるとき、その頃の住宅の奢侈がいかに巨大かつ強力なものであるかを痛感せざるをえない。だが、その奢侈のありさまを数字で裏づけ、はっきりしたイメージをつくろうとするのはきわめてむずかしいことである。

今、私の手もとにはイギリスの貴族やジェントリーの有名な田舎屋敷を複製した書物[62]があるが、これは一七七九年に二巻に分冊されて刊行された大部のものである。この書物には八四の館の写真とその説明文がのっている。この八四の大邸宅は、いずれもすばらしい印象を与えるが、この種の邸宅が八四もあったことからしても、これら大邸宅の中にくりひろげられた贅沢ぶりについて、ある種の判断をしてもさしつかえないと考えざるをえない。それに個々の邸宅についての記述を読めばなおさらのことである。たとえばオックスフォード伯爵の邸（ノーフォークのヒュートン在）をとり上げてみよう。普請《ふしん》は一七二二年、ロバート・ウォルポール卿によってはじめられ、一七三五年に完成した。この館は翼の部分をふくめ長さ五〇〇フィート、中央の建物だけで長さ一六五フィートある。主要部分の内訳は次のとおりである。サロンは縦四〇フィート、横三〇フィート、高さ四〇フィート、絨緞はバラの花もようのビロード製、天井にはケントの画が描かれ、炉ならびにテーブルはいずれも黒および黄色の大理石づくり、ホールは一辺四〇フィートの立方体で、三方が石造の画廊になっており、その天井とフリーズ〔小壁〕はアルタリ製。縦、横それぞれ三〇フィート、三二フィートの応接室には、黄色のキャフォー製の壁かけがかかり、ギボンらの木彫りでかざられている。最後に大画廊は長さ一七フィート、幅二一フィート、高さ二一フィートで、ノリッジ製緞子《どんす》の絨緞が敷かれている。

十八世紀を通じ、パリでどんなふうに普請が行なわれていたかについては、メルシエがある程度の解答を与えてくれる。近々一〇年のあいだに、パリでは六〇〇の大邸宅が建てられたと彼は推定した。

「これらの邸の内部は、妖精がととのえたのではないかと思われる。なぜなら、いくら想像力をたくましくしても、こんなにみがきのかかった贅沢ぶりは思いつくこともできないからだ。」

彼の時代にパリで財産をこしらえることのできた三つの職業は、銀行家、書記、それに建築業者であった。そしてきらびやかなお屋敷のおかげで、まったく新しい街区が出現した(63)。

こうした記述も、それとともに個々の家々が建築され、人が住めるように準備されていくうえで、どのような贅沢がくりひろげられていたかを考慮するならば、なかなか意義深いものがある。

3　都会のなかの奢侈

大都会は奢侈への好みをうながしたが、この理由については、すでに一応ほのめかしておいた。あの頃の最もすぐれた観察者たち、フランスのモンテスキュー、イギリスのマンデヴィルらも、大都会の影響について立証ずみである。大都市は奢侈需要の増大に大きな影響を与えた。贅沢な大都会がいかにして当時の田舎の人々をとらえはじめ、彼らの生活習慣に決定的影響を与えるようになったか、そして彼らが生活水準の向上をはかるためいかにして奢侈支出を物ともしなくなったかについては、農村の人であるピエール・ド・カデが家計簿の中に書きこんだ次のような物語がまのあたりにくりひろげてくれる(64)。

「私の祖父はパリに行った。そしてパリ滞在の一年間に一万四〇〇〇リーヴルも支出したことがきっかけとなって、彼は自分の父、すなわち曽祖父にむかい、『あなたにプレゼントしたメガネのガラスは一万四〇〇〇リーヴルもかかったのです』といった。家にはすでに馬車があり、四頭の白馬がいたが、祖父はパリから帰ってくると、騎乗用の馬に非常な興味を示すようになった。……祖父はパリから従者をつれてきた。このことについて曽祖父は、パリの男はおまえに飲み代も請求できないだろう。なぜって、あの男のほうがおまえより立派な服装をしているからなと冗談まじりに主張した。」

だが奢侈の発展にとって意義深いことは、大都市が、朗らかではなやかな生活をおくる新しい可能性、それとともに奢侈の新形式をつくったことである。従来は王侯の宮殿内で宮仕えする人々だけが祝った祝祭が、大都市ができたおかげで広く住民層にもひろがり、彼らは、自分たちが規則的に享楽にふけることができるような場所をつくりだした。十八世紀の終り、モナコ公は、ヨーク侯爵が彼のもとで死んだあと、イギリス王の招きでイギリスを訪れたとき、夜に入っても街頭には多くのあかりがともり、ショーウィンドウも午後一〇時まで閉じられないのを見て、これらの照明はきっと自分を歓迎するためのものだろうと思った。この逸話の中に、その頃すでに完成の域に達しようとしはじめていた根本的変革のありさまが、もののみごとに反映されている。根本的変革とは、厳密に個人的に贅沢にふけることの代わりに、一種の集団的贅沢が形成されてきたことである。もともとは国民経済の次の時期に入ってはじめて開始される生活方式の共同化が、この分野ではすでにはじまったわけだ。このことは一応頭に入れておく程度でよいが、次のことははっきりさせておきたい。すなわち、こうした大都会の意味深い作用——これを論ずることが本節の焦点である——は、従来は、奢侈需要の枠の中だけにかぎられていたこと、それに社会の上流中の上流の人々だけが新しい変革にあずかったことである。大都会の奢侈については、またしても女が非常に関係していた。本節で観察したいものは次のとおりだ。

(a) **劇場**　劇場、とりわけ優雅なオペラ劇場はまずイタリアで、いともきらびやかに建設され、その後ヨーロッパの他の国々の大都市にもつくられるようになった。劇場建築史上画期的なものは、一七三七年に建てられたナポリのサンタ・カルロ劇場である。パリでは一六三七年以来オペラがあった。このオペラは王立音楽院の名のもとに、モリエールの死後パレ・ロワイヤルで公演した。コメディ・フランセーズは一六八七年四月十八日、サン・ジェルマン・デュ・プレ街に新劇場を開いた。いっぽう、コメディ・イタリエンヌはオテル・ド・ブルゴーニュで（一六九七年から一七一六年の間は中断したが）公演した。[65]

劇場とはいいながら、最初からあったのはそのほとんどが宮廷劇場で、宮廷に仕える人々以外には招待客しか入場できなかった。だが、しだいに入場料さえ払えば誰でも観ることができる劇場が登場するようになった。そうはいっても、高級な劇場はもっぱら上流社会の人々の集まる場所にすぎず、彼らはこの新しい場を利用して、恋愛の火遊びをしたり、はでな衣裳をみせびらかしたりした。[66]パリの状態についてカポンは、音楽と舞踏の王立アカデミーならびにオペラ座は、上流人士用の娼家にすぎないと断じた。

(b) **一般向きミュージック・ホールならびにダンス・ホール**　現代ならさしずめこのように呼ばれるであろう施設は、まずロンドンで、なみなみならぬ費用をかけて建設されたもようだが、いずれも、はなやかで、美しい場所なので、ロンドン子や外国人の賞賛のまととなった。

デフォーは、この種の施設のうちでは最も重要で、しかも最も大きかったパンセオンについて、次のような記録を残している。[67]

「その趣味のよさといい堂々たるたたずまいといい、さらには独特のみせものや装飾のすばらしさの点からしても、ヨーロッパで並ぶもののないパンセオンを忘れてはなるまい。メイン・ホールはとくにきらびやかだ。ここはかなり大きな中央の円天井から照明されている。……ホールのわきにある部屋も、近頃の贅沢が与えてくれるあらゆる手段を用い、きわめて上品に飾りつけられている。」

このパンセオンでは規則的に一四日ごとにコンサートが開かれ、「それにつづいて誰でも入場できる舞踊会が行なわれた」とデフォーはことさらにつけ加えた。それというのも、「求められただけの入場料を払えばよい」というシステムは、おそらく彼の時代には耳新しいことであったからであろう。次に劇場と音楽会場とならんでさかえた施設を示そう。

(c) **高級レストランおよび居酒屋《タヴァーン》**　これらの施設は十八世紀ではやはりロンドン特有のものであり、いいものがあるなとパリの人々を羨ましがらせた。ロンドンの居酒屋については、アルヒェンホルツが次のような魅力ある記述をしている。(68)

「これらのタヴァーンでは、人数が多くとも少なくとも、婦人同伴でも婦人ぬきでも、自由に室内で飲酒することができた。そうはいっても、やはり婦人同伴にしたことはない。またここには夜の宿泊施設がなかった。これはバグニオスでやっていることだ。」

バグニオスというのもやはりロンドン名物の一つで、もともと浴場のことである。

「だがバグニオスの真の役割は、男女両性に享楽を提供することである。これらの施設には、はなやかな、否、王侯もかくやと思われるほど、りっぱな家具調度がととのえられている。感覚を刺激するものならば何でもあるし、たとえその場になくともすぐに、（マネージャーの口ききで）ととのえられる。イギリス人というのは、娯楽、享楽にもおそろしく真面目にとりくむ。そこでこの種の施設の運営も、ほとんど想像もできないほど大真面目に、しかも礼儀正しくとり行なわれている。」

高級レストランとこれに付属している特別室での支出は法外なものであった。「そのありさまは、かの有名なボーマルシェの金言そのままである。彼はパリの贅沢ぶりには慣れっこになっていたが、ロンドンの逸楽のはげしさには度肝をぬかれ『ロンドンの居酒屋とバグニオスでは、冬の一夜に、七連合州〔オランダ共和国のこと〕を半年維持できる以上のものを消費する』といった。」（アルヒェンホルツ）

しかし、パリにも十八世紀に高級レストランがないわけではなかった。そのなかでも上の部とされたのは、パレ・ロワイヤルのレストランをはじめ、ボーヴィリエ、ユレ、あるいはタヴェルヌ・アングレーズ〔英国酒家〕である[69]。俗界の焦点といわれたパレ・ロワイヤルのありさまからも、これらレストランの性格をおしはかることができる。

(d)　**ホテル**　十八世紀の終りに高級ホテルが出現したが、その数は制限されていた。

ロンドンでは、今日でも同じ名の有名なホテルがある場所につくられたサヴォイ・

ホテルが知られている。貴族社会のただなかにあったこうしたホテルがどんなものであったかは、今日でもヴェルサイユにあるオテル・ド・レゼルヴォアが教えてくれる。ヨーロッパにある最古の高級ホテルはおそらくシクストゥス四世の頃からローマにあるクマ・ホテルである。

(e) **商店**　だがこのほかにも膨張する大都会は、一般に公開され、誰でも参加できる享楽のための場所を発展させた。こうした場所は、上流社会の婦人、つまり上流社会の半分にあたる人々が贅沢品を買ったところだ。そのためどうしてもとり上げなくてはならないのは商店である。

十八世紀の中頃になってから、装飾が流行するようになると、商店にもしだいに関心が払われてきた。こうした動きはダニエル・デフォーのように真面目一点ばりの人たちの顰蹙《ひんしゅく》を買った[70]。

デフォーは、『完全なイギリス商人』の中に、理性的になった後世にしてみれば不可能だと思われるような優雅な商店のバカらしさについてとくに一章を設けた。一例として彼は、肉入りパイ製造店（今日ならさしずめ製菓業、菓子屋ということになろう）のありさまを描いたが、これも当時の人々がどれほどまでに頭がおかしくなったかを示すためであった。ついで彼は肉入りパイ製造店の施設には三〇〇ポンドもかかることを声を大にして強調し、一七一〇年という年は特記せねばならぬと述べた。デフォーは次のように書いている。

「ロンドンにおける菓子製造業の施設は次のような部分からなる。

㈠　いずれも、縦、横それぞれ一二インチ、一六インチのガラスの鏡でできている、上げ下げ窓。

㈡　廊下はいずれも釉薬をぬった陶土製化粧レンガでできており、後部の部屋には風景画や、人物画をかかげたやはり陶土製化粧レンガのはめ板がある。

㈢　店先には窓間の壁に二面に大きな鏡、炉のところにも一面の鏡があり、後方の部屋には七フィートもある巨大な鏡が窓間の壁のところに設けてある。

㈣　大シャンデリアが店先と後方の部屋に一つずつ。

㈤　店先にガラスの軒燈、大きいのが三つ、小さいのが八つ。

㈥　後方の部屋には壁に仕込んだ明り燭台二五、銀製燭台二つ、しめて二五ポンド。

㈦　砂糖菓子のための巨大な銀製の盆六つ。

㈧　飾り台一二、そのうち小型菓子のための銀製品三、これは祭りのとき使う。

㈨　天井の絵、燭台、窓枠および木彫品の金メッキ、しめて五五ポンド。

これにいくつかの装飾品全部は、小さな皿や中国産の皿や茶わんをのぞいて、約三〇〇ポンドかかることは、確かな筋から聞いたところからも明らかである。」

こうした店にあらわれる客のなかで、とくに重要なのは誰かということは――ロンドン社会の組成からも――容易に推量することができる。よいお得意は、劇場を満たしているのと同じ人種であったという。

「かつてウィーンに設けられたような道徳矯正委員会が、もしロンドンにもあったとしたら、ロンドンは人なき里となったであろう。……ロンドン居住者の半分がそれにたよって生活している、否生存を支えている無数の渡世方法は、完全に廃止され、ロンドンは荒廃した土地になってしまうことであろう。このことを証明せよというのなら、シティーにある何千もの小売店に出むいて、買い手の多くは何者だ、いちばんの顧客は誰だときいてみればよい。こうした無数の人々が一夜にしてかせいだものが、翌日はただちに小売店にはこばれてくるのだ。なぜなら、小売店に買いにくるこれらの不幸な連中は金勘定にはきわめてうとく、おのれを飾りたてるためには身を滅ぼしてもよいと考えているからだ。こうした連中がいなければ、劇場もガラガラになってしまうであろう。(71)」

メルシエの考えによれば、ヴィーナスの使い女たちのところにころげこむ金額は、年に五〇〇〇万フランにのぼったはずであった。[72]

ともかく有名な地主ゴダール・ドクールが、(有名な劇場の娼婦デュテ夫人にささげた)「トルコの思い出」の献辞を次の言葉でむすんだことは、まさに適切であるといえよう。しかもこの言葉は本書の本章のしめくくりとしてもふさわしいものであろう。

「そうですとも、可愛いお嬢さん。あなた方は、あらゆる大都市の生存条件となる本当の奢侈なのです。あなた方は、外国人と彼らのギニーをおびきよせる魅力あふるる餌なのです。そんじょそこらのおとなしい町娘を二〇人集めたって、資産家にしてみれば、あなた方一人にも値しないのですよ。[73]」

資料と文献

奢侈の歴史の特別な資料について語るのは、まったくもって不適当である。なぜなら、ほとんどすべての歴史のための材料が問題とされるからである。だが主に役にたつのは、建築、衣裳、調度に関する客観的記録をはじめ、家計簿、建築費の計算書、旅行記、それに同時代の人々が書いた世相についての記録である。なかでも重要なのは、(そのあつかいには、細心の注意を払わなくてはならないが) 世相に対して直接的な怒りをぶちまけたような書物のたぐいである。十六、七、八世紀については、数多くの回想録がよい材料になる。重要なものについては引用した個所で、それぞれこれをどこからとったかを指摘しておいた。

奢侈の歴史についての文献の中で標準となるものは、H・ボードリヤール著、『公共的ならびに個人的奢侈の歴史』(二版、四巻、一八八一年) である。本書についていえることは、他の多くの歴史書についてもいえることである。すなわち、たしかに驚くべき業績ではあるにしても、とくにこの本から学ぶべきことはないということだ。本書とともにあげられる研究としては、ヴィルヘルム・ロッシャー『奢侈について』(国民経済の立場より) と、エマニュエル・ヘルマン「きらびやかさのきまぐれ」(『経済生活の微細画』より、一八七二年) が比較的すぐれている。この他参考になるのは『国家学辞典ハンドブック』の奢侈の項目 (三版、テオ・ゾンマーラート編) と、そこにかかげられている文献である。

奢侈とその変遷を心理学的・社会学的に追究しようとした含蓄ある研究は、ソースタイン・ヴェブレンの『有閑階級の理論』(一八九九年初版、以後つねに増版がでている) のなかに見受けられる。

これらの著述のほかに奢侈とその歴史に関する一般的内容は、奢侈発展の個々の分野についてのそれぞれの特別の文献を参考できる。

飲食の奢侈については、一五三〇年からはじまった（もちろんフランスで刊行された）食通に関する年代記が教えてくれる。その二番目の年代記はアベ・クロード・シュリエの筆とされ、『パリの食卓年代記』という題で刊行された。最も流布しているのは、一七七八年に初版が出た『食用品年報』である。一九〇四年版の『食通年報』も見てほしい。

建築の奢侈については、建築物のスタイルや家具をあつかった著述がすべて参考になる。それに旅行記や個々の宮殿の参観記録なども役だつ。こうした記録を集大成したものに『アマチュア辞典』（P・ボナフェ、一八八四年）の該当項目がある。

衣服の奢侈については、衣裳やモードの歴史、衣服の個々の部品についての製造や、芸術的手芸についての歴史、技術（絹、レース等）、それに装飾の歴史がよい。経済的側面に関しては、ラングレード『マリー・アントアネットの衣裳商人、ローズ・ベルタン』のような著作が教示するところが多い。

アンベール・ド・ガリエ『昔の風俗と個人生活』（一九一一年）、『昔の風俗と習慣』（一九一二年）の両書には多くの興味深い資料がふくまれている。

注

（1） Mercier, *Tableau de Paris*. 1783, Ch. 573.

（2） Defoe, *Complete English Tradesman*. 5. ed., 1745. Ch. L.

（3） 参事会員 Stephan Garczynski が一七五一年に印刷した文書 *Anatomie der Republik Polen* ; Roepell, *Polen um die Mitte des 18. Jahrh.*（1876）, 17 ; *Acta Boruss.*, Getr. Hand. Pol. 1, 386. 参照。

（4） J. F. André, *Hist. de la Papauté à Avignon*（2. ed. 1887）, 300. に引用。

（5） *I due sontuosissimi Conviti fatti à Papa Clemente V nel 1308 descritti da Anonimo fiorentino, testimone di veduta*. Ed. 1868.

（6） E. Müntz, *L'argent et le luxe à la cour pontificale d'Avignon*, in *Revue des questions historiques*, t. LXVI（1899）, p. 5-44 et 378-406.

E. Müntz et Faucon, *Inventaire des objets précieux vendus à Avignon 1358*, in *Revue archéologique*, 1882, p. 217-225.

Vgl. Th. Okey, *The Story of Avignon*, 1911（mit Bibliographie）. Ch. Martin, *Le Château et les Papes d'Avignon*, 1899. 私の研究したかぎりでは、Avignon の宮廷における（世俗的）暮しぶりを信頼に足るほどはっきり記録した文書はない。

（7） Leo König, *Die päpstliche Kammer unter Clemens V. und Johann XXII.*（1894）, 56 ff.

（8） Lies die Beschreibung der Feste bei Gregorovius 7^5, 238 f. を見よ。

（9） Matth. Palmieri, *De temp. suis*, ebenda S. 242.

（10） Burc., *Diar.*

（11） Gregorovius, a. a. O. 8^4, 173 ff.

（12） Roscoe, *Life of Leo X.*（1806）, 1, 238 f. および App. XXIX. に引用。

(13) Gregorovius, a. a. O. 7^5, 342 f. より Ducato Estense の一五九二年の収入は 690993 19.8 Lire marchesane, Pietro Sitta, *Saggio sulle istituzioni finanziarie del Ducato estense nei secoli XV e XVI* (1891), 126.

(14) *Rel. des amb. vên.* (Coll. des doc. inédits sur l'hist. de France) 1, 285, bei Pigeonneau, 2, 28. Über die Luxusausgaben der älteren Valois : Baudrillart, 3, 273.

(15) *Rel.*, 2, 529 ; 1, c. p. 58.

(16) Bericht des Matteo Dandolo bei Alberi T. 4, 42/43.

(17) Forbonnais, *Recherches*, 1 (1758), 119 suiv.

(18) Forbonnais, *Recherches*, 2, 101.

(19) J. Guiffrey, *Comptes des bâtiments du roi sous le règne de Louis XIV*, 5 Vol. 1881-1896. これは *Collect. de Docum. inédits*. IIIe Série. に入っている。

(20) J. Guiffrey, *Inventaire gêneral du mobilier de la couronne sons Louis XIV* (*1663 -1715*). 2 Vol. 1885.

(21) Dezember-Nummer 1697 の記事は A. Franklin, *Les magasins de nouveautés* (1894), 227 suiv. に見られる。

(22) J. Guiffrey, *Comptes des bâtiments*, 1. c.

(23) Diar. Europe. c. 24. 10. 1666, Ranke, *Franz. Gesch.*, 3^3, 214. 参照。

(24) *Arch. nat.* O^1, 3792-94. これは教えられるところの多い Emile Langlade, *La marchande de modes de Marie Antoinette Rose Bertin* (s. a.), 29. 122. に引用されている。

(25) J. Guiffrey, *Comptes des bâtiments du roi etc.*, 1 (1881), XLII.

(26) *État des dépenses de Mme la Marquise de Pompadour du 9 sept. 1745 au 15 avr. 1769 jour de*

sa mort, publl. par M. Luc. Leroy : zit. bei Baudrillart 4, 327.

（27） *Coll. de doc. inéd.*, t. IV, p. 545-561, zit. von Mme B. Carey, *La Cour et la ville de Madrid etc.* (1876), App. Note C.

（28） オレンジ家のウィリアムがイギリス王となる前のはなやかな宮廷生活のすぐれた記録は、Berg, *De Refugiès*, 1, 269f. にある。

（29） イギリス諸国の支出に関する数字はすべて、J. Sinclair, *Hist. of the public revenue of the Brit. emp.* 3. ed. 1803. Vol. I および Vol. II. によった。

（30） Willy Doenges, *Meißner Porzellan* (1907), 76 f. 126.

（31） Inf. XIII, 118-122, および dazu Kostanecki, *Dantes Philosophie des Eigentums* (1912), 8 f.

（32） Louis XIV, *Mémoires*, zit. bei Baudrillart, H. du L. 4, 68.

（33） 魅力的な描写が Camden, *Britannia* (1590), 106. に見受けられる。

（34） Aus dem *Livre de Raison de M. Pierre César de Cadenet de Charleval*, angefangen 1728, fortgesetzt 1763 von François de Ch. および abgeschlossen von dessen Sohne bei Ch. de Ribbe, *Les familles*, 2^2 (1874), 144. イギリスの王室予算についてのきわめて価値ある資料の集積（一六五〇〜一七五〇年）を、Washington の Smithsonian Institut が保存している。この資料の持主は資料を抜すいし、それを同 Institut に贈与した。その持主とは、J. A. Halliwell で、彼には *Some account of a collection of several thousand Bills, Accounts and Inventories etc.*, 1852. という著作もある。

（35） Sully, *Mém.*, 4 (1752), 12 ff. (s. a. 1601).

（36） Bassompière, *Mém. 2e sér.*, tome VI, p. 56 der Coll. Michaud ; Frégier, *Police de Paris*, 2, 34. に引用されている。

（37） Thirion, *Vie privée*, 292 ; *Vie privée de Louis XV* (1785) ; Humbert de Gallier, *Les mœurs*

(1911), 85 ff. (reiches Material).

(38) Taine, *Origines*, 1, 168 suiv. より。

(39) E. Langlade, *La marchande de modes etc.*, 263 suiv.

(40) Polifilo, *La guarderoba di Lucrezia Borgia. Dall' Archivio di Stato di Modena.* 1903.

(41) Mme de Maintenon の兄への手紙' 25. Sept. 1679; Aimé Houze de l'Aulnont, *La finance d'un bourgeois de Lille au 17. siècle* (1889), 51. 116. 参照。

(42) *Compl. Engl. Tradesman*, 2 (1745), 328.

(43) Defoe, *Compl. Tradesman* (1727), 115. 116. 141.

(44) Archenholtz, *England und Italien*, 3, 141 ff.

(45) de Ribbe, *Une grande dame*, 137. による。

(46) Mme de Sévigné, *Lettres*.

(47) Du Hautchamp: Oscar de Vallée, *Les manieures d'argent* (1858), 121. による。

(48) Mercier, *Tableau de Paris*, 2, 199 ff.

(49) Thirion, *Vie privée*, 124.

(50) Humbert de Gallier, l. c. 96 ff. に多くの数字がみられる。重要な文献は Pierre Manuel, *La police de Paris dévoilée*. 1794.

(51) W. Lübke, *Geschichte der Renaissance Frankreichs* (1868), 287.

(52) *Lettres, instructions et mémoires de Colbert*, publ. par P. Clément in der *Coll. des doc. inédits*, IIIe série, t. 8, p. XLV.

(53) Edm. O. von Lippmann, *Geschichte des Zuckers, seine Darstellung und Verwendung seit den ältesten Zeiten bis zum Beginne der Rübenzuckerfabrikation*. 1890.

(54) Burckhardt, *Kultur der Ren.*, 2, 117.
(55) Gregorovius, *G. d. St. R.*, 8^4, 290. 291.
(56) Cas. Chledowski, *Rom* (1912), 377. 本書には類似の住居についての多くの記述がみられる。
(57) Regnier Desmarets zit. bei Fournier, *Le vieux neuf*, 2, 147.
(58) *Lettres de Me de Sévigné*. 26. Novbr. 1694.
(59) Evelyn, *Memorials*, 1, 562 bei Alb. Savine, l. c. 160.
(60) Edm. et Jules de Goncourt, *La Du Barry* (1909), 133.
(61) Lies die Beschreibungen der Chambres à coucher bei Thirion, 348 ff., 352 f.
(62) *The Seats of the Nobilty and Gentry in a collection of the most interesting and picturesque views engraved by W. Watts*. 1779.
(63) Montesquieu, *E. d. L.* 〝法の精神〟の liv. VII Ch. I. にある興味ある箇所をみよ。
(64) Ch. de Ribbe, *Une grande dame dans son menage au temps de Louis XIV, d'après le journal de la comtesse de Rochefort* (1689). Paris 1889, p. 167. による。
(65) De Léris, *Dictionnaire. . . des Théatres* (1763), XX ff. A. du Casse, *Histoire anecdotique de l'ancien théatre en France*. 2 Vol. 1862-1864 (wesentlich literärgeschichtlich). を参照。
(66) 十七世紀のイギリスについては *The character of a town Gallant*. Stellen daraus bei A. Savine. *La cour galante de Charles II.*, 130 suiv.
(67) Defoe-Richardson, *A Tour through the islands of Great Britain etc.*, 8th ed. 2 (1778), 92. 93.
(68) J. W. von Archenholtz, *England und Italien*, 2, 230.
(69) Henri d'Almáras, *Les plaisirs du Palais Royal*, l. c. p. 11.
(70) Defoe, *Complete Tradesman*. 2. ed. 1727.

(71) Archenholtz, *England und Italien*, 2 (1787), 231 ff.
(72) Mercier, *Tableau de Paris*, 3, 109 ff.
(73) Mitgeteilt bei P. Ginisty, 40.

第五章　奢侈からの資本主義の誕生

一　問題の正しいとらえ方と誤ったとらえ方

私が本章で展開しようと思う問題、すなわち奢侈は資本主義の発展にとってどんな意味をもっていたかということ、換言すれば、奢侈によって、あるいは奢侈を通じて、資本主義の歩みはうながされたかどうかという問題は、理論家、実際家を問わず、十七、八世紀の経済学者の間できわめて熱心に論議された。この問題は、ある意味で、そのまわりに他のすべての経済ならびに政治上の問題を集める中核的問題であり、今日ではさしずめ「農業国か、それとも工業国か」といった問題に匹敵する重要なものである。十七、八世紀では、資本主義という言葉は用いられず、それぞれ思い思いに、工業、製造業、富などといわれていた。だが、それぞれ思い事柄そのものについては、意見の一致が見られた。そして、奢侈とはその頃発生の途上にあった経済形式であり、資本主義的な経済形式の発展をうながすものであることが認められた。そのため経済的進歩主義を称える者はすべて、奢侈を歓迎した。彼らは極端に走った奢侈消費は資本形成を中断するのではないかと恐れただけで、アダム・スミスと同様に、必要な資本の再生産と蓄積を確実ならしめるためには、倹約家たちがすでに大勢いるはずと信じては、おのが心を安んじさせたものだ。

　各国政府は、奢侈を奨励する方向で施策をくりひろげた。

　十七世紀を通じ、すみやかな歩みで資本主義が発展した国々では、贅沢禁止令が消滅していった。

　一定の奢侈支出、たとえばある種の美味な食物をとることを禁じることをふくむ〝衣服令〟は、イギリスで一六二一年廃止された。[1] フランスでは食物の贅沢に関する最後の禁止令が出たのは一六二九年のことである。[2] それでも一六四四年および一六七二年に、贅沢の目的のために貴金属を過度に使用することが禁ぜられた（もっとも、これはもともと貨幣政策を考慮して行なわれたものだ）。一六五六年には五〇リーヴルを上まわる（ビーヴァー皮の）帽子の禁令が出ており、一七〇八年にはフランス最後の衣服に関する法律が発せられた。それ以後支配層は、（資本主義的工業の利益にとっての）奢侈支出の必要性を確信し、文壇のリーダーたちも奢侈礼賛に傾いた。

（もっとも、後になるとルソー主義者の反対運動が起こる。）彼らがなぜ奢侈を評価したかというと、それはまず、奢侈が市場形成の力をもっていたからである。

モンテスキューはいっている。[3]

「王国では奢侈はなくてはならぬ。もし富者が贅沢のための消費をあまりしなくなると、貧乏人は飢えてしまうだろう。」

（初期）資本主義の発展にとって、奢侈がどんな意味があったかについてのいくつかのきわめてセンスのある考え方は、『商業にしたがう貴族』に関するアベ・コワイエの含蓄ある第二の書の中に見出される。[4]

「奢侈は暖め、燃焼する火に似ている。奢侈が富裕な人々の屋敷をのみこむとき、奢侈は商売に活を入れてくれる。奢侈が道楽者の財産を吸収するとき、奢侈は労働者を養ってくれる。奢侈は、少数者の富を減少させるが、その半面、大衆の収入を何倍にもしてくれるのだ。もし、リヨンの布地、黄金製品、絨緞、レース、鏡、宝石、馬車、優雅な家具、贅沢な机などが軽蔑されることにでもなれば、何百万本の無為の手が硬直することは明らかだ。そのとき同時に聞こえてくるのは、パンを求める叫び声である……」

フランスには奢侈についての文献が数多くある。そのなかの奢侈を歓迎する文献のうちでもとくにすぐれているのは、『奢侈に関する理論、あるいは、奢侈は国家の福祉にとってたんに有益であるばかりでなく、不可欠の必要事であることを証明せんとする試みについての論文』（二巻、一七七一年）である。この書物は『俗世』の中のヴォルテールの言葉「豊饒は最高の必要事なり」をモットーとしてかかげているが、著者は頭のよいユダヤ人のピントである。

　奢侈はたしかに害悪であり、罪であるけれども、産業を促進することによって全体には利益をもたらすものであるというこうした考え方は、イギリスにもひろまっていた。「浪費の悪徳は、個人にとって害はあるが商業にとってはそうはいえない[5]。」倫理的色彩の強いデイヴィッド・ヒュームさえ次のような結論に達した。すなわち、よい奢侈はよい、悪い奢侈はたしかに悪徳ではあるけれども、悪い奢侈がなくなれば、おそらくその代わりに登場するであろう怠惰とくらべれば、はるかにすぐれているというのだ。この考え[6]は、社会哲学組織の一形式として、バーナード・マンデヴィルによって、「蜂の寓話」の中に表現された。彼が奢侈を称えた詩句は次のとおりである[7]。

　おそるべき悪徳、これ以上呪われ
憎まれるべきもののない吝嗇は、

あの高貴ある罪、浪費の奴隷だ。
奢侈は百万もの貧しき人々を
養うことに役だっている。だが、
かの不思議なる華美を誇る心根は
さらに百万もの人々をとらえている。
羨望と虚栄が産業を賑わせる。
つねに嘲笑され驚嘆されているが、
衣裳、住居その他もろもろの事柄で、
流行におくれまいとする欲望は、
商業の真の原動力である。

デフォーが『完全なイギリス商人』の中でこの問題をあつかったくだりは、とりわけ教えられるところが多い。われらの勇敢なる非国教徒デフォーがここにくりひろげたのは、まことに奇妙な卵踊りである。もともと彼は贅沢を嫌忌し、つまらない奢侈品を売りさばいてはいるものの、自分自身はつとめて売物の奢侈品からは遠ざかっているクェーカー教徒に感心した。だが商業礼賛者としての彼は、ますます贅沢に走る世のうつりかわりを非難する決心をつけかねていた。この点がわれわれにとって重要なのだが——彼は、「われらの時代の過度の虚栄心が実業と貧乏人を養っている」とし、贅沢な暮しぶりが増大するすべての富の源であると考えた。デフォーは奢侈と資本主義との現実の関連について多くの示唆をしたが、この点については他の場所で伝えることにしよう。

ドイツの著述家たちの間でも奢侈問題はしばしば論ぜられ、資本主義の発展に対する奢侈の意義が認められた。たとえばシュレーダーは次のように述べた。

「私としては、いっそのこと農村の贅沢がもっとはでになったらよいと思う。……なぜなら、金持の贅沢が多くの手工業者や貧乏人を養っているからだ(8)。」

ここで一考すべきことは、現代人であっても近代資本主義の発生を追究しようとするならば、これらの頭のよい知識豊富な人々の観察を利用できるということである。だが実際にはこのことはなされなかった。たしかに奢侈について多くのことが論議され、資本主義的産業に対する市場の意義もいろいろと理論化された。それでいて、奢侈と市場との間の関係については何もわからないままである。あきらかに、奢侈問題にせよ、市場問題にせよ、これまでは不毛な軌道の上を進んでいたのだ。

奢侈問題をあつかうにあたって打ち出された態度は、実直かつ素朴な市民の倫理的情熱そのものであり、道徳的な理屈を武器として一刀両断にこの問題が片づけられた。現代で奢侈について書かれたもののなかでは、おそらく最良の書ともいえるロッシャーの研究ですら、何がよい奢侈であり、何が悪い奢侈であるかなどを云々する倫理的な感覚の基盤の上にのっている。さらにボードリヤールの『奢侈の歴史』などは、たんなる資料のよせ集めにすぎない。

いっぽう、市場ならびに資本の生成に対する市場の意義についての学説は、マルクス以来不幸な観念にとらわれてきた。その観念は、資本主義は地理的な販売網の拡大、とりわけ十六世紀における植民地の開発によってうながされたというのだ。このほか、いっそう目的論的な方向をたどる国民経済学の歴史学派の学説の中に示されたような思想もあるが、これには、ほとんどすべての経済史家が加わっている。この思想は、販路の空間的な拡大、つまり遠い国への販売、輸出が資本主義的な組織を必要としたというのだ。この見解は、いまから一世代前、すぐれた研究家であり生産的な思想家でもあるカール・ビュッヒャーの学説によって強力に支持された。この説によれば、手工業はとりもなおさず注文を受けて生産することであり、いっぽう資本主義は見たことも聞いたこともない土地の顧客のための生産である。換言すれば、手工業イコール地域的販路、資本主義イコール超地域販路ということである。

現在のところほとんどすべての経済史家の思考がたどっている方向は、きわめて危険であると思う。なぜなら、すでに述べたように、この方向をたどる探究はむなしい軌道の上を進むことになるからである。経済のあり方が資本主義に移行するさいの根拠をあやまったところで探そうとしているわけだ。注文生産と、はるか遠方に販路をひろげることとは、もともと販売の条件とは何かを追究してゆくならば、けっして手工業生産と資本主義との対立を示すものでないことがわかる。もっぱら注文に応じて生産しているさいにも資本主義があるいっぽう（注文服裁縫師）、販売網がおよそ人が住む世界のすべての区域まで行きわたりながら、なんらの資本主義的な色合いのない手工業も数多く栄えている。

脱線した車両をふたたび正しい軌道にひきもどすためには、次のように指摘することが、部分的には役だつであろう。ということは、十八世紀の思想家が中断した思考の糸をふたたびとり上げることである。彼らは、初期資本主義期の終末まで資本主義が発展した大きな原因は奢侈であるとしたが、そのさい、彼らは次のような根本思想によって動かされていた。

奢侈は近代資本主義の発生を、各種各様の面でうながした。たとえば奢侈は封建的な富を市民的富（負債！）に移行させるうえに、本質的な役割をはたした。それとともに、一般的にできるだけわかりやすくしたうえで、奢侈の市場形成力を考慮に入れなくてはならない。

資本主義的企業は、周知のように、生き抜くためには交換価値の最小限の販売を必要とする。ではどのくらいの売れ行きが得られるのか、その額は、二つの別種の状況によってきめられる。一つは商品取引の頻度であり、もう一つは売られる商品の交換価値の大きさである。

売られる商品の交換価値の大きさは、やはり二つの要素によってきめられる。一つは個々の商品の交換価値の大きさであり、もう一つは商品の数量である。したがって、価値の大きい商品の販売あるいは数多い商品の販売、換言すれば、個別販売あるいは大量販売によって、最小限の販路が確保されることになる。

個々の商品の価値が高くなることは、二つの異なった方法を通じて起こる。一つは増大、もう一つは精巧にすることである。商品を精巧にすることは、すでに見てきたように、多種多様の形式をとることができる。いっぽう、増大という現象は、結合された商品、あるいは組み合わされた商品ともいわれる商品の場合に起こってくる。機関車、船舶、病院などがこれにあたる。この場合には、ごく普通の商品が多数必要とされるのであるが、それらの商品は、一つの統一されたものにならねばならないし、しかもこの統一された集合体がはじめて大きな価値を生むのである。これらの商品の販売は、(正確にいえば)個別販売の形を借りた大量販売である。

知られるかぎりのヨーロッパ諸民族の歴史の中では、粗雑な需要と、洗練された需要が見受けられる。両者ともはじめのうちはささやかな大きさでしかなかったために、いずれも長い間、手工業的＝農業的あるいは、賦役経済組織の枠内で満足させられていた。

これにつづいて(一般に)粗雑な需要のあったところは、村とか荘園とか町(そのまわり一帯)の内部にすぎず、こうした需要は、地域的な経済基盤の上にのっていた。ところが、洗練された需要は、自己経済の形で領主の屋敷で生産をしている場合とか、あるいは遠方の国々との貿易で高価な商品をとりよせている場合は別として、もともと、地域や国々の別にとらわれない広い市場のために働いてきた手工業者によってまかなわれてきた。

中世とそれにつづく数世紀間の発展はあったにしても、粗雑な需要は本質的にはいささかも変わらず、資本主義など、はじめのうちはまったく問題にならなかった。そして住民一般大衆のために使用される商品の需要や、(道具、工具、機械などの)作業用具の需要は初期資本主義時代の終りまで(例外が二つあるが、これについてはすぐあとに述べる)、自己経済あるいは手工業によってまかなわれた。こうした現象が起こった基盤はなかなか興味深いものがある。住民の数は増加せず、彼らが一ヵ所に集中することもほとんどなく、商品の輸送能力も高まったわけではないために、個々の日用品への大量需要は起きなかった。また商品を生産する技術もこれを輸送する技術も、根本的に変化しなかったので、前述したような結合された商品に対する需要はおこらず、さらに資本主義的生産あるいは資本主義的商品販売のための市場もできなかった。

では、先ほどふれた二つの例外とは何であろう。これらの例外の場合には、高度資本主義のはじまるまえ、つまり十八世紀が終わるまえから、あまり価値のない商品が大量に売れ、あるいは結合された商品が売れたのである。その一つは、資本主義的工業の市場の発展にかならずや役だったはずの植民地であるが、もう一つさらに重要なのは、近代の軍隊である。軍隊からの需要が資本主義形成のうえにどんなに大きな意味があったかは、この研究(『戦争と資本主義』、著者のまえがき参照)の第二巻で指摘しておいた。ここでは問題の他の側面を明らかにするために、近代資本主義の発生にとって、奢侈の発展、すなわち奢侈需要の発生がいかに大きく関与したかを指摘するにとどめようと思う。

　ところで、私が資本主義の発展にとって、成長する奢侈消費のもつ意味を指摘するということは、もちろん今日の科学的な方法を用いるということ、二つの現象のからみ合いのなかの諸関係を、経験的・歴史的立場に立って理論づけることを意味する。このことは、そんなに単純ではなく、いくら懸命に努力したところで、きわめて不完全な結果しか得られないであろう。私としてもとくにこれといった名案もない以上、個々の問題をいかに証明するかは次の世代の経済史家に多くをゆだねるほかはない。

　ではこうした理論づけがなぜそんなにむずかしいかというと、それは従来、一般的にいって、経済的事実については、いい加減な仕方でしか報告されていなかったからである。これまで、経済の飛躍、生産の拡大、販路の拡張などという言葉がさかんに用いられてきたけれども、その意味するところは何もわかってはいない。手工業や資本主義は経済の形式なのか、それともなにかちがうものなのかも判然としない。次節以下で奢侈と資本主義の間の関係を明らかにするためにまとめた証拠以上のものを、いまのところこの問題に関して刊行されている文献からは、何も教えられるところはない。

二　奢侈と商業

1　卸売業

商品取引が商品生産よりも早い時期に、資本主義的形式をとったのはありえないことではない。たしかに中世に、イタリア、南フランス、スペイン、あるいは南ドイツの諸都市の富者たちが、主に商品取引によって大財産を獲得したという考えには、納得できないものがあり、むしろ、彼ら少数の大事業家をささやかな商人たちの大群から抜け出させたものには、もっと本質的な別の要素があったように思われる。そうはいっても、純粋な商品取引が資本主義的企業にまで発展したという可能性を、頭から排除するつもりはない。だがそうなると、——この点に関心が向けられるのだが——同じ商品取引でも、大事業家をつくりあげたのは、かならずや奢侈品の取引であったにちがいない。

そもそも資本主義的組織が問題になるような重要な商業はすべて、中世ではイタリアを本拠にしており、ここではイタリア製品の輸出（あるいは生産に必要な原料や半製品の輸入）か、それとも東洋が供給する商品の調達や配給をその業務としていた。

北方諸国からイタリアへ輸入された商品は、主として羊毛（これについては後でくわしく述べるが、フィレンツェで奢侈品製造に用いられた）、毛皮製品、それに上等な亜麻布であった。イタリアへの輸出品の主要部分は、おそらく現金で支払われていたにちがいない（ドイツの銀鉱山の収益を用いた）。

これに対し、イタリアは北方諸国に対し、絹および絹製品、上質の布、極上のガラス製品、木綿および木綿製品（これは後にも述べるように、近代になっても真の奢侈品とされていた）、それにワインと武器を輸出した。

イタリア内部で用いられるか、イタリア経由でとりよせるかを問わず、東洋から運ばれた商品はすべて富者の奢侈需要のために使われた。たしかに教会が求めた香などは除外されることになろうが、もともと教会自体が財産をためこんだために、贅沢品のために出費できる状態になっていた。それとともに、中世の数世紀から近代をへて、人類愛、大衆福祉を謳歌する現代にいたるまで、たえず求められてきた外国産の薬品も、奢侈需要の一つとして計算に入れなければならない。かつては一般民衆や市民は、彼らが住む土地の野山に生えている薬草で病気を治療していた。

ウィルヘルム・ハイドが対中近東貿易であつかわれたとした商品リストは次のとお

りである(9)(使用目的ごとの品目別に書き改めておいた)。

(a) **医薬品** これは食物にそえる香料としても用いられた。ロカイ(ユリ科植物、下剤の原料)とロカイの木(これは香水として、あるいは上等な祭壇をつくるときの材料として使われた)、香油《バルサム》、コストス、ガランガ、没食子《もっしょくし》、生姜《しょうが》、樟脳《カンフル》、小豆蔲《しょうずく》の種子、ラウダヌム(アヘン剤)、マンナ、木乃伊《ミイラ》、ミロバラン、大黄《だいおう》、桂皮《けいひ》、サフラン(これは染料としても用いられた)、スカモンニウム、トラガント(染料にも用いる)、トゥティア、ゼドバール。

(b) **香料その他** 中でも重要なのは胡椒《こしょう》である。だが胡椒は、中世はもとより近代にいたるまで奢侈需要の一つとされており、富者の台所で用いられるか、あるいは君主たちがたがいに贈物として贈りあったにすぎない。芳香を放つ丁字《ちょうじ》は、胡椒の二倍から三倍の価格であった。そのほか肉豆蔲《にくずく》、肉桂《にっけい》がある。砂糖は十九世紀まで富者の好物とされてきた。

(c) **香水、薫香** 安息香、乳香、麝香《じゃこう》、白檀《びゃくだん》、それに琥珀《こはく》があるが、琥珀からはいろいろの彫り物がつくられた。

(d) **染料** 明礬《みょうばん》、蘇芳《すおう》、茜《あかね》、インディゴ、臙脂《えんじ》、ラッカなど上等な染料や、乳香(ワニスにも用いられる)。

(e) **織物の材料**　絹や極上のエジプト産亜麻。

(f) **装飾品**　宝石、珊瑚《さんご》、真珠、象牙、陶器、ガラス、金糸、銀糸。

(g) **衣服の材料**　絹織物、錦、ビロード、それに外観は絹製品そっくりで値段も同じくらい高いボカッシーノ、ブッカーラム、カメロットなどと呼ばれた木綿、羊毛、リネンの極上品。

これらの原料は一部は東洋からヨーロッパへ、しかしその後はイタリアから東洋へもヨーロッパ各国同様に送られた。

中世に取引された商品の価格がどんなに高かったかは、その頃の税収入、たとえばコモ税関の収入からおおよそのところを知ることができる。シュルテの計算によると、(10)十五世紀にゴットハルト越えで運ばれた商品は三二万から五一万八〇〇〇ドイツ・ポンド（一ドイツ・ポンドは五〇〇グラム）の間を浮動した。これら商品の目方は二万五〇〇〇ツェントネル（一ツェントネルは五〇キログラム）と見積もられているから、五〇キログラムで五〇フロリン、一ポンドで二分の一フロリン（およそ四マルク）はしたであろう。

十五世紀に地理上の大発見が行なわれたあとでも、商業貿易の内容はあまり変わらなかった。それというのも十九世紀までは、東西間および欧米間で交易された商品は主として高価な贅沢品ばかりであったからである。ただ取引される商品の量がふえ、新品目が旧品目にいくらか追加されるようになった。なかでも四大嗜好品とされたのは、タバコ、コーヒー、紅茶にココアである。だが、（おそらくタバコを除外して）これらの嗜好品も初期資本主義の末期までは、やはり金持の食卓を賑わしただけであり、まったくの贅沢品として考えなくてはなるまい。

次にあげる数字は、過去数世紀間における最も重要な嗜好品消費の大きさについて、だいたいの正しいイメージを与えることになろう。

東インド会社がイギリスに運んだ紅茶の量

一六六八年	一〇〇ドイツ・ポンド
一七一〇年	一四二〇〇ツェントネル
一七三一年	八一六八　〃
一七六一年	二万六一九二　〃
一七八四年	八万六〇八三　〃

このうち半分がイギリスに陸揚げされたままイギリスで消費されたとすると（人口は、フィンレイゾンの調べでは、一七〇〇年には五一七万五〇〇〇、一七五〇年

が六〇〇万、一八〇〇年が九一八万七〇〇〇という大体の数字がでている)、人口一人当りの消費量はだいたい次のとおりだ。

一七〇〇年	〇・〇一ドイツ・ポンド
一七三〇年	〇・〇八　〃
一七六〇年	〇・二　〃
一七八四年	〇・五　〃

いっぽう、一九〇六年には同じイギリスで二億七〇〇〇万ドイツ・ポンドの紅茶が輸入されており、一人頭六・五ドイツ・ポンド、一家族当り三〇―三五ドイツ・ポンドとなる。次のような計算をするなら、この間の事情がいっそうはっきりする。今日イギリスの平均的家族の紅茶の消費量と同じ量をわがものにできた家族数は、昔ならいくつあったかという計算である。

一六六八年	三家族
一七一〇年	二〇〇〇　〃
一七三〇年	一万二〇〇〇　〃
一七六〇年	四万　〃
一七八〇年	一四万　〃

ヨーロッパのコーヒー消費量は、(アレキサンダー・フォン・フンボルトによると!)一八〇〇年で約一四〇万ツェントネルである。その頃のヨーロッパの住民は、(ベロッホによれば)約一億二〇〇〇万人である。したがって当時すでに五〇〇グラムのコーヒーをヨーロッパ人一人一人が年間に消費したことになる。このことから、この嗜好品コーヒーは大衆が消費する商品になりはじめたということができる。一九一〇年には、ドイツ帝国国民は一人当り年間約三キログラムのコーヒーを消費した。

砂糖は、(やはりフンボルトによれば)その頃ヨーロッパ全土で四五〇万ツェントネル消費された。住民一人当り一五〇〇―二〇〇〇グラムということになる。いまのドイツでは住民一人当りの消費量は一九キログラムである。砂糖は十八世紀でも、いぜんとして甘味料としては一般化していないことは、ハチミツが当時保っていた地位の高さからもうかがわれる。ドイツでは一七五〇年でも果実を甘くしたり、貯蔵したりするため、またビール醸造の付加剤としてハチミツを用いた。砂糖は、富裕な西ヨーロッパですら、十八世紀の中頃、ヨーロッパの他の部分ではおそらく十九世紀になってはじめて金持だけが楽しめる消費物資でなくなったということができよう。

十七、八世紀には対インド貿易のきわめて重要な要素をなしており、贅沢品とされていた輸入品でありながら、今日ではどこの郵便局に勤める女子職員でも身につけているものがある。これはコットン、もっと正しくいえば、インドの木綿からできたプリント地や、アジアからヨーロッパに送られた他の種類の木綿製品のことである。十七世紀の終りから十八世紀の初めにかけて、インド産コットンの衣服は上流社会にとり入れられ、地元の生産者と対立して彼らをおびやかした。自分たちの生存が危険にさらされていると信じた人々が上質の布や絹製品メーカーであったことは、上流社会がきそって木綿製品を買ったという私の考えの正しさを裏書きするものである。これと同じことを国家がインド産コットンに対して挑んだ戦い（たとえばフランスで行なわれた。インド産コットンはポンパドゥル夫人によって認可されたが、トリアノンではじめて本当の流行の花を咲かせた）が教えてくれる。一七〇〇年以来、国家がコットンの使用を禁じたのだ。だが、こうした禁令に効果がなかったのはいうまでもない。コットンをまとった優雅な美女がパリから田舎の領地に行く姿が見受けられた。また次のようなすばらしいエピソードもある。

ド・ヴィラール元帥夫人はインドのコットンを密輸入した。一七一五年七月十七日、ネスル侯爵夫人はインドの織物に絹で花を刺繍をした衣裳をインド風に身につけて、堂々とチュイレリー宮殿の庭園に現われた。衣服を司る警官は驚きかつ憤った。警察長官は侯爵のもとに急いでおもむき、ことのありさまを告げた。すると侯爵は夫人を説いて、夫人に今後の態度をきめさせるなどと約束した[11]（夫婦の間でその後いかなる光景がくりひろげられたかについては、残念ながら当時の公式文書は伝えていない）。

こうした事情をまえもって頭に入れておけば、当時の輸入統計を眺めるだけで、ヨーロッパへの海外からの輸入品の実情が判然としてくるであろう。その間の事情は、イギリス、オランダ、フランスいずこも変わりはない。これらの国の東インド会社がもたらすものはいずれも、一、香料、二、医薬品、三、染料顔料、四、絹および絹製品、五、木綿および木綿製品、六、宝石・陶器などであり、その後、七として、時代とともにコーヒー、タバコ、砂糖、紅茶、ココアがあげられる。こうした輸入品の項目を伝えるだけで十分であろう。

インドからフランスへの輸入は、一七七六年[12]は次表のとおりであった。

コーヒー	三二四万八〇〇〇フラン
胡椒と肉桂	二四四万九〇〇〇　〃

モスリン	一二〇〇万フラン
インド産リネン	一〇一八万三〇〇〇 〃
陶　器	二〇万 〃
絹	一三八万二〇〇〇 〃
紅　茶	三三九万九〇〇〇 〃
絹製品、貝がら、籐《とう》、硝石など	三三八万 〃
合　計	三六二四万一〇〇〇 〃

これらの商品の代価は、アメリカの金銀鉱の金（大部分）か、あるいは国内で生産される商品、つまり繊維製品で支払われた。これら繊維製品のなかには、すでに、黒人やマレー人用の衣服のための大量生産の並製品、それに北アメリカ向けの、ヨーロッパ系植民地居住者のためのやや上等な製品がふくまれていた（これらの植民地では、地元で事業をおこして生産することは、ほとんどの場合禁じられていたからである）。しかしこういったものは、当時の海外貿易の全体の価値から見れば、まったく問題にならない。海外との貿易はなんといっても奢侈消費の所産であり、裕福な人々ばかりが個人的にたずさわる事業にすぎなかった。金持が贅沢な出費をすることによってだけ、海外貿易は成り立っていたわけだ。なぜなら、すでに見てきたように、ヨ

ーロッパにもたらされる商品が贅沢品である以上、もちだされる商品がどんな種類の商品であっても、どうでもよいことであり、そうした商品は支払いのための偶然の形式にすぎなかったからだ。贅沢品の流入がなかったならば、貿易全体は成立しなかったであろう。なぜなら、これなくしては海外の人々はヨーロッパの商品を買うことができなかったからである（例外は貴金属産出国である。アレキサンダー・フォン・フンボルトによって伝えられた商業統計の手引き[13]によると、一八〇二年、メキシコはスペインから二〇三九万八五九ピアストル輸入した。そのさい商品で支払ったのはただの八四一万六九三〇ピアストルだけで、あとはすべて自国産の銀で支払った）。

ほとんど資本主義的方式で行なわれたことがわかっている国際的規模の海外貿易のなかの最も重要な分野の一つ、奴隷売買のことは、このさいとくに、よく考えておかなくてはなるまい。たしかにこの種の貿易であつかわれたものは奢侈品ではなかった（あるいはそうであったかもしれぬ）。けれども、やはり間接的に奢侈品の生産に役だっていた。これについてはもっとくわしく調べてみることにしよう。

奴隷売買の規模がどのくらいのものであったかについては、随所できわめて食いちがった数字を示している資料がたくさんある。最も有名で、しかもおそらく最も信用のおけるバックストンの資料によると、次のようなことになる。[14]

年々、キリスト教徒の奴隷商人によってアフリカから運ばれる黒人は四〇万人、回教徒の奴隷商人によってやはりアフリカから運ばれる黒人は一〇万人、合計五〇万人である。

キリスト教徒の奴隷商人があつかう四〇万人のうち、つかまえるときと輸送中、それに最初の一年間に二八万人が死亡するため、結局、物の役にたつ黒人は一二万人ということになる。この数字は、十九世紀初期の奴隷需要全体についてみればさほど大きいものでなく、しかも現代になってから明らかにされるようになった公式文書のなかの数字とも一致している。たとえば、フランス領アンチル列島〔中央アメリカの西インド諸島中の島々〕では一七八〇年から一七八九年にかけて、毎年平均三万から三万五〇〇〇人の黒人が導入された。そのころフランス領アンチル列島で使われていた奴隷の総数が二四万—二六万人であったとすると、毎年そのうちの七分の一から八分の一にのぼる新規の補充があったことになる。だがその頃の奴隷が世界全体で六〇〇万—七〇〇万人であったのだから、毎年一二万から一五万人の奴隷が補充されたとしても、その数は高いよりむしろ低いことになる。

だが奴隷売買でどれくらいの人数の奴隷があつかわれたかを数字の上ではっきりと裏づけることはさほど重要ではない。われわれの目的からすれば、毎年何万人、奴隷売買が行なわれていた期間全体では何百万人かの人間がかなり収入のよい商売の対象になったこと（そのことだけがいまのところわれわれの唯一の関心事である）が、はっきりしさえすればよいのである。

中世ではどの程度の奴隷売買が行なわれたかについては、信頼すべき資料が何もない。だが、その頃からすでにかなりの数の人間があつかわれたことは、アラブ人の奴隷売買についての記録や、この問題について、おりにふれて述べられた人々の言葉からも明らかである。しかもそのさい示された数字が、まったく異常なほど高いものであったことはいうまでもない。たとえば一三一〇年、シチリアの艦隊が何も知らず平和そのものであったチュニジア海岸沖のゲルバ島を襲い、そのさい一万二〇〇〇人の女子供を奴隷にしたことや、一三五五年、ジェノヴァの一提督がトリポリを急襲して略奪をほしいままにし、そのさい七〇〇〇人にのぼる男女や子供を奴隷化したことが知られている。(15)

他の民族を仲間入りさせなかったわけではないが、その後ひきつづき奴隷売買で指導的役割をはたした民族はユダヤ人をはじめ、(16)ヴェネツィア人、(17)ジェノヴァ人、ポルトガル人、フランス人、それにイギリス人である。しかもその後相ついで黒人の奴隷売買を独占したのは、あとにあげた四民族である。奴隷売買の最盛期に各国の商人がどのように関与したかは、次表を見ればはっきりとする。

一七六九年にアフリカの海岸（ブランコ岬からコンゴ川まで）から黒人がどこの国民によって運びさられたかというと、[18]

イギリス	五万三一〇〇人
フランス	二万三五二〇人
オランダ	一万一三〇〇人
英領アメリカ	六三〇〇人
ポルトガル	一七〇〇人
デンマーク	一二〇〇人

となる。

ブライアン・エドワーズによれば、一七九一年、アフリカの海岸にはヨーロッパ人の奴隷売買のための代理店が四〇あったが、そのうちイギリス一四店、フランス三店、オランダ一五店、ポルトガル四店、デンマーク四店となっていた。しかしあつかわれた黒人奴隷の数は、同じ年、

イギリス人によって	三万八〇〇〇人
フランス人によって	二万人

ポルトガル人によって　一万人
オランダ人によって　四〇〇〇人
デンマーク人によって　二〇〇〇人

となっている。

疑うまでもなく、十八世紀、すなわちこの問題については最も重要なる時期に、イギリスは奴隷売買の中心地であった。しかもイギリスのなかでもリヴァプールがその中核であった。一七七一年、イギリスから一九二隻の奴隷売買船が出航したが、そのうちリヴァプールを出港したものが一〇七隻、以下、ロンドン五八隻、ブリストル二三隻、ランカスター四隻となっている。[19] ポッスルスウェイトはリヴァプール商人に属するすべての奴隷運搬船の一覧表をのこしている。彼の時代にはこの種の船が八八隻あり、船ごとに六〇人から五五〇人にのぼる奴隷を積んだが、平均して一隻三〇〇人から四〇〇人というところであった。[20] 奴隷商売はリヴァプールで迅速に発達した。一七二九年、この都市の商人は、はじめて奴隷売買用の三〇トンのスループ型帆船をもつようになったが、一七五一年には、すでに五三三四トンの積荷がつめる船舶五三隻を、マージーから奴隷海岸に向け出帆させた。

海外貿易、とりわけ植民地との貿易は、十七、八世紀を通じ、商業資本主義が何よりも発展した分野であることは疑うまでもない。これにくらべて、ヨーロッパの域内貿易、まして狭い範囲の国内での交易は立枯れとなってきた。そうはいっても域内の貿易や国内の交易でも、資本主義的な方式は、あちこちにつくられるようになった。しかも重要なことは、ヨーロッパ域内の貿易であっても、主に奢侈商品をあつかったのをわきまえることである。奢侈品をあつかわず、それでいて大規模な国際的かつ資本主義的方式で行なわれた商業としては、二つの項目があげられるだけである。本研究の第二巻であつかうことにしているが（『戦争と資本主義』のこと）、この二つの項目である、穀物と銅はいずれも近代の軍隊が生みだした需要である。

十七、八世紀にどのような商品がヨーロッパの一国から他国に運ばれたかについては、（多くの例のなかで）フランスからオランダに運ばれた商品のリストが教えてくれる。これは一六五八年パリ商業会議所が作成したリストであり、『バタビア画報』の有能な編集者も、当時（十八世紀の初め）でも、いぜんとして多くの点で有効であるとしたものである。もっとも、その間に、後述するようにオランダでも国産の贅沢品製造業が発達してきた。ともかく、あの頃の二、三世紀に、一つの国が他の国のあとを追って、資本主義的先進国がかつて商業の道を通じて導入していたもろもろの財貨をつぎつぎに生産していったことは、あの頃強力になってきた資本主義発展の典型であった。はじめはイタリア、ついでフランスが指導的な工業国であり、イギリス、オランダ、ドイツなどがこれにつづいた。

前述のパリ商業会議所のリストというのは、次表のとおりである。[21]

フランスからオランダに輸出された商品（これはオランダ国内で消費されるものばかりでなく、オランダから再輸出されるものをふくむ）は、

㈠ツールおよびリヨン産のビロード、フラシテン、サテン、金襴銀襴、琥珀織、それに各種銀襴、あわせて六〇〇万フランあまり

㈡パリ、ルアン、その他近隣都市でつくられるリボン、絹モール、紗モール、ボタン、紐、あわせて二〇〇万フラン

㈠、㈡合計八〇〇万フラン

㈢パリ、ルアンで製造された絹および他の種類の帽子　一五〇万フラン

㈣羽毛、帯、衝立《ついたて》、仮面、頭飾り（冠）、鏡、黄金の枠、時計、その他フランスで一括して美術装身具と名づけられる小間物いっさい　二〇〇万フラン

㈤パリ、クレモン、ヴァンドーム、ルアンでつくられる手袋　一五〇万フラン

㈥ピアルディでつむがれた毛糸　五〇万フラン

(七) ポアトー、シャンパーニュ、リムザン、オーヴェルニュ、ノルマンジーでつくられた各種の紙　二〇〇万フラン
(八) パリ、ノルマンジーで加工された縫針や各種の針、象牙、黒檀、ツゲ、角製品、五〇万フラン
(九) オーヴェルニュ産の鉄、鋼鉄製小間物　五〇万フラン
(十) ノルマンジー、ブルターニュ産の帆布　五〇〇万フラン
(十一) 寝台、敷ぶとん、掛けぶとん、シーツ、ふさなど室内用具　五〇〇万フランあまり
(十二) 各地産出のワイン　九〇〇万フランあまり
(十三) ブランディ、酢、リンゴ酒　二〇〇万フランあまり
(十四) サフラン、石鹼、ハチミツ、扁桃《アーモンド》、オリーブ、ケーパー、杏子《あんず》その他の果物あわせて二〇〇万フラン
(三)〜(十四)合計　三一五〇万フラン
(十)まではすべて奢侈品である。おそらく(十三)もこの部類に入るであろう。なぜなら、ブランディとリンゴ酒はおそらく船員および兵士用となっていたはずである。

モロー・ド・ジョネスの評価によれば、ルイ十四世時代のフランスの輸入品価格の半分を占めていたのは次のような商品からなっていた。すなわち、イタリア、イギリス、オランダが提供した、絹製品、上質布、絨緞、レース、上等白麻、上質鉄および鉄鋼製品、それに小間物である。(22)

2　小売業

奢侈は卸売業よりもいっそう根深く、しかもいっそう持続的な影響を小売業の発展にもたらした。初期資本主義にも資本主義的でありながら奢侈品をあつかわない重要な卸売の分野があった（十六世紀には銅を、十七世紀には穀物をあつかった分野）。しかし十九世紀以前には、資本主義的な色あいをもつ小売業で、全然奢侈品をあつかわなかったものは一つもなかったと思う。これに反し、裕福な人々の間で、贅沢ざんまいの暮し方をしようという傾向がにわかに表面化した時代、つまりブラジルの金がパリ、アムステルダム、それにロンドンの相場師のふところをいっぱいにしはじめた一七〇〇年頃、商人自身の貪欲を満足させるためであったか、それともやむをえずそうしたのかはともかく、商人たちが富者の奢侈需要を充足させるために、従来の手工業段階ののんびりした行き方を改め、資本主義的なコースに駆りたてられたもようは、はっきり認めることができる。

たしかに、絶対信頼できるし、これだけあれば十分といえるケースは少ないけれども、幸いにも、偶然にある資料が残されていなかったとすれば、おそらく奢侈の発展と資本主義的小売業との内的因果関係をはっきり把握するわけにはゆかなかったであろう。その資料とは、イギリスの絹製品取引が一六六〇年の王政復古から一七三〇年代までにたどった歩みを示したものであり、この資料からは、きわめてこまかな動きや変化までを追求することができる。この資料とは『完全なイギリス商人』のかの明晰なる著者デフォーが、みずからの経験にふまえて、この問題をつづった物語である。[23]この著者は、自他ともに許す自尊心にもとづき、このエピソードを語るについて当時、彼以上に、年齢、経験ともにたちまさった者は皆無であるということができた。

呉服屋《マーサー》とも呼ばれた絹製品商人は、たしかに巨大な富にあふれたあの世紀における、奢侈品をあつかう業者の典型的代表者であった。この業種では淑女が無制限の猛威をふるった。どんな取引が行なわれるにせよ、それは彼女たちしだいであった。奢侈需要の最も高価な材料が、この業種で売りさばかれた。なぜなら絹製品の取引は、いうまでもなく各種金襴、銀襴、緞子《どんす》、ビロード、それにおそらくレースも包括していたからである。

スチュアート朝初期のロンドンにまだ住んでおり、その後もおそらく二、三十年後でも一般的であった古い形の絹製品商人は、一人で卸売商と小売商を兼ねていた（その後の大変化は、十七世紀の末期になってはじめて起こったと思われる）。換言すれば、絹製品については自立した小売業者はいなかったのだ。彼らは生産者のところで製品を買い、みずからそれをお客に切り売りしていた。こうしたことは、昔は大商人なら誰でもしたことである。たとえばアウグスブルクのフッガー家でさえ、権力と富のほとんど絶頂に達したときでも、絹やビロードを切り売りしていた。そうはいっても、彼らが一エール三六フロリンの良質布地、一エール八―一〇フロリンのフィレンツェあるいはミラノ産の緞子、一エール四フロリンのビロードをおさめていたのは、王室宮廷関係であったのはいうまでもない[24]。ともかく、いつも銅の売買はおろか、皇帝の首のすげかえまでやっていた商人の王者すら、ささやかな小売までやっていたのだ！　今日、アルノルト氏やフリードレンダー氏〔ゾンバルト生存中のドイツの大商人〕がドイツ皇帝に二、三メートルのリボンを売りたいと思うであろうか。

大火災の時代（一六六六年）からその二〇年後ぐらいまで、ロンドンの絹製品商人はすべてプランタジネット家以来の古巣であるシティーに住んでいた。そして彼らのためにつくられた狭くてうす暗いペーター・ノスター街の一隅で彼らはガランとしたほの暗い円天井の下に、商品を並べていた。天井からくるわずかの光がこれを照らすというありさまであった。「広い店先や暗い家屋、仕事場はじめ商売のためにつくられたもろもろの建物は、今日でも眺めることができる」という文章が、『完全なイギリス商人』（一七四五年）の第五版の中に見受けられる。こうした商人たちの倉庫はきわめて大きかった。そして彼らは、プランタジネット時代の先祖たちがおそらく売っていたであろうように、彼らの商品を売りさばいていた。彼らはせまいペーター・ノスター街に住みつきながら、最良の顧客を求めた。いちばんのお得意さまは宮廷であった。馬車は二列に並んでいた。一方の側で馬車からおりて人々は店に入り、店を出てからは他方の側に並べた馬車をつかった。これは規則できめられていた。なんとしても、Uターンできるほど道は広くなかったのだ。商人たちもみずからそれぞれ二人の用務員をやとって、あたりの秩序を保たねばならなかった。大商人が住みついている円天井の建物は全部で五〇ほどあった。彼ら以外の者は、この誇りある商業、絹製品販売業の支店に属していた。レース業者はアイヴレーンの中央に陣どり、ボタン商はチープサイドぎわの道路の終点にいた。刺繡糸を売りさばく店と、つむぎ糸、ふさ類をあつかう店はたがいに近接してブロウ・ブラッダー街で店をはった。

ところが愉快な時代がはじまると、様相が一変した（われらの報告者ははっきりした時間の境い目は明らかにせず、ただ「古くからの大絹製品業者は大火災の二〇年後も、あの愉快な時代がはじまったときですらも、相変わらず古巣に住みついていた」と述べただけである。しかし、ここで述べられている大火災は、チャールズ二世治下に起こった一六六六年の大火のことであろう。そうすれば、愉快な時代という表現もぴったりと合う）。ともかくその頃から絹製品小売業者の数がやたらに急増した。彼らはペーター・ノスター街があまりにもせせこましかったところから、ロンドン周辺に居住しはじめた。やがて有名になったアルドゲート、ロンバート街、それにコヴェント・ガーデンなどである。なんといってもこのあたりは街路も広かったために、つねに馬車ばかり利用する客たちは、こうした新しい店で買うほうを好むようになった。宮廷の人々ですら、もはやシティーには赴かなくなった。ペーター・ノスター街はさびれ、二年もたたないうちにのれんの古い絹製品業者も円天井を捨てて客の流れに追従するようになった。著者は、このありさまは、魚がすみかをかえたときそのあとを追ってゆく漁師のようなものだと考えた（こうして、昔からの絹製品取引を革命的に変えてしまった新しい傍系の商人たちは、チャールズ二世の奥方やオランニェ家とともにロンドンにやってきたユダヤ人たちであったのではないか？　どうもそうとしか考えられない）。だが一〇年もすると、今度はコヴェント・ガーデンからも絹商人たちは去った。彼らは群がるハチのように新しい巣を求め、ついにラドゲート・ヒルに腰をすえた。一六六三年には五〇から六〇にすぎなかった絹製品業者の数も、その間に三〇〇から四〇〇にふえた。

絹製品商人たちが何百年も代々住みついた古巣をはなれ、ロンドン市内の各地に拡散していったのとちょうど同じ頃、他の商人たち（手工業者たち）の多くも、それこそ中世以来住みついていた古い街区から引っ越すようになった。彼らのうちの多くの者、たとえばやはり贅沢品の商人であることが明らかな麻布商たちも、驚くべきほど増加した。すでに前の章でみてきたように、上質の肌着の着用も、当時、裕福な人々やその夫人たちの贅沢になった。

この物語が教えているのは、奢侈品の取引が、やにわに高まった需要のために短期間に急速にふえ、昔の業者が古巣を去っていったことである。だがこれによって、近代の商人根性が静かな小売商の店先にも侵入する糸口ができた。またこれによって、中世風の小売業が資本主義的な企業に転化することも時間の問題となった。商人の数がたえずふえ、店もつねに場所をかえていくというこの変革によって、小売業も経済的な計算の土台の上にのったからである。さらに、仲間と競争せざるをえなくなった関係上、お客をひきつける最もつごうのよい方法を案出し、それを実際に適用せねばならなくなったからである。そして、まさにこのことが資本主義的精神の登場を意味した。この精神が、当時につづく二、三世紀の間に、いかにして、大都市の（そして大都市だけの）奢侈をあつかう事業のなかに浸透していったかということは、もし当時の小売業組織に関して残されているいくつかの記録を正しく評価できるならば、きわめてはっきりと追究できるだろう。

当時につづく数世紀間、すなわち古来からの絹製品業者がペーター・ノスター街から去っていったあとに起こったことは、主として次のようにまとめられる。

㈠ 小売業と卸売業が分離した。例の三〇〇から四〇〇にのぼる絹製品商人のうちのごくかぎられた部分だけが、相変わらず卸売にも手を染めていたにすぎない。

㈡ 店主はお客をひきよせるため、あるいは顧客を構成している上流階級の人々に店内に気持よくとどまってもらうために、店をいっそう美しく飾りたてるようになった。店の設備を上品につくりかえることは、小間物店や、婦人の気をひくようなこまごまとした物を売っている店ではじまったということがはっきり立証されている。もっとも、こうした店で、最高に洗練された小さな装飾品など、なみなみならぬ贅沢品が売られていたことを念頭におかなくてはなるまい。こうした小間物を通じ、時代の贅沢ぶりがある意味で絶頂に達したことになる。たしかにたあいのないものにはちがいないが、それでもきわめて高価なこれらの商品はフランス語で bijoux（小間物）と呼ばれていた。これらの小間物は、当時は狭い意味での装飾品でなく、いわば金ピカの遊び道具、貴金属と貴重な労働でつくられた小さな宝であった。こうした店に、みやびやかな人々が、とりわけ恋人のために何か買ってあげようという紳士たちが集まった。メルシエはその理由を次のように考えた。

「こうした店で、紳士たちは、けっして現金を受けとろうとはしないけれども、これならスマートなしぐさだというわけで喜んで金ピカの小間物をもらってくれる上品な婦人たちのための買物をした。」

彼はさらに、新年になると、青年紳士たちが殺到するために守衛をおかなくてはならないほど混雑する、当時の流行贅沢品店プティ・ダンケルクのもようを描いている。(25)

「この店よりも光り輝くものはなかった。ヴォルテールが最後にパリに滞在したおりも、わざわざこの店を訪れるという栄誉を与えた。彼は、贅沢が生みだしたこれらすべてのものを見て笑った。彼としては、こうした光り輝く小間物とおのれの文章との間に、何か類似したところがあったことに気がついただろうと思う。」

メルシエはこのようにつけ加えている。

㈢　近代的小売業の形式、すなわち商品を需要の目的に応じてつくりあげておくところから、私が需要品業と名づけた[26]ものは、古くから伝わる専門業のなかから形成されはじめた。ある意味で小間物商は、すでにこの新しい原理を代表していた。婦人の衣裳の付属品をととのえることも、店内商品の形式が一新される兆しであった。絹製品の商人も、幅広い呉服屋となろうとしていた。

「絹製品の商人は、絹、ビロード、緞子はおろか、婦人の装飾品に属するさまざまの高価な小間物をあつかった[27]。」

　私の見るかぎりで、最初の本格的需要品業は、まえもってすべての商品をとりそろえておく、住居の屋内工事人の業務である。もっとも、同じ工事をするにしても、きわめて上質の家内装飾を業とするものだけにかぎられる。家具調度をいっさいがっさいととのえる仕事にまで手を染めるようになった業種には、室内装飾業もふくまれる。この仕事の中には、彼ら自身が仕上げた寝台、クッション、カーテン、壁掛もうせんのほかに、机、箪笥、各種の芸術的な家具などをととのえることも入っていた[28]。同じような仕事をした者に、これらの家具調度をあつかうたんなる商人もいたが、彼らは、それらの商品をすべて店に並べていた。彼らは絵画、銅版画、大燭台、腕木燭台、シャンデリア、青銅・大理石・木などでつくった彫像、掛け時計、懐中時計、小箱、戸棚、ひきだし、机、木製および金メッキをした円卓、大理石の机、その他部屋の装飾にもちいる多くの商品や骨董品を売っていた。(29)

ロンドンにもこれとよく似た商売が同じ頃見受けられた。ここでも、贅沢な家具調度の建具屋がいて、一部はみずからつくったものをふくめ、同じ店先にありとあらゆる家具や各種の備品を並べて売りさばいた。この種の店の多くは、あまりにもはなやかに店先をかざっていたので、まるで宮殿のように見えた。それに、これらの商人の投下した資本はきわめて大きかった。(30)この種の店とならんで、ロンドンにもパリと同じように、設備万端ととのえた室内装飾師の店があった。彼らの多くは、つねに多くの既製品を売りさばく大きな店舗をかまえていた。(31)

㈣　後代のすべての資本主義的発展を何よりも特徴づける業者と客との間の関係の即物化は、こうした贅沢品をあつかう業種ではじまった。私の知るかぎりでは、プティ・ダンケルクは定価がきめられていた最初の小売業である。(32)

㈤　ここで私は最も重要である最後の点を指摘する段となった。これら贅沢品を売りさばく大店舗は、前述の商売上の新原理が適用されるにつれて、彼らの業務の基礎となる資本主義的なコースを歩まなくてはならなかった。

とくに絹製品の取引は、一部では非常に大がかりであったことが記録されている。パリのある小売業（ガルパン）について、十八世紀の初め、この店で一日だけで八万リーヴルの商品が売却されたことがわかっている。[33]『完全なイギリス商人』は、店の中に多数の店員と職人をかかえる絹製品業者の一七二七年のありさまを伝えている。著者デフォーはある婦人のお供をしてこの店にでかけた。彼女は、二時間も店内にいすわりながらも、わざと何も買おうとはしなかった。そこで著者は、約三〇〇〇ポンドの品を婦人の前にみせびらかした。著者は年に四万ポンドの売上げをあげた絹製品業者も知っていた。十八世紀の中頃、絹製品の店を開くための資本金は、ある人によれば五〇〇―二〇〇〇ポンド、また他の人によれば一〇〇〇―一万ポンドという数字があげられている。

「一万ポンドでも、上手に使われなければ、この業種ではまことにささやかな数字だ。」

こうした数字がでていた文献は、十八世紀中頃のロンドンにおける個々の小売業部門での資本集中の度合いをはっきりさせるうえで、興味深くかつ重要な二つの資料である。[34]

これらの文献のなかには、ロンドンでいとなまれていたすべての企業がアルファベッド順に列挙されており、かつ各企業をはじめるうえに必要な最低金額が明示してある（これは、何か仕事につこうとしている青年や、その両親に指針を与えることをねらいとしていた）。

　これを見ると、本書にかかげた見解の正しさがあらためて確かめられる。すなわち、店を開くうえに多額の資金を、いってみれば五〇〇ポンド以上の資本投下を必要としたのは、そのほとんどが贅沢品をあつかう業種である。

本　屋	五〇〇―五〇〇〇ポンド
陶器業	五〇〇―二〇〇〇　〃
薬種業	五〇〇―二〇〇〇　〃
食糧品業	五〇〇―二〇〇〇　〃
レース業	五〇〇―二〇〇〇　〃
下着業（メリヤス類や絹製トリコット）	五〇〇―五〇〇〇　〃
苗、種子業（花、灌木）	五〇〇―一〇〇〇　〃
糸類販売業	五〇〇―一〇〇〇　〃
小間物業	二〇〇〇　〃

少なくとも、直接には贅沢品の取引にはかかわらず、（もっとも、結局は、彼らと

しても都市の金持のおかげで生活しているのだが）特例がないわけではないが、五〇〇ポンドを上まわる資本を投下した業種としては、石炭、鉄、ならび材木をあつかった業種しかなかった。

贅沢品取引がとりわけ重要な意味をもっていることは、会社組織の企業か、ふつうは絹製品や亜麻製品の業者、金細工業、それに銀行だけに見受けられたという事実からも明らかである。[35]

したがって、小売業界でも（否とくにこの業界で）贅沢の普及を通じての資本主義の発展がすすんだ。その理由はわかりきっている。このことは、これまで述べてきたところにも暗黙のうちに示されている。ただここで、もう一度とりまとめてみることにする。

㈠　商品の独自性が資本主義的組織をやむにやまれぬものとした。これらの商品はいずれもきわめて高価であり、最も早い時期にきわめて多量に商業ルートの中に入ってきた。

㈡　顧客の独自性が、こうした資本主義への発展をうながした。彼らはなんとしても優雅で、愛想のよいことを要求した（これは、優雅な時代にはきわめて重視されることのように思われる。なぜなら、商業の道に関する忠告者たちはすべてこのことを主張しているからだ）。しかもこうした上品なお客たちは即金で支払うこともなく、そもそも現金で物を買うことすらしない。贅沢品をあつかう商人たちは——他の状況がすべて同じ場合には——つねに巨大な資本を手元に用意しておかねばならなかった。それは（その頃の信用の組織のため）資本の回転が緩慢だったからである。

三　奢侈と農業

1　ヨーロッパ

農業における資本主義は、羊毛のたえず増加する需要を満たすために、かつて農民が耕作をしていた土地がヒツジの牧野に転換される時期になってから直接促進されるようになった。このことは、中世とそれにつづく時代、イタリア南部、スペイン、およびイギリスで見受けられた。イギリスでは、周知のように、テューダー朝の時代に、昔からの農民の生活を犠牲にした領主によるヒツジの飼育がきわめて広範囲に、しかも迅速に行なわれたために、ついにトーマス・モアが「ヒツジが人間を食べるようになった」というほどになった。そうはいっても、その頃、囲われた土地、すなわちすっかりヒツジの牧場にもようがえされた土地の面積は過大評価されたのではないかと思われる。それはともかく、農業が資本主義的大企業へと向かう動きはその頃からすでに存在し、十八世紀に入るまでとどまるところを知らなかった。しかもこの動きは、近代資本主義の発生にとって二つの意味をもっていた。一つは、この動きが資本主義的組織の形成をみずからつくりあげたことであり、もう一つは、農村地帯における小規模な自作農の生活圏を狭めることによって、資本主義的工業の発達をうながしたことである。

さらにこれらのすべての動きは、やはり奢侈の所産であった。新しく開発したヒツジの飼育場から生みだされた羊毛は、本書のこれから後の部分で述べるように、大金持の消費をめあてにしていた。そしてフランドル、ブラバント、それにフィレンツェの高度に発展した奢侈品のための、織物工場でつくられる極上の織物の材料を提供した。

このほか奢侈の農業に与えた影響は、奢侈のおかげで農業生産が改良され、繊細になったことだ。またこのことによって、収穫が向上し、土壌が改善された。そのうえ、農業にたずさわる人々は、たとえ資本主義的な農業に手を染めるまでにはいたらなかったにせよ、封建的農業の古めかしい形式を打破し、間接的には一般的な資本主義発展の道の露払いをした資本主義的精神を農業の中にもゆきわたらせた（この問題は拙著『近代資本主義』が解明しようと試みている）。

ヨーロッパの農業に見られる技術的・経済的革新のほとんどすべては、この意味で、十九世紀にいたるまでは富裕な住民たちのたえず増加する奢侈需要によってうながされた。農業への奢侈需要の影響とくらべれば、大量需要（すなわち穀物需要の増加）の影響などは、疑うまでもなく、たいしたものではない。大量需要は、本研究の第二巻〔『戦争と資本主義』〕で示すように、十六世紀以来、もろもろの需要をかかえる大軍団がやにわに登場した場合にだけ、いわば革命的に発生した。これを除くと、しだいにふえてゆく都市住民のための穀物生産などは、中世的、封建的な農業の枠内でまかなってゆけた。しかし私の所説に反論を加え、農業をさかんにしたのは、ロンドン、パリ、アムステルダム、ミラノ、それにヴェネツィアのような世界的大都市の巨大な穀物消費であったと主張する人がいるとしたら、私は、もともとこれらの大都市は全体として奢侈の所産であったと指摘して逆襲するであろう。だが十八世紀までに農業がたどった変化は奢侈に見合ったものであったと考えるさいには、あまりくどくどしいことを述べる必要はないと思う。

中世末期にイタリアの地方自治団体が急速に発達したために、イタリアでは、ほとんどいたるところの農業が近代的な色彩を帯びるようになった。

「資本がありあまるほどあったので、土地に灌漑《かんがい》、排水、開墾、その他の改良を、大がかりに実施できるようになった。住民のあらゆる層のなかにひろがった福祉の結果……農産物の収穫はまし、品質も高まった。繊維産業がさかえるようになったため、織物をつくるうえに役だつ植物の栽培が躍進する可能性も生じてきた。……」

イタリア農業史の最高識者は、このようにその研究成果をまとめた。(36) さらに、その頃のイタリアの耕地やぶどう畑に吹きまくった風が資本主義的精神であったことは、多くの場合、かならずといっていいほど農業をとり上げている大多数の都市の法令研究が教えてくれる。これらの法令のねらいは、イカサマ師や、小作人あるいは世襲土地利用占有者の怠惰でひどい目にあう土地所有者を守り、畑を守るものの組織をつくり(サルタリ)、農作物を盗む者を罰することなどであった。

イタリアと似たような動きが、すでに中世期を通じてベルギーでも見受けられ、さらに英仏独の各地でも、そこここで生じていたのはもちろんである。だがこれらの国々では、都市の資本主義的発達の影響が、中世期の農業のありさまを変えるほどにはいたっていなかった。

これに反し、スペインで咲いた資本主義的農業の唯一の花は、十六世紀に満開になったといえる。この花は、とりわけ、やにわに裕福になった海外征服者《コンキスタドール》の息もつかせぬはげしい需要によって生じたのだが、これとともに、スペイン諸都市の商人や金融業者の高まる需要のせいでもあった。スペイン南部では、ぶどうの栽培が大規模に行なわれるようになった。カディスとセビリアだけで一四万ツェントネルのワインをアメリカに輸出した。

「その頃、セビリアの商人のなかでもこれはといわれる大家の人々は、いちばん需要の多い商品の栽培にみずからたずさわることによって、本職の業務にも輝かしい躍進をもたらそうと考えていた。彼らは巨大な資本をかかえていたために、ただやる気持さえあれば十分であった。そしてまるで魔法の杖に触れられでもしたように、ガダルキヴィルの谷からシエラ・モレナの山にかけて、その収穫だけで船の積荷をいっぱいにするくらいの波うつ穀物畑、果樹園、油採取用の植物園それにぶどう畑が広がった。[37]」

　コルテスらは、十六世紀、栽培しさえすればかならず当たるワインが土地からパンを取り上げていると文句をいった。そこで穀物畑がぶどう栽培によって削減されないように配慮された。[38]

　だが農業の興隆と増大する奢侈需要との関連は、十七、八世紀におけるイギリス、

で、はっきりと追究することができる。イギリスで農業を革命的に変えたものが、奢侈消費の中心地としてのロンドンの地位の向上によることはきわめて確実である。近代の合理的農業のはじめをイギリスに求めるなら、その根拠はなんとしてもロンドンの一種独特の地位にあったことがわかる。その間の事情は、円柱やそれに類するものができたのも古代ローマのおかげというのと同じことである。

十八世紀の最後の二五年間におけるイギリスの農村について書いた著作家たち、一七八八年に第八版を出したデフォーの著書[39]の編集者アーサー・ヤング[40]やイーデン[41]によれば、新しい動きを見せた点についてイギリス農業は、もっぱらロンドンから刺激を受けたかのような印象が与えられる。また商務省の勧誘で十八世紀の終りに作成された伯爵領に関する報告でも、首都ロンドンは地方のすべてが光を受ける太陽であるとされている。ロンドン向けに生産しているところはどこでも農業が進歩した。〝都会〟のまわりには理論的にいって規則正しい集約的農業の環ができた。たとえばエセックス伯爵領の土地表面はすべてひとつづきの庭のようであった[42]。サセックス[43]、ケント[44]、サレー[45]、ハートフォート[46]、ノーフォーク[47]、サフォーク[48]は、それぞれ農業面の改良がとくにすぐれている場所として評判になった。ある旅行者はロンドンから遠く離れたところで集約的農業経営が行なわれているのを見て、ロンドンから遠く離れているのにこうした農業経営があるとはと感嘆した[49]。ところが同じ人が首都のごく近くにある地域に行くと、場所柄から生ずる利益を少しも利用しようとはせず、昔ながらの粗放農業が行なわれているので、逆にあきれはてた[50]。

大部分の農産物価格は、周辺地方からロンドンに近づくにつれて規則的にあがっていった[51]。地方の住民はほとんど放射状に地方に広がっている街道[52]が、生活費を上げていること[53]、ロンドン市民が彼ら土着民の鼻先で最良の生活手段を奪取し、それを拱手傍観せざるをえないようにしていることを正しく観察した[54]。

だがここで、いったい何によってロンドンが農作物価格の変動、ひいては農業経営のあり方にこのように大きな影響を与えることができたかを問うならば、物事をこうも変革させたのは、もともとロンドンの住民人口の増加ではなかったと答えねばなるまい。なぜなら、住民の増加は十八世紀にはさほど大きなものではなかったからである。ペティーやキングの計算を信用するとすれば、ロンドンは十七世紀の八〇年代にすでに七〇万の人口をかかえ[55]、その一〇〇年後も、ほとんどその数は変動せず[56]、十九世紀の初め、つまり一八〇一年には、これに先だつ数十年間きわめて変則な人口流入があったこともあずかって、八六万四八四五人に達した。

農産物需要の極度の増大をよびおこしたのは、むしろその大部分が富裕な住民の消費の繊細化であったにちがいない。十八世紀における各種農産物の価格変動を観察しても、これと同じ結論に達する。すなわちイギリスでは、穀物価格が少なくともこの世紀の前半にはけっして値上りの傾向を示していないのに対し、他の産物のほとんど全部、とくに食肉の価格がやたらに上がっているのだ。[57] 消費が実際にどのように行なわれたかがわかれば、この仮説も完全に確証されることになる。なんといっても、ロンドンにおける食肉消費量は、十八世紀を通じ、絶対的にいってもかなり大きかったが、それとともにこの時代の消費量の増加もたいしたものであった。たしかに、たとえばイーデンがかかげた数字[58]などにはあまり大きな意味はない——イーデンによれば、十八世紀末の食肉消費量（豚肉と仔牛肉を除く）は、住民一人当り九〇ポンドとなっている。すなわち、今日の大都市でもけっして到達することができないほどの量である。しかも住民の人口が一〇万増加した六〇年間に、一人当りの消費量が五〇％もふえたというのだ——。しかし、ともかくその頃、異常に多量の肉が消費されたことは疑う余地がない。このことは、たとえば地上最大の規模で週二回開かれた、有名なスミスフィールドの牛のせり市[59]や、スペインのある外交使節が、「ここではスペイン全体を一年中養えるほどの食肉が、一ヵ月間に売りつくされる」と指摘した[60]、有名なリーデン・ホールの食肉市場に関する記録を読めばわかることである。

十八世紀の中頃、ロンドンでは、街頭の肉屋のほかに、鳥類や野獣の肉をふくめありとあらゆる種類の肉類を売る巨大な食肉市場が一七を下らなかったというが、これらの市場は、食肉店からかなり遠い場所に居住する人々のために開かれていたもの(61)だ。

だがこのことは、広い範囲にわたり、一部ではかなり発達していた十八世紀のイギリスの牧畜について伝えられた記録からもおしはかることができる。これらの記録のすべては、農業の発達に歩調を合わせて、まず飼料の豊かな牧野があり、それに集約的牧畜が行なわれていたと述べている点で一致している。ケントでもノーフォークでも、あるいはエセックスでもサマセットシャーでも、事情は同じであった。すでに、同じ牧畜といっても、多種多様な特殊な牧畜が行なわれるようになっていた。ヒツジの牧畜と牛の牧畜がわかれたことはいうまでもないが、さらに一歩進めて、早くもデヴォンシャーのような高地で、まず本来の牧畜が行なわれ、そしてサマセットシャーのような肥えた低地では、牛の飼育も行なわれるありさまであった(62)。

牧畜の経営がいかに迅速に完全な姿をとるようになったかについては、一頭一頭の牛の平均した目方が驚くべきほどふえたことからもわかる。スミスフィールドの市場で次のような数字が示された（いずれもポンド）。

	牛	仔牛	ヒツジ	仔ヒツジ
一七一〇年	三七〇	五〇	二八	一八
一七九五年	八〇〇	一四八	八〇	五〇

消費を繊細化し、農業生産の技術も向上させた特殊化、専門化の傾向は、他の農産物の生産の場合にもうかがわれる。デフォーの田園描写に関するもろもろの書物をひもとけば、ローマの著述家の農業関係の記録がまざまざと思い起こされる。デフォーの書物からは、麦芽、大麦を特産とするところもあれば[63]、ホップの生産にうちこむ土地もあることがわかる[64]。ここではカラスムギ[65]、あそこでは馬鈴薯がとくに熱心に栽培されていた[66]。最上のニワトリはドーキング近郊（サレイ）[67]、一番よいチーズはオクスフォードシャーとグロチェスターシャー[68]、また極上ベーコンはウィルトシャーとハンプシャー[69]でそれぞれ生産された。いっぽう、テムズ川沿いの地方は木材供給地であることが計画的にきめられ[70]、ロンドンに最も近い地方では園芸的な方式で野菜がつくられた。

こうした台所用の庭は、最良のアスパラガスが育てられているグレーヴズエンドまでつづいた[71]。

2　植民地

ヨーロッパにおける奢侈需要の増大は、植民地の農業に全然異なった作用をおよぼした。植民地では大規模な資本主義的諸企業、しかもその最初のあらわれが直接芽をふき出した。

ヨーロッパ各国がかかえるほとんどすべての植民地の産物が高価な贅沢品であったことは、まず第一に、植民地の商業があつかったものが何であったかについておおよその見取図を示してくれる。なぜなら、こうした贅沢品は、その大部分が海外各地の農業生産物であったからである。本書が重視している商品、砂糖、ココア、木綿（十八世紀の中頃までは贅沢品であった）、それにコーヒーはすべてアメリカの植民地で生産された。また香料は東アジアの植民地の主な産物であった。タバコは除外される。それはタバコが下層階級の人々の間にも普及した嗜好品であったからである（極上種のものは別として）。「植民地では、ただ贅沢のためにだけ人々は働いている」、このようにまったく事実そのままに、十八世紀の初め、ある著述家は判断した。(72)

オランダ領香料諸島で行なわれた複雑な原住民の強制生産組織にまでおよんだ労働方式を別とすれば、ヨーロッパ諸国の海外植民地での前述の贅沢品はすべて、とことんまで資本主義的性格をもつ大規模なプランテーション〔農園、栽培地〕経営によってつくられた。こうしたヨーロッパ文化の伝統からはるか離れた土地で、はじめて資本主義的な構造が発展したといっても、おそらく正しいであろう。もちろん、このさい資本主義という概念を広い意味でとらえなくてはならない。不自由な労働に、少なくとも労働が金で買われた奴隷によって行なわれるような組織も資本主義的と名づけなくてはなるまい。なぜなら、ヨーロッパ各国の植民地における経営は奴隷労働に依存していたことが明らかだからだ。だがこの他資本主義的企業に属する小道具類はたしかに存在した。すなわち、営利主義の支配、経済的合理主義がのさばること、生産を監督する者と労働者たちとの間の社会的差別がはなはだしく大きなことなどである。クナップによると次のとおりである。

「それ以外の何物でもない肉体労働者階級は、ここ植民地では黒人の奴隷労働という形のなかで、きわめてあからさまに、しかも陰鬱に出現した。」

プランテーション経済はすでに中世のエーゲ海におけるイタリア諸都市の植民地でも巨大な資本主義的性格を示していた。これら植民地、つまり肥沃な島々（クレタ、キオス、キプロス）では、ワイン、木綿、インディゴ、乳香、オリーブ、桑の樹、イチジク、ラウダノンの樹脂、コロシント、イナゴマメ、そして何よりも砂糖がとれた。たとえばリミッソ地方では、ジスティールが「ほんとうのキプロス育ち」と名づけた広々とした砂糖のプランテーションを、カルナロ家がかかえていた。イタリア人のカソーラが一四九四年に訪れたとき、ここには四〇〇人が働いていたという。

アメリカ大陸の植民地では、すべてが巨大になった。ここは短期間インディアンが使われたあと、やがて黒人奴隷が活躍する舞台となった。

奴隷経済の最高の理論家の一人ケアンズは、イギリス領西インド諸島でもキューバでもブラジルでも、さらには北アメリカの南部諸州でも軌を一にしている状況、すなわち、なぜあらゆる時代を通じて黒人奴隷と生産を大がかりに行なうことが関連しているかを分析している。クレー氏の考えによれば、裕福な植民者は、彼よりも貧しい隣り合わせの植民者の土地を買っては、プランテーションと、それにともなう奴隷の数をふやしていったのだ。利潤が少なくても十分にやっていけるほどの少数の金持は、畑にいったん火をつけて焼いたあと、そのまましばらくの間休ませておくこともできた。そして彼らは、こうした畑から自作農をどんどん追い出した。(73)

個々のプランテーションの大きさを示した数字は、こうした一般的な考えの正しさを保証している。

すぐれた観察者ラバによれば、一七〇〇年頃、フランス領アンチル諸島のあるプランテーションは三五万―四〇万フランの値打ちがあったと見積もられている。(74) アレキサンダー・フォン・フンボルトが伝えたある砂糖のプランテーションの面積は六五〇ヘクタールをこえ、三〇〇人の黒人が働き、施設一式で二〇〇万フランの値打ちがあった。(75) 二二〇人の奴隷が働いていた他のプランテーションは三万五〇〇〇ポンドと評価された。(76) 一七九一年には、フランス領ハイチに七九二のプランテーションがあり、そのうち三四一が一八万フラン、四五一が二三万フランと見積もられ、あわせて一年間に一億フラン以上の価値をもつ七万五〇〇〇メートル・ツェントネル（一メートル・ツェントネルは一〇〇キログラム）の砂糖をつくっていた。ハイチ全島は、大住民と呼ばれてたがいにかたく結ばれた支配階級を形成する少数のプランテーション所有者の手中にあった。(77)

プランテーション経済の大きさとこれがもつ大きな意味については、この中で働かされる奴隷の数を知るべくつとめるならば、いちばん簡単に正しいイメージをもつことができよう。それはひどくむずかしいことではない。なぜなら、少なくとも十九世紀と十八世紀の一時期にかぎって、奴隷の人口に関するかなり正確な統計ができているからである。奴隷売買が最高潮に達したのは、奴隷制度が廃止される寸前であった。そのころになると、すべてのプランテーション経済がもっぱら贅沢品生産に奉仕しているのではなかった。すでに綿栽培の奴隷たちは、ヨーロッパの奴隷仲間のために紡糸原料をつくっていた。だがやむをえず、奴隷の数を減らすとしても、それはさほど困難ではなくなっていた。

イギリス領西インド諸島には、一七七八年に六六万三八九九人の黒人奴隷がいた[78]。いっそう確実な数字が残されている植民地の一部における奴隷制度の発達のもようは、次のとおりである[79]（はじめに信頼のおける数字をかかげ、ついで最高潮に達したときの数も併記しておくことにする）。

マルチニーク島	一七〇〇年	一万四五六六	一八三一年	八万六二九九
ガデルーペ	一七〇〇年	六七二五	一八三一年	九万九〇三九
仏領ギアナ	一六九五年	一〇四七	一八三一年	一万九一〇二
ブルボン	一七七六年	二万六一七五	一八三四年	七万四二二五
ジャマイカ	一六五八年	一四〇〇	一八一七年	三四万三一四五
バルバドス	一七二二年	六万九八七〇	一八二九年	八万一五〇〇
アンチグア	一七七四年	三万七八〇八（最高点）		
マウリチウス	一七七六年	二万五一五四	一八二六年	六万三四三二
キューバ	一七七四年	四万四三三三	一八二七年	二八万六九四二

プエルトリコ	一七七八年	六五三〇	一八三六年　四万一八一八

奴隷がいる国すべての奴隷総数は、一八三〇年代には六八二万二七五九人という数字になった。

パリやロンドンのかわいい娘たちが、きまぐれを満足させるためにこのように巨大な黒人の軍団をかかえていたというのは、魅力がないとはいえない考えである。

四　奢侈と工業

1　奢侈工業の意味

工業生産の領域こそ、奢侈の影響が真に痛感される。この分野で奢侈需要の発展と資本主義の発達がからみ合っていることは、どんなにぼんやりした人にでもはっきりわかる。それこそ素手でつかむことができるくらいたやすい。

だがくどくどしたことは抜きにして、まったく表面的な経験からしても、数多くの工業が奢侈需要を満足させるために誕生したことや、多くの工業を〝奢侈工業〟と名づけるべきことがはっきりしている。もっとも、さらにつっこんでこの問題をとりあげるとなると、奢侈工業という概念はひどくいい加減なものではないか、またこの概念によって理解されているものをまずたしかめてかかる必要があるのではないか、という疑問がかならず生じてくる。

いわゆる奢侈工業とは、奢侈品、すなわち高価な衣服、優雅な家具、それに数々の装飾品などを生産する工業であるとされている。だがもっとつっこんで考えてみると、そもそも奢侈品とは何のことだろう？　たとえば高級衣服などの商品が奢侈需要に奉仕していること、個人が使うものであること、それに極上の部類に入る商品であることなどの点で共通していることは、疑うまでもない。それならば、こうした商品をつくっている企業は、なんらためらうことなく奢侈工業と名づけることが許されるはずである。だが、緞子やビロードを織る工業も奢侈工業ではなかろうか？　もっとも、これらの工業は、けっして個人が使う商品ではなく、第二段階の商品といえる生産手段——衣服の材料——を生産しているのだ。だがもし絹織物をつくる工業が奢侈工業であるとするならば（もしそうしないならば、言語の慣用を無視し、関連のあるものを無理に切り離すことになる）、絹紡績も奢侈工業ではないだろうか？　なぜなら、こうした工業はいわば第三段階の奢侈品である商品、つまり絹織物工業の原料を供給しているからだ。

だが、そうだとすると絹の織機も奢侈品であり、絹の織機の生産も奢侈工業という
ことになるであろうか？
あるいは、こうした器具は労働手段であると考えたとしても事情は少しも変わらない。芸術的な家具の材料となる木材をつくる製材所も、奢侈品であるこうした家具をつくるうえでの第二段階の商品である以上、奢侈工業と名づけられるであろうか？
私はそうは思わない。私としては、ヴェルサイユ宮殿の噴水の鉄管をつくったり、これなくしては贅沢なすぐれた諸施設をつくることのできない数々の材料を提供する製鉄工場が奢侈工業と名づけられるとは信じない。

もちろん、この種の工業と奢侈の発展には、すでにある関係があった。そしてもしこの文化現象の意味を全体的におしはかろうとするならば、どうしてもこの現象が投げかけた波紋全体を顧慮しなくてはなるまい。なぜなら、多かれ少なかれ、奢侈需要の充足となんらかの関連のあるこれらの工業はすべて、もし奢侈なるものがこの世になかったとしたならば、やはりこの世にできはしなかったであろう。しかも初期資本主義の工業はその大部分が、こうした奢侈というまわり道を通って発生したのだ。もっとも、奢侈のまわり道のなかには、かなり長距離におよんだものもあった。ガラス工業や他の奢侈工業が森林の中の木を消費しつくすという事情もあったが、奢侈によ

って支えられた大都市への人口の流入がふえるにつれて、いつの世でも最も欲しがられている燃料である石炭の需要もますますふえていった。かくて初期資本主義時代の最大の工業の一つ、すなわち石炭産業がニューキャッスルに誕生した。

だが、私が工業生産の変化に対する奢侈の影響を語るにあたっては、おそらく間接的奢侈工業と命名されてしかるべき、間接的に奢侈によって発生した工業のことをまったく考慮に入れないことにする。むしろ私としては、その本来の意味のうえからも、少なくとも感覚のなかではっきりと他の工業と区別されるカテゴリーに属する奢侈工業のことをとり上げようと思う。しかし、いわば直接的、真正の奢侈工業の概念を第一段階の奢侈品をつくる工業だけに限定するのは適当ではない。それというのも、こうした限定をすれば、誰しもはっきりと奢侈工業だと認めているような緞子織物や、金モールをつくる工業を除外しなくてはならないからである。

真に奢侈工業の概念を定める標識は、生産された商品の本性の状態であると思う。問題の商品が高価なものであるかどうかということが、この商品を生産した工業がはたして奢侈産業であるかないかを決定する。

したがって、たしかに第三段階の奢侈品を生産はしているが、絹糸をつくる工業は奢侈工業であり、いっぽう第二段階の奢侈品を生産する製材業はそうではないことになる。あまり価値のない商品、または低い価格の特殊な商品をつくっている工業でも、奢侈によって資本主義が発生することもある。だがこれを可能にしたのは何よりも大量販売である。もちろん、この大量販売も奢侈需要のおかげでできたものだ。

だがこれからは、本来の奢侈工業だけをあつかってゆくことにしよう。もっとも、この領域だけをとり上げたとしても、奢侈が影響をおよぼした範囲と、奢侈が資本主義的経済組織の形成に対してもつ意味は異常に大きなものがある。

ただこの問題について数字に裏づけられた観念を得ることは、残念ながら断念せざるをえない。とくに、奢侈が工業生産を資本主義の組織のなかに移行させることにどれほど関与したかを、数字ではっきりさせるわけにはゆかない。これは高度に発達した今日の職業統計や企業統計の助けをかりてもできないことだ。なぜなら、昔も今も奢侈=精密工業の範囲をどのように定めるかは、数字の点ではっきりときめられてないからだ。織物工業といわれるものはある。だが世界のいかなる統計も、一定の地域で並製品かそれとも上等の製品をつくるのかを区別して示していない。多くの工業についていて、それぞれ全体の数量を示しうるだけで、個々の工業内部にどれほど奢侈工業がふくまれているかを確定させせえないわけである。そうはいっても、別種の工業、つまり本来の純粋な奢侈工業については事情は異なる。ゴブラン織、金モール、金細工などの製造業などが、こうした純粋な奢侈工業である。これに対し、並製品も上等の製品もともにつくりだす工業は、混合せる工業と銘うつことができる。ともかくこうした事情からして、現代ドイツでも、工業労働者の何パーセントが奢侈工業で働いているかを明らかにすることはできない。まして一般的工業統計が皆無であった過去数世紀について、この種の割合をだそうとしても無理である。それにもかかわらず、どうしても工業資本主義に対する奢侈需要の意義を探ろうとするならば、他の同様なケースすべてに見られるように、特殊部門に限って、しかもいわば誘導的な迂路を通って研究しなくてはならぬ。そして、まず資本主義的な奢侈工業と認められてきた工業をとりまく諸現象をとらえ、その根本的特色を探究しなくてはなるまい。ここではこれについて、次の諸点を指摘してみよう。

㈠　奢侈工業のいくつかは、これとはっきりきまった絶対的領域をもつようになり、その意義は他の工業との比較によって確定される。

㈡　正真正銘の奢侈工業は、とくに早期から資本主義に属するようになった。

㈢　同種の工業群のなかでは、一般に奢侈品を製造する部門が他の部門に先がけて資本主義の洗礼を受けた。

㈣　奢侈工業のなかではじめて巨大な資本主義的・大経営的組織が形成された。

これらの諸点をあつかうにあたっては、純粋な奢侈工業と混合せる奢侈工業を分離してとり上げるほうが理解しやすいであろう。

2　純粋な奢侈工業

(a)　**絹織物工業**　この工業が初期資本主義期を通じ、ヨーロッパ諸国民のあいだでとくに大きな意味をもっていたことは歴史家たちも認めている。この事実は、いわば歴史的に周知のことであり、くわしく証明する必要はない。ただここでいくつかの数字をあげておこう。リヨンの絹製品価格は一七七〇―八四年にかけて、年額六〇〇〇万フランであった。いっぽう一七七九、八〇、八一年のフランスの総輸入額はそれぞれ二億八〇〇〇万、二億一六〇〇万、二億六九〇〇万フランであった。つぎに総輸出額はそれぞれ二億三五〇〇万、二億三六〇〇万、二億六〇〇〇万フランであった。貿易総額では四億四三〇〇万、四億五二〇〇万、五億二九〇〇万フランであった。この総額のうち、リヨン産絹織物製品の価格が七分の一から八分の一を占めたことになる。一九一一年にドイツ国境を出入りした商品は一九一億六一〇〇万マルクである。六〇〇〇万フランの生産価値は今日では二四億―二七億マルクに相当する。ここでちょっとした比較をしてみよう。ドイツで年間（一九〇八年）生産された銑鉄の総額は六億五七一五万二〇〇〇マルク、同じく木綿糸の総額は六億四四四六万四〇〇〇マルク、採掘した石炭の総額（一九一〇年）は一五億三五二五万八〇〇〇マルクである。こうして見ると、銑鉄プラス木綿糸プラス石炭が今日の文化国家の国民経済の中で占める位置は、リヨンの絹織物工業が十八世紀のフランスの国民経済のなかで占める位置にほぼ相当する。またこのさい顧慮すべきことは、一三〇年前には、対外貿易は、一国の経済生活のなかで、今日と比較してより大きな役割をはたしていたということである。

さらにベルリンの工場や製造所で生産される財貨の全額が約六〇〇万ターレル（ニコライの計算によれば、一七八三年に六〇九万八二二六ターレル）にのぼったとき、ベルリンの絹織物工業が三〇〇万から四〇〇万ターレルにのぼる商品をつくっていた。

その頃のいわば基幹産業であったこの工業は――実はこの点に関心があるのだが――資本主義的組織をとり入れた最初の工業の一つであり、したがって産業資本主義の歴史に一時期を画したといってもよいであろう。しかも資本主義のありとあらゆる特徴的な実例を、早い時期における絹織物工業が示してくれる。また、この工業のなかで、おそらく最初の家内工業的経営が発達したであろうように、手工業的工場《マニュファクチュア》制度やさらにすすんだ工場制度が、絹織物工業の領域ではじめて完成した形式をとるようになった。十四世紀の絹紡績は社会的大経営のいわばインキュナブラ〔十五世紀にできたはじめての活字本〕であった。

イタリア人、すなわちヴェネツィア人やジェノヴァ人が中近東の植民地で、大がかりに経営した絹織物工業がどんな形式のなかで動いていたかはわからない。ここでは、奴隷あるいは半自由民を使う行き方が経営組織の基盤になっていたということはおそらく真実であろう。

これに反し、ヨーロッパ諸国では、資本主義的に絹織物工業が最初に経営されたのは、すべて家内工業のなかであった。紡績や機織の歴史は、前述したように、たしかに古いものである。

パリでは、一三二四年三月二十七日付の条令が示しているように、すでに十四世紀の初めにも、生糸《きいと》を紡《つむ》いだり、撚《よ》ったりする「紡ぎ女」と呼ばれた女工たちは、彼女たちにパンを与えてくれる呉服屋に対し、賃金労働者の立場にあった。呉服屋は生糸を買い、これを彼女たちに紡がせたり、あるいは撚糸《ねんし》にさせたり、加工させたりしたあと絹織物にすべく織ったり縫ったり、刺繍したりして売りに出していたわけである。[80]

絹関係の工業、とくに絹織物製造業は問屋組織の形もとった。十四世紀にすでにヴェネツィアで、[81]また十五世紀にはジェノヴァで（一四三二年の法令[82]）、さらには他のイタリアの絹織物工業の中心地であるルッカ、フィレンツェ、ミラノで、同種の労働形式が見られるようになった。十六世紀、リヨンに絹のマニュファクチュアがはじまったときは、いわば家内工業の形をかりて登場した。すでに一五五四年の最初の法令が「原料の横領」について長い条文をつらねている。[83]さらに一五五四年一月二十八日付の法令は、すでに「一日中織機のそばには坐ってはおらず、それでいて仕事をしている問屋」について述べている。彼らは「終日、機械のそばにいて梭《ひ》をあつかうこともしないで、ビロードや絹織物生産に従う商人」である。[84]

その後、他の諸国でも、絹織物工業の経営にあたって家内工業的組織が通例となったことがわかっている。

だが絹織物工業では、問屋組織とならんで、すでにかなり昔から、マニュファクチュアあるいは（何よりも）工場形成のなかで、閉鎖的な会社組織の大経営が発達した。そればかりではない。たしかに資本主義的な基盤にたつ最初の工場は、中世ヨーロッパでは、まず絹織物工業の中にはじめて姿をあらわした。もちろんかなり以前の工業の状況を伝えた記録をとりあげるにあたっては、きわめて慎重でなくてはならない。というのは、ほとんど多くの場合、マニュファクチュアとか、工場工業とかが話題にのぼっていても、実は経営形式ではなく、こうした工業そのもののことをさしているからである。たとえ、誰それが絹のマニュファクチュアをはじめたとか、これに五〇〇人が従事していたとかいわれていたとしても、それが大経営組織であったのか、それとも家内工業組織であったのかは、いぜんとして明らかにされていない。

そうはいっても、絹織物工業では大経営の形をとったものが、かなり古くからあったことは確実に指摘できる。マニュファクチュア経営における知られるかぎりでの最古参は、四六台の織機を家の中にそなえていたリヨン絹織物工業創始者の一人、ラウレ・ヴィアールであった。これに反し、大経営それも工場経営の形をとったものは、より以前から絹紡績の分野で見受けられる。四〇〇〇本にのぼる生糸を水車の力で紡ぐ機械をそなえた施設は、十四世紀の前半にできたとアリドーシは保証した。なぜなら、一三四一年六月二十三日、ボローニャ市はルッカ出身のボロニーノ・バルゲサーノという人物に「機械一個で四〇〇〇人の紡ぎ女の仕事をはたす」という機械力を駆使した絹紡績施設を認可したからである。この施設を記録した文章の重要部分は次のとおりである。(85)

「ここには大きな機械がいくつもおかれており、その一つ一つが――レノ川から導かれた狭い水路を通る水によって動かされ――高速で四〇〇〇本もの生糸をまき上げ、紡ぎ、かつ撚糸にした。同じ時間にこれだけの仕事をしようとするならば、四〇〇〇人の紡ぎ女を投入しなくてはなるまい。また水が導入されているが、これは絹を柔軟にするためである。これらの機械は、年間一八万ポンドの絹、すなわち絹の生産高によって数量は変わることがあるが、おおよそ外国産のもの一〇万ポンド、国産品八万ポンドを加工している。この施設について発見された最古の記録は、一三四一年六月二十三日にさかのぼる。それによると、市政府はルッカ出身で、現在はボローニャのカベレ・ディ・サンタ・ルチアに住むボロニーノ・バルゲサーノに、市の城壁に近い濠の上に絹紡績工場をつくる許可を与えた。また一三四五年には、『ジョヴァンニ・オレト・デルラ・カペラ・ディ・サンタ・コロンバーノはポレティーノにある絹紡績工場に水をひくことが許される』という文書が公布された。」

一三七一年には、すべてが地方自治団体に属し、事業家に賃貸されていた絹紡績工場が一三あったとアリドーシは述べている。

ボローニャ産の生糸をまきあげ、さらに撚糸にするこの機械は有名である。J・J・ベッヒャーは、これについて次のように報告している。(86)

「イタリアのボローニャで、生糸をときほぐし、さらに撚糸にする紡績機械が発明された。この機械はなるほど、はなはだ大きく、高価で、しかも複雑なものだ。部品はおよそ数千個、歯車や、しばしば変速させるためのギアもある。イタリア人たちはこの機械をたいへん大事にし、ひたかくしにしており、みだりに人に見せれば絞首刑にするというおきてがあるほどだ。私はイタリア人にならってつくられた機械をミュンヘンで見たことがある。だがおそろしく高価なうえに複雑なからくりであるため、あまり好評ではなかった。」

この言葉からしても、こうした巨大な生糸を紡ぐ機械がそもそもイタリア以外の土地まで進出したかどうかは疑わしい。他の国では、大経営の絹紡績は十七世紀、すなわちJ・J・ベッヒャーの発明品を利用するようになって、おそらくはじめて発展したのであろう。彼は自分の機械は、ハーレム市がその目的のためにわざわざ建てた工場で使用されるようになったと語っている。この工場は三〇〇シュー〔昔の長さの単位。ここでは三〇〇フィートにあたる〕で四万フロリンの値打ちがあった。ベッヒャーは一六七六年にオランダにおもむいたが、一六八〇年代になって、ユトレヒトに絹の大工場が建設され、五〇〇人の労働者にパンを与えたということが伝えられた。この絹の工場なるものは、おそらく絹紡績工場であったであろう。それにベッヒャーの発明は、工場からマニュファクチュアへの復帰をも意味している。なぜなら、彼自身次のようにいっているからだ。

「私の機械は回転するものではなく、それにいろいろの装置はついていないけれども、たやすく動かすことができるため、一人の人間で一〇〇〇本の生糸を紡ぐことができる。これに反しボローニャの機械は、水力をつかって駆動させている。」

　これで十分だ。イタリアでは十四世紀以来、そして他の北方の国々ではたしかに十七世紀以来、大経営方式で組織された絹紡績工場ができてきた。こうした工場は、イギリスではシルク・ミル Silk-Mill（そうすると動力は水力であったのだろうか？）と呼ばれた。デフォーは放浪中、シェフィールドでこの種の絹糸工場を発見した。これはストックポートにある工場を模範にして建てられたもので、五階建て、長さ九〇ヤード、二〇〇人の工員が働いていたという[87]。

(b)　**レース工業**　この奢侈工業は、一部の国や地方にとっては大きな意味があった。一六六九年、フランスでは一万七三〇〇人の労働者および女工がレース工業で働いていた[88]。十八世紀のザクセン王国では、全住民がレース編用精紡機《ボビン》によって生活していた。農場管理人のクリスティアン・ルートヴィヒ・ツィーグラーなるハノーファー出身の人物がシュネーベルクに行くために、一七七五年六月十八日、ケムニッツからツヴェーニッツへとさすらい、友人であるゲッティンゲン大学の経済学の正教授ヨハン・ベックマンに、この放浪の旅の間に得た印象を手紙で伝えたことは幸運であった[89]。なぜなら、われわれは少なくとも、この手紙によって、当時エルツゲビルゲ地方〔ザクセンの山脈地帯〕でレースの精紡がどのようにして行なわれたかを知ることができるし、またどこの家庭でも、「女の数だけレース・ピローが机上にそなえられていた」ことがわかるからである。こんなことも記されている。

「五歳の小児でもすでに一個のボビンでレースをつくりはじめ、三歳の幼女の遊びも四個のボビンがついている機具でレースを編むことである。」

こうして精紡されたレースは、すでに十八世紀でも、おそらく金持だけが入手できる奢侈品ではなかったであろう。だが、まずブラバントで、ついでコルベールいらいフランスでつくられた精巧なレースの編物になると、話がちがう。こうした商品を入手できたのは、社会の上層部に属する人々だけであった。

レース製造の組織はいずこも変わりはない。レースづくりの労働者は、エルツゲビルゲではレースの旦那と呼ばれる商人によって働かされていた。また〔フランスでは）こうした旦那の下に、それぞれ四人から五人の女工を監督する女の班長がいた。

だが、レース工業ではそれとともに、他の工業には見受けられない一種独特の経営組織がつくられていた。（フランスでは）女工たちが寝泊りしたり、食事したり、さらに教育を受ける本格的寄宿学校があった。こうした施設については、一連の予算一覧表から知ることができる。[90]

一六九九年、クレマン・ド・グーフルヴィーユなる人物は、サン・ドニにつくられようとしているレース製造所に対し、次のような見積りを出した（*l*はリーヴル）。

年間の糸のための費用	六〇〇〇*l*
女監督用寝台	一〇〇〇〃
見習新参用の寝台	六〇〇〇〃
彼らに必要な上っぱり二着ずつあわせて八〇〇着	一六〇〇〃
女監督用一人二着ずつあわせて四〇着	四〇〇〃
茶器セット	五〇〇〃
テーブルクロス	五〇〇〃
一人当り二〇〇*l*の女監督の俸給	四〇〇〇〃
一人当り一〇〇*l*の見習の食事代	二万〃

その他　　　　　　　　　　　　　　　九万六三〇〇*l*

総計

(c)　**鏡の製造**　これはいっそう幅の広い資本主義的な大きな基盤にのって経営された。フランスでは一七〇四年、二つの会社が競争していた。それぞれトゥール・ラ・ヴィーユとパリにあったドンブの会社とサン・ゴバンの会社である。サン・ゴバンの会社は二年前に裕福なパリ市民アントワーヌ・ダジャンクールが九九万リーヴルで買い入れた会社である。[91]フォブールの鏡の製造所ではアントワーヌは五〇〇人の労働者を働かせていた。メルシエは、一つの研磨場で四〇〇人の労働者が仕事をしていることの施設の設備について記録している。[92]

(d)　**陶器製造**　これは十八世紀における奢侈工業の花形であった。多少なりとも国家の息がかかった陶器のマニュファクチュアは、次の諸都市に設立された。一七〇九年マイセン、一七一八年ウィーン、一七二〇年ヘッヒスト、一七四〇年ヴァンサンヌ、さらに一七五六年以来セヴル、一七四三年ナポリ近郊のカポリ・ディ・モンテ、一七四四年フュルステンベルク、一七五〇年ベルリン、一七五五年フランケンタール、一七五八年ニュンフェンブルクとルートヴィヒスブルク、一七七二年コペンハーゲンとなっている。これらの施設とならんで私企業の陶器製造所はたくさんあった。[93]

陶器製造はまたたく間に大経営方式に成長していったが、こうした例は他工業では当時ほとんど見られなかった。ベルリンの陶器製造所では、一七九八年すでに四〇〇人の工員が働いていた[94]。マイセンの製造所は、次のような勢いで労働者の数をふやしていった[95]。すなわち、一七一九年二六人、一七三〇年四九人、一七四〇年二一八人、一七四五年三三七人、一七五〇年三七八人。

(e) **各種の工業**　これまでいくつかの例を示した、いわゆる純粋な奢侈工業について行なってきたように、同種の他の工業について似たような分析を行なったとしても、あまり意味はないであろう。読者は疲労させられるだけだ。なんとしても、つねに同じような事情がうかがわれるだけだからである。ほとんどの場合がそうなのだが、すでに資本主義的あるいは大経営の基盤の上にのっていたものはいうまでもなく、真の奢侈工業でありながら、おそくとも十八世紀が終わるまでに、資本主義的な形式、しかもしばしば見受けられるように、大経営方式をとらなかったようなものはなかったはずだ。ガラス工業しかり（ムラノ以来）、また精糖工業しかり。キャムデンはロンドンの菓子製造人の資本は一〇〇〇—五〇〇〇ポンドとふんだ。金細工など金をあつかう業種でも事情は変わらない。一七四八年父の後をついでルーヴル宮に入った有名な金細工師フランソア・トマ・ジェルマンは三〇〇万フラン売却し、二四〇万フランで破産した。ロンドンの金細工師たちは最低資本として五〇〇から三〇〇〇ポンドをもっていたにちがいない。ベルリンでは十八世紀に、金および銀細工の大経営方式の製造所があって、金銀モール、肩帯、ふさなどをつくっていたが、一七八四年には八一三人、一七九九年には一〇一三人、一八〇一年には一一五一人の工員が働いていた。刺繍業についても事情は同じである。一七七四年、あるフランス人は、七七人の工員が働き、「紳士淑女の装飾に使われる絹などの高価な品々」を大量につくる製造所を設立した。造花製造も同じようなありさまである。一七七六年ベルリンでこの種の工場のはしりができ、一七八四年には二万四〇〇〇ライヒスターレル相当の商品をつくり、女子従業員は一四〇人もいた。

3　混合せる工業

奢侈工業では、いたるところ資本主義が勢いをふるい、ときには大経営方式をとるようになったが、これまで観察してきたような業種は古来からの手工業とならんで発達した。しかし奢侈工業と資本主義がどのように密接に結びついていたかということ、それに奢侈需要の発展は資本主義の発達にいかに重要な意味をもっていたかということは、古い手工業の枠の中にありながらも、しだいに古い手工業から分化していった奢侈工業の変遷のありさまを脳裏に浮かべることによってはじめて、完全にとらえられる。この場合、われわれは資本主義に属するようになった手工業の分野は、つねに、奢侈需要めあての生産活動を行なってきたことを認めることができる。しかもこのことは、われわれが獲得できる経済史上最も重要な知識である。換言すれば、手工業のほとんど多くは、初期資本主義期に、すでに分化過程に入ったということである。手のこんだ精密な労働は一般の粗雑な手工業とは分離して、それ自身でまとまった工業を形づくった。こうした工業はこれによって資本主義的性格をそなえるようになったが、いっぽう粗雑な労働は、(現代になってはじめて)資本主義的組織のなかに組み入れられるまでは、長い間手工業の段階にとどまっていた。手工業と奢侈工業はおたがいに相排斥しあうものなのである。ということは、その時代の人の意識のなかに、とくにメルシエの記録のなかの、次の美しい特徴的な個所ではっきりとうかがわれる[96]。

「手工業者は最も満足している人間のように思われる。彼らは技術をもち、手先が器用なことにかこつけて、昔ながらの拠点にとどまっていようとしている。これはまったく賢明な、しかもなかなか達せられない境地である。野心も虚栄心もなく、彼らは自分たちの生存とささやかな楽しみのためにだけ働く。彼らは仲間とのつき合いでは、まじめで礼儀正しい。それは彼らがいかなる階層の人々をも必要とするからだ。手工業者の生活は高く買われている。彼らは奢侈工業よりもはるかに有益な仕事をする代償として、良心の安らぎと秩序ある生活に恵まれたということもできよう。単純な家具工はエナメル画家がけっして獲得することができない誠実さをそなえている。」

私はこれらの工業を純粋な奢侈工業とは対立する意味で「混合せる工業」と名づけようと思う。なぜならこの工業は並製品の需要のためにも高級品の需要のためにも操業するからだ。

もちろん、この点に関しても、観察しうるすべての混合せる工業の完全な見取図をつくるというわけにはゆかない。これらの工業のうち、最も重要なものだけをとり上げれば、私の考え方が正しいことがわかるはずである。

(a) **毛織物工業**　毛織物工業が絹織物工業とならんで初期資本主義期の最も主要な工業であることはいうまでもない。毛織物工業では、貧乏人の衣服も、金持の衣服も生産されることは当然である。だが、それぞれの国や都市の誇りとなり、これらの国や町に富をもたらした華麗なる毛織物工業は、つねに上品で高価な織物をつくる工業、すなわち奢侈工業であり、早くから資本主義的であるか、あるいは一歩をすすめて大経営方式によって組織されていた（もっとも、これは軍隊の需要に見あって、大量生産を可能にするきわめて資本主義的な工場ができるまでのことである）。

換言すれば、毛織物工業は近代資本主義の形成に関与したかぎりにおいて、まさに奢侈工業であった。

おそらく、完全にしかも大がかりに資本主義的に組織された最も早期の工業はフィレンツェの毛織物工業であったであろう。この工業が絹織物工業とならんでフィレンツェの権力と栄光を基礎づけたこと（ただし、同市の権力と栄光が純粋な金融業務に基礎づけられた場合は別として）はよく知られている。フィレンツェの毛織物工業は、実際、かなり早くから、すでに十三世紀以来、資本主義的な土台にのっていたことは、アルフレート・ドーレンのすぐれた研究を通じて疑念の余地がなくなった(97)。早くも一三〇〇年のカリマラの最初のツンフト条令が、家内工業的経営がかたく根を張っていたことを示している。

しかし、家内工業といっても、やはり厳密な意味の奢侈工業であった。カリマラのツンフト（精製のための工場を経営していた）の歴史は、よくわかっていない。ただたしかなのは、フィレンツェの業者は、(染色や仕上げなど)一連の加工過程を通じ、北方諸国の粗末な製品を改良し、精製することに成功したことによってはじめてみごとに繁栄したこと、それに彼らが東洋および西洋で高まってきた奢侈の要求にこたえることができたということである。彼らは回教圏の要求や必要を熟知していた。彼らはスルタン領のアルガルヴァからさえ極上の布を輸入した。やがて彼らは技術的に卓越した奢侈品製造の秘密を身につけようとした。そして北方諸国が生産する粗末な布地に、フィレンツェ産の製品が他の追随を許さない特質を与えるようになったあのすばらしい艶々した輝くような色彩を与えることを学ぼうとしたであろう。(98) 十五世紀の中頃、ゴロ・ダティは、

「フィレンツェでは、他のどこよりも極上質の布を大量につくることができる。」

と述べた。

かくして、フィレンツェの毛織物工業は、全体として、すぐれた品質を生みだすことによって他の国々や都市の毛織物工業をひきはなした。フィレンツェ市内でも、やはり並の織物と上質の織物が区別されていた。なぜなら全毛織物工業の製品の中には並製品もまじっていたからである。並製品と上質の製品は十四世紀になると地域的にも別の場所でつくられるようになった。これはガルボ地区と、サンタ・マルティーノ

地区との対立となる。だがとくに関心がもたれるのは、並製の大衆用製品がつくられるガルボ地区には、小規模な、ツンフト的手工業的な色彩の濃い親方が御輿《みこし》を据えていたのに反し、サンタ・マルティーノ地区は、商人めいた資本主義的な業者が采配を振るう本格的な奢侈工業の所在地になっていたことである。少なくともこのことは、ガルボ、サンタ・マルティーノ両地区でつねにくりひろげられた抗争から読みとることができる。(99)

スペインの毛織物工業についてはよくわからない。普通の記録は、十六世紀に栄えたと述べている。しかし（毛織物工業が栄えた以上）、これが奢侈工業であったこと、それに（この工業がもともと奢侈品を生産することからして）、これが資本主義的に組織されていたことを認識しさえすれば、実情がどうであったかの見当がつくと思う。

ギチアルディーニは次のように語っている。(100)

「今日では、誰しも、いたるところでこの工業にしたがいはじめた。スペインの各地方で、絹布や絹織物さらに金糸をぬいこんだ製品が生産されている。たとえば、ヴァレンシア、トレド、セビリアの各地である。」

さらに十六世紀、セビリアの祝祭の行列のもようを伝えた記録には、次のように教

示するところの多い個所がふくまれている。(101)

「一般庶民があやまって商人と呼んでいる毛織物の製造業者が二番目にやってきた。彼らは実際のところ自分たちの家の内ばかりでなく、家の外でも多数の民衆を働かせている大家族の父親みたいなものである。その数は二〇〇人から三〇〇人におよんでいる。こうした他所者《よそもの》の手をかりて、彼らは極上の織物を大量に生産している。」

フランスでは上質織物の機織が十七世紀を通じ、とくにルアン、セダン、エルブーフ、およびランスの各市内およびその周辺で発達した。(102) しかもすでに十七および十八世紀の間に資本主義的組織が異常なまでに高度に形成されたのは、この分野であった。たしかにセダンのマニュファクチュアでは、たんに中規模の問屋的な織屋しかなかったが、特権を有する工業企業家四人のうち二人がそれぞれ一〇四台、一人が六五台、一人が五〇台の織機をもっていた。また特権をもっていない企業家二一人のうち一人は四〇台以上、四人が三〇台以上の織機をもっていた等々。(103) だがこのさい念頭に浮かんでくるのは、きわめて規模の大きな、いわば大経営の風格をもつヴァン・ロベ兄弟の施設である。この経営の実態について残された記録は、その組織のすみずみまでを認識させてくれる。[104] ここでは羊毛が製品となるまでの工程が二二の部分にわかれており、一つの施設に一六九二人を下らない労働者が働いていた。この施設では、一〇〇台の織機について、八二二人の紡績女工と二〇〇人の織工が働いていた。これは奢侈工業である。これとならんで普通の製品をつくる毛織物＝手工業が普及していた。

十八世紀における最も有名な毛織物工業はイギリスのそれである。「イギリス国民の富は羊毛に依存している」と俗にいわれていたほどだ。「羊毛はまさにイギリスの富の基礎である」（J・チャイルド）。一七三八年には、イギリスでは一五〇万人にのぼる人々が羊毛の加工にしたがっていたという。もちろんこの数はあやしい。だがそれはともかくとして、一七〇〇年に、毛織物の完成品の価格はすでに三〇〇万ポンド、一八一五年には九三八万一四二六ポンドに達していた。[105]

材料となる羊毛にも、製品同様に並の羊毛と高級な羊毛とがあったことはいうまでもない。イギリスの毛織物工業全体が奢侈工業でなかったことはたしかである。時代がくだるにつれ、とりわけアメリカがイギリスの羊毛製品の強大な消費地となったとき（一八一五年には、九〇〇万ポンドの製品のうち四〇〇万ポンドがアメリカ合衆国に輸出された）、おそらく庶民大衆用の並の材料が圧倒的に多くなったであろう。そうはいっても、イギリスの毛織物工業はやはり奢侈工業であった。しかも歴然とした奢侈工業そのものであった。上質のイギリス製の毛織物は、高価なイギリス製の華麗なるもろもろの織物と同様、十八世紀を通じて全世界の金持から欲しがられた。一例をあげれば、北ドイツ、ポーランド、ロシアを問わず、十八世紀の上流階級は好んでイギリス製の羊毛製品を身につけていた。

「これらの国々ではどこでも、貴族、紳士や上流の市民はイギリス製の服、とくに、ドラゲット、サージなどを材料としたものを身につけ、そして大量に消費していた。[106]」

　とりわけロシアでは、皇帝自身をはじめ、宮仕えの人々、およびペテルブルク、モスクワはおろかアストラハンにいたるまでのすべての貴族が、この二、三年の間に（このように、一七四五年『完全なイギリス商人』の中に記されている）イギリスの羊毛製品ばかり着るように変わっていった。「このことは、わがイギリスの対露貿易額を無限に伸張させた。」

　ここでどうしても生じてくる疑問がある。それはこうだ。イギリスの毛織物工業における並製と上製の区別は、とどのつまり経済＝経営形式の相違によって生じたのであろうか？　私の知るかぎりでは、この疑問がこれまでは提出されなかったように思われる。だがこの疑問こそ、きわめて広範囲に影響するところのある最も重要な問題の一つであると考えざるをえない。

手もとにある資料にもとづいて、私はこの疑問について、「そのとおりだ」と答えることになるが、もちろん条件つきである。われわれが判断を下すもととなる事実は次のようなものである。すなわち、初期資本主義期の末期には、周知のように、イギリスの毛織物工業のなかには二つの組織が共存していた。(107) 資本主義的家内工業と手工業である。西イギリス方式と呼ばれる前者の組織は、イギリス西部でたしかにさかんではあったけれども、イギリス東部の大機業地帯であるノーフォークなどやイギリス南部にもあった。

ところが、手工業組織は、ほとんど無傷のまま北部地方、ヨークシャーにのこった。北部地方とその他の地方はそれぞれ、まず、梳毛糸の地方、毛糸の地方として区分された。だが梳《す》いた羊毛からフランネルといったきわめてみごとな織物ができた。粗末な価値の低い製品が手工業にゆだねられているいっぽうでは、資本主義的組織ができた地域で生産された製品は価値の高い商品、つまり奢侈品であったのであろうか?

このさい、すでに十六世紀から歌われた、マニュファクチュア方式で組織された機業についての唄を想起することも一興であろう。

大きな長い広間のなかに
ならぶ織機の数二〇〇

この文句はニューバリーのジャックの企業を描いたものだが、(108) 大経営の形をとったこの種の企業は、当時でも孤立したものではなかった。またこうした大経営方式で組織された羊毛工業が、明らかに奢侈工業であったことも想起すべきである。ニューバリーのジャックやジョン・ウィンチクームの製品はヨーロッパ中に名を知られていた。しかも彼らの企業は、すでに資本主義的な変革の段階にあったイングランド西部にあった。ニューバリーとマームズバリー修道院は、スタンプという裕福な織物業者が、織機をそろえて事業をおこすために地代を払って借りた土地である。サイレンセスターには、かなり大きな晒布工場が建てられた。オックスフォード近郊のオズニー僧院も、例のスタンプが借りようとした場所である。これらの地域はすべて、イングランド西部の毛織物工業地帯にあった。さらにノーウィッチでは十六世紀に、裕福な問屋によって、それまではイタリアから輸入していた織物、つまり高価な奢侈品が大

量に生産されたということが伝えられている。(109)

(b)　**リネン工業**　この工業については疑わしい点が多い。この業種が多くの地域で、すなわち、ヴェストファーレン、アイルランド、シュレージエンなどの奢侈工業であったことは疑う余地もない。こうした地域の工業は、十八世紀ロンドンの美女たちに一エール〔昔の尺度、約六八センチ〕一〇―一二シリングの極上肌着を提供していたし、今日、美術館に陳列され、人々の驚嘆のまととなっているきらびやかなテーブルクロスをつくっていた。しかしそれとともに、これらの工業は黒人用の衣料をも大量に提供していた。しかもとくにアイルランドでは安価なリネンが大量につくられた。アイルランドのリネン局が一七四七―四八年に賞を授けたリネンは、ヤード当り六ペンスを下らないが一〇ペンスには達しなかった！

しかし製品の品質と、経済および経営形式がどのような関係におかれていたかは明言できない。大量の輸出用リネン工業の分野で、手工業と家内工業が十八世紀の末期に共存していたことはわかっている。だがこれらの工業は、奢侈品と大衆用品の製造をどのように分担したのであろうか？　この問題は、その重要性からしても優に博士論文の値打ちがある。

(c)　**仕立業**　手工業的仕立業からは、十八世紀の間に個々の企業が台頭し、資本主義的企業に変わっていった。上品なお客たち、すなわちきちんと金を払ってくれる客のために働いてきた企業内では奢侈品もつくられた。

奇妙なことに、紳士服仕立ての分野では、まず既製服の仕立てが、今日ではもはや通例ではないような方式で資本主義の土台の上にのるようになった。贅沢な既製服の生産は、十八世紀では全然禁じられていなかったように思われる。贅沢な既製服が、イギリスにもフランスにもあったことが指摘されている。これが十八世紀に存在したことを示すくだりが、『商人階級の一般的な宝庫』と題する文献に見出される。それは次のように述べている[110]。

「今日では、衣服がドイツで必要とされる以上に一般市場に出まわっている。ドイツの紳士たちが高価な……衣服のためにフランスに送金しているばかりではなく、フランス人がみずから、こうしたものを箱や樽にいっぱいつめて、わが国の市場にやってくるのだ。……」

他の資料もある。これはダルティガロングなる人物が一七七〇年四月四日付で『各種の掲示、広告および告知』の紙上に発表した広告である。

「パリ居在の仕立屋の親方で商人であるダルティガロング氏は、最近、大小のいずれを問わず、各種各様のニューモードの既製服販売のための専門店をつくった。この店の既製服が、すぐに服を着たい人の好みに合わないときでも、店主は大勢の従業員のたすけを借り、かゆいところに手がとどくようにきめこまかくお客に奉仕をすることになっている。この店はすべてのお仕着せを格安の値段でつくっている。さらに地方はおろか外国にまで衣服を送っている。だが店主あてに手紙を送ろうという方は郵送料を前納していただきたい。」

ここでは上流人士の衣服をあつかっていたことは、広告の文面からもうかがわれる。それにその頃は、お仕着せといえども高価な衣類に属していたことは疑うまでもない。

だがこの広告を発掘したA・フランクリン氏が、ダルティガロング氏は有名な既製服屋であるとはせず、最初の既製服屋であると考えたとしたら、それは誤っている(三)。既製服がもっと以前からあったという事実が立証されているからだ。それに、まえに指摘した告知も、すでに一七四一年以前に発表されたものである。

ロンドンではすでに十七世紀に、市の一等地で既製服を商っていた仕立屋がいた。このならわしは、十七世紀の中頃さかんになったにちがいない。ということは、例の絹織物商人たちが、まるで密集するミツバチの群れのようにロンドン市内で引っ越しをはじめた、波乱万丈の時代のことであったようにも思われる。なぜなら、一六八一年のある文書[112]がこうしたご時勢の変化を嘆いて、次のように述べているからだ。「多くの人々は、ロンドンで既製服を販売している店などがなかった時代を、いまでも覚えている。」

既製服の仕立屋たちは、流行に敏感な一等地に高い家賃を払って住み、貴族連中の顧客に長期の信用を保証し（こうして贅沢な衣服を売るわけだ）、仕事場に一二人から二〇人もの職人を働かせている呉服屋に対抗した。

R・キャンベルがロンドンの注文服仕立職の業務について行なった記述は、今日の同種の仕事すべてについてもほとんどあてはまるであろう[113]。すなわち、ほとんどの場合掛け買いで仕事をさせる注文の多い顧客、労賃より価格の高い原料や付属品のためのきわめて高価な立替金、高度に専門的な仕立て作業と、やはり専門化された縫い物作業への労働の分化などがこれである。仕立職は相当の収入があった。彼らはキャベツと呼ばれるくずのきれ地と、客の紳士が仮縫いのときにくれるのをつねとした飲み代のほかに、一週一ギニーの収入があった。こうした仕立屋には求人が殺到した。他の仕立屋はイナゴのように大勢おり、普通はネズミのように貧しかった。彼らは年に三、四ヵ月は仕事にあぶれ、まったくプロレタリアそのものの生活を送った。仕立屋の労働組合が、知られるかぎりの労働組合のなかで第一のものであったことが想起される[114]。

すでに十八世紀にも、婦人服の仕立てや、婦人帽の製作はきわめて大規模に行なわれるようになった。しばしば言及されているマリー・アントアネットの女の仕立屋は、三〇〇万フランの負債で破産した[115]。

(d)　**皮革業**　製靴業では仕立業と同様、きめのこまかいあつらえ仕事がまず高度に組織化された形をとるようになった。カンターはひたすら上流の顧客のためにだけ仕事をするブレスラウの大店主について述べているが、こうした大店主はパリでは十八世紀に登場した[116]。

「この靴屋は黒い上着を身につけ、十分に粉をふりかけたかつらをかぶり、絹のチョッキをきていた。まるで登記係のような風情《ふぜい》であった。」

しかしこの靴屋は、それでも伯爵夫人の靴の寸法を自分ではかっていた。

「彼の仲間たちは指先に黒いスミをつけ、ボロボロのかつらをかぶり、うす汚れた下着をきていた。だが！　彼らは民衆のために働いているのであって、美しい侯爵夫人の足に合う靴をつくっているのではない[117]。」

贅沢な馬具をつくる馬具師は「真に意義深い、有益な業者」であった。馬具師は、すぐに役だつ現金をそうとう貯めていたにちがいない。「なぜなら、馬具師のあつかう材料は高価なうえに彼らの顧客であるジェントリーたちは他の業者に先がけて馬具師への支払いをすます習慣はなかったからである[118]。」十八世紀もその頃になると、馬具師たちは大規模製造業マニュファクチュアへの道を進むようになった。彼らはその頃でもいぜんとして自立していた多数の手工業者たちを働かせた。

十八世紀のはじめのころのフランスでは、製革業という業種の内部でも、次のような種類の革をあつかっていた部門がマニュファクチュアの段階に入り、したがってこうした製革業は資本主義の方式をとるようになった。すなわちハンガリー産なめし皮、イギリスの仔牛の皮、モロッコ皮、水牛の皮、アラスカ・カモシカの皮である[119]。同じことが、十八世紀のベルリンについても伝えられている[120]。

「上質の皮革生産、たとえばコルドバ皮、デンマーク皮、モロッコ皮などの生産は、十八世紀の中頃フランス人移住者によってベルリンに導入されたが、その一部は大経営方式をとり、さらに（デンマーク流の手袋など）皮革の加工も、その活動分野に加えられるようになった。」

(e)　帽子製造

「男性ならば上は摂政《せっしょう》殿下から下は農民にいたるまで誰でも、帽子を必要とする。こうしたことからどの国でも、帽子製造業者はまったく不可欠の手工業者となった。だが、大部分の帽子製造業者、とくに小都市の業者は、ふつう最下層の人々を念頭において質の悪い帽子をつくっているだけである。ところが、国家の官僚や裕福な人々はその種の帽子はあまりにも貧弱すぎるとして軽蔑し、何としてももっと立派な帽子をかぶろうとする。そのため、地方の僻地でも立派な帽子をつくるよう配慮されることとなった[121]。」

このようなぐあいで、上質帽子製造の基が開かれた。そのための施設は、まずフランスのパリ、マルセーユ、リヨン、ルアン、キャンドベックなどの都市にできた。十七世紀の終り、すでにルアンに一九人の職人をかかえ、そのうち一二人をロッテルダムまで同行させた有名な帽子製造業者がいたことが知られている[122]。その後はイギリスでも同種の製造業がおこり、たとえば枢機卿の帽子はすべてここでつくられるようになった（一個で五、六ギニーもした）。最後にドイツでも、エアランゲン、ベルリンで帽子製造業ができた。ベルリンでは、帽子製造業は十八世紀の終りまで、一般に手工業的段階のままにとどまっており、十九世紀の中頃まで、並製の帽子の製造も行なっていた。しかし一七八二年に帽子工場ができた。ここには三七人の工員が働き、この年に極上品質の帽子を二万一八〇〇ターレル〔一ターレルは約三マルク〕つくった〔二万一三三人の組合員を擁する帽子製造のツンフトでは、同じ年にただ四万五二四〇ターレルに相当する帽子をつくっていただけである〕。[123]

(f) **建築業**　すでにルネサンスの教皇たちの時代から、大宮殿や教会の造営はまったく資本主義の枠内で行なわれた。ヴァレーゼ出身のコマスケ・ベルトラーモ・ディ・マルティーノを例にとってみると、彼はニコラウス五世のもとで建築を行なったが、一軍団に匹敵する労働者を駆使し、レンガ焼工場と石灰焼がまをローマに設けていた。ローマ教皇庁金庫に対する要求額は年間約三万ドカーテンに達した。なんとしても人手のいる建築工事が数多くあったので、彼はすべての工事をみずから監督するわけにゆかず、代理として、現場監督や代弁人（ソプラスタンテ）を派遣することもあった。フィラレーテはその論文のなかで、こうした監督一人の指導下におかれた左官屋は八五人に達したにちがいないと計算した。[124]

したがって、十七世紀フランス王宮の建造にあたって、すでに完全に資本力豊かな企業家たちがでそろっていたことは驚くにはあたらない。以前に指摘しておいたものの、この場所になってはじめてその意義が明らかとなった建築上の諸経費を頭に入れておけば、もろもろの建築にたずさわった個々の建築業者の生態を追究し、さらに彼らがはたした業務の代償としてどのくらいの金額を受けとったかを、はっきりと見定めることができる。また、それにもとづいて、彼らの業務の範囲や、年とともに拡張された業務の内容について知ることは、もちろんきわめてたやすいことである。こうした資料によってつくられた十七世紀の末期および十八世紀の初めのパリにおける建築業のすがたは、大約次のとおりである。

左官と大工仕事（もちろん、つねに大規模な記念碑的な建物をつくるときだけが問題になっている）は、すべて、大資本を使って組織されていた。

この両業種ではつねに、「ルーヴル宮新築のための建設業」とか、「ルーヴル宮建設の室内作業」とか、はっきりと名のわかっている会社、しかもほとんどの場合、二名の役員によって代表される会社が登場する。一六六四年のことである。大建設業者ジャック・マズィエールおよびピエール・ベルジェロン社は、ルーヴル宮建造のため、ある年は八六万一三三〇リーヴル、別の年に六一万六〇〇リーヴルを、またヴェルサイユ宮の左官仕事のために二〇万九六五リーヴル三スーを得た。またポンスレ・クリカンおよびポール・シャルパンチエ社は一〇万から一五万フランを入手したが、その後時がたつにつれて、六社が加わった。

大工、左官という建築業の二大業種につづいて、屋根ふき職もすでにいち早く資本主義組織のなかに強力にくみいれられるようになった。C・イヴォンという業者がいたが、彼は一六六四年、ルーヴル、サン・ジェルマン、およびヴェルサイユ各宮殿で施工し四万九九〇〇リーヴルを受けとった。同種の業者にジャン・ピラールおよびクロード・フレノン社があるが、この会社は「屋根ふきならびに諸設備造営のための大企業」と自称していた。

このほかの建築に関する諸業種、指物師《さしもの》、錠前職《じょうまえ》、ガラス屋などは、いまとりあつかっている時期の初めには、いぜんとして手工業的な状態におかれていた。もっとも、なかにはなかなか裕福な職人もいて、六人ほどの徒弟や見習いを働かせていた。仕事一つに対し、同時に一〇人から二〇人の徒弟を使い、年間二〇〇〇リーヴルから、最高（指物師だが）二万七〇〇〇リーヴルの収入を得ていた者もいた。そうはいっても、四人の指物師が一六六六年に六万三〇〇〇リーヴルをもうけ、また他の四人の指物師が五万九〇〇〇リーヴルのほかに一万六三一七リーヴルを得たといっても、彼らがいずれも一つの会社をつくっていたとは思われない。これに反し、二、三の錠前師は、多少時代がくだると、いち早く小規模のものとはいえ資本主義的企業家に転身していった。このありさまをみると、十七世紀の中頃から十八世紀の初めにかけ、

（たしかに王侯のさかんな建築熱の影響を受け）集中が進行していったように思われる。一七一五年、フランソワ・カファンという錠前職人は早くも五万一五七八リーヴル一一スーにのぼる納品をした。ここで記録された収入額が一回限りの納入品の代価であったとしても、カファンの仕事は一二人から一五人くらいの徒弟をつかったものであったことが推定される。

　メルシエが十八世紀の終り、パリにおける建築業の組織について示した像は、こうした業者が贅沢な大建築に手をそめていたとするかぎり、まったく資本主義的な風格をそなえている。[125] たしかにメルシエは、彼らが贅沢な建築にしたがった業者であると、問題の個所ではっきり述べたわけではないけれども、メルシエという当時の状況の証人が以前述べたところから総合すると、その頃のパリでは、裕福な財産家の華麗な建築がはばをきかしていたことがわかる。

(g) **車工、経師屋、馬具工**　ところが、車工、経師《きょうじ》屋、それに馬具工らは、すでに初期資本主義期の間に、資本主義的に新しい方法で経営される奢侈工業の機能を多少示すようになった馬車製造の分野で協力するようになった。馬車製造業は十八世紀の中頃、完全なマニュファクチュアへの道を半分は突進していた。この業種は、それが最高に発達した形態としては、（ロンドンでは[126]）まず本来の仕事場で、皮革製品の付属品やクッション類までふくめた車体の建造を行なっていたほか、仕事場の外でも木彫屋、車をつくる職人、(金具などのための)鋳物《いもの》工、皮なめし工、鍛冶《かじ》屋、馬具製造工までかかえていた。

しかしこうしたいわば半製品のような形をとっていたとしても、馬車製造者はその頃からすでに、現金の多額な蓄積、つまりかなりの資本を必要とした。ひとつには、上流の顧客にはどうしても認めなければならぬ長期延払いのためであった。それというのも、馬車製造者とかかわりをもつのは貴族や高位高官の者たちばかりであり、一般に彼らはしばしばすぐに支払うというわけにはいかなかったからである。

馬車製造業は、貴族たちがみずから馬車を御すことを誇りとするようになった頃に、イギリスで大躍進をとげた。

「わが国の貴族紳士はみずから馬車を御すことを、いまやたいへん自慢にしている。[127]」一世代前には、二、三ダースの馬車製造業者しかいなかった(ロンドンでは、シティーに一〇人から一二人の業者がいたが、他の地区にはそんなにはいなかった)。しかしその頃になると、大会社をつくった馬車製造業者が軒並みに店を張るようになった。[128]

(h) **指物師**(家具をつくる)　指物師は、以前から、贅沢品をつくりはじめるやいなや、手工業の枠を破っていこうとする傾向があった。たとえばかなり昔、十六世紀のアウグスブルクに、大衆的手工業といくらか対立した豪華品指物師がいて、上流人士のための仕事をしていた。大衆的手工業の親方はふつうは一人、一五四九年からも二人の徒弟を使うことが許されるだけであったが、上流人士のためにもっと大きな仕事をしようという段になると、こうした制限から免除してもらおうとつとめた。(129)

十七世紀になると、贅沢な家具製造は大経営方式をとるようになった。もっとも、はじめのうちは資本主義的な枠の中で成長するという道をとらず、王国など国によって保護される形をとった。今日の連合した作業場ができるまで、すべての芸術的家具製造の模範となったのは、周知のように、かのコルベールが繁栄させた、王立ゴブラン製造所である。(130)この製造所では王宮に使用されるものすべてが生産された。すなわち、黒檀、べっ甲、木彫り寄木《よせぎ》細工などをほどこした色ぬりの材木などばかりでなく、壁かけおよび絨緞、青銅および水晶製のシャンデリア、大燭台、宝石をちりばめた金銀食器までつくられた。

こうした作業場では、名のある芸術家の指導のもとに、一群の労働者が働いていたことをこまごまと述べるのは適当ではあるまい――ルブランは長い間支配人であり、ボードナン・イヴァール、ヴァン・デル・ムーレン、バティスト・モノワイエらは画家として、アンギエ兄弟、コアズヴォクス、チュビーは彫刻家として、さらにオードラン、ルスレ、ルクレールは銅版彫刻師として活動した——ルイ十四世様式を生みだした絨緞部門だけで、二五〇人が働いていた（もっとも、芸術的生産組織の歴史は、才能のある人々にとってはなかなかみのり多い研究課題となるであろう）。それはそれとして、ここでは最大の奢侈消費が、やがては近代資本主義の発展にとって大きな意義をもつようになる生産組織の最大の変革をまねいたことを指摘するだけで十分であろう。なぜなら、王立ゴブラン製造所の模範にならって、贅沢な家具消費の中心地では、いたるところ資本主義的な上質家具の製造業が誕生した。フランスでは有名な事業家シャルル・ブールがおそらく完全な芸術的家具製造業者の嚆矢《こうし》であろう。四人の息子とともに作業を組織したブールは、まず宮廷だけを、しかしその後は宮廷以外の上流社会を相手どって生産したが、時計の容器、事務机、たんす、台所用戸棚、シャンデリア、長持、円卓など、各種の青銅ならびに木製の家具をすべて製作した。ブール一家は一六七二年から一七三二年にかけて流行の波にのった。一七二〇年（つまりイギリスで南海泡沫会社のさわぎのとき！）、ブールの作業場（ルーヴルにあった）にあった加工原料の価値は八万リーヴルに達した。(131)

つづいてイギリスの芸術家風の有名な指物師、シレートン、チップンデールらが店開きした。[132]

ドイツでも贅沢品をつくる指物師は、すでに十八世紀に資本主義的な大経営組織をとるようになった（ただし、この業種だけである。なぜなら、一般家具メーカーの手工業的性格は十九世紀まで保持されたからである）。最も早くから資本主義的であった指物師の一人はマインツにいた。こうした指物師の事業は、はで好きの選帝侯の宮廷と結びつき、贅沢な家具の製造を発展させた。[133]

このような具合に、他の多数の手工業も発展の道をたどった。

ベルリン市の飾り紐製造業は、十八世紀の末期には繁栄した手工業であった。二五九人の親方が、二四八人の徒弟と一七〇人の見習いを働かせていた。

「これに反し、金銀の線をつかう高価な仕事は問屋組織としての金銀加工業者によって行なわれ、また飾り紐の仕事は家内工業として行なわれた。[134]」

ふつうのポマードは、十八世紀、理容師によってつくられた。これに対し、化粧品と洗髪用の香油のために二つの工場があった。[135]

石鹸製造人は、ある美しい日に贅沢な石鹸が発明されるまでは、悠々自適の日々を送っていた。「贅沢な石鹸の登場とともに、工場組織がはじまった。」十八世紀には、手工業と資本主義的企業の生産領域が判然とわかれていた。前者は並の石鹸をつくり、後者はマルセイユ石鹼のような上等な品を生産した[136]。贅沢な石鹼をつくるうえでの中心地であるマルセイユには、一七六〇年に、三八の石鹼工場と、一七〇のボイラー、一〇〇〇人の労働者がいた[137]。ロンドンの石鹼メーカーは、当初の資本金として二〇〇〇から三〇〇〇ポンドを要した[138]。

だがこれで実例はあげつくしたと思う。むしろ以上の観察のしめくくりとして、どうして工業生産がそろいもそろって、広い範囲にわたり統一的発展をとげたのかという理由を追究してみよう。

4 奢侈消費の革命的な力

技術が十分に発展する以前に、工業を資本主義の中に投げこんだものは何であったろう? あるところでは手工業がいぜんとして幅をきかしているのに、別のところでは資本主義的組織によっておきかえられた理由は何であろう?

支配的な意見の代表者は次のように答えている。地理的な販路の拡大のおかげで、資本主義は、工業労働に対して権力をふるうようになったのだと。私はまったく逆の回答を出したい。より重要であったのは、強大な奢侈消費の形成が工業生産組織に与えた影響だということだ。きわめて多くの場合（すべての場合ではない！）、資本主義に門戸を開き、資本主義をきわめてのんびりした都市の手工業のなかにもちこんだのは、実に奢侈消費であった。私の論証は、私の見解の正しさを証明してくれたものと思う。

だが私に次のように反論を加える者もいるだろう。お前はおのれをあざむいている。お前がまさしく奢侈工業と名づけ、実際に最も早い時期に資本主義にくみ入れられた工業は、けっして奢侈工業であったからでなく、輸出工業であったがために、資本主義の支配を受けたのである。なぜなら、これらの工業はいずれも輸出向け工業としての特性ももっていたからではないか。

今度は私が答える番だ。友よ！　あなたは誤っている。あなたは二重に誤っている。

第一に、資本主義的に組織された奢侈工業がすべて輸出工業ではない。思いつくままに列挙してみよう。家具・馬車・絨緞製造業、贅沢な衣服の仕立屋や靴屋など、これらはいずれも、地方的な工業だ。いやそればかりではない。そのほとんど多くが、はっきりした意味で注文を受けて生産していた。

第二に、輸出工業のすべてが資本主義的ではない。中世を通じ、域外はおろか海外に販路をもっていた手工業が無数にあった。しかもこうした輸出向きの手工業は、ごく最近にいたるまでそのまま保たれていた。十九世紀の初めでも、ヨークシャーの毛織物業、シュレージエンのリネン織業は、いずれも世界市場のために操業しながら、まったく手工業的に組織されていた。

したがって販路の地理的な拡大は、他の工業にも資本主義の支配をもたらす決定的要因ではない。

その決定的要因は奢侈消費の拡大である。したがって、「数々の工業は、それが奢侈工業であったがために資本主義にくみ入れられた」という私の見解を、私は次のように擁護しようと思う。

奢侈工業が資本主義的組織にむいていた理由は、第一に、生産過程の性格にある。ほとんどの場合、奢侈品はしばしばはるか遠方の国々から高価な原料をとりよせねばならない。

このことは、裕福で商人気質をもちあわせた人々に利益を与えることにもなる。すでに十三世紀でも、パリの紡績業者は、市内で販売をしている呉服屋のために、一定の報酬を受けて生糸を紡いでいた。いっぽう、亜麻や綿は、数世紀のちになっても、農民たちが自己流に加工するという段階にとどまっており、高価な原料を入手できる呉服屋の場合とはちがっていた。家内工業の組織の基盤は別のところにあったわけである。

だがほとんどの場合、奢侈品製造のための方式は、並製品製造のための方式よりも高くついた。それはその頃のはなしであって、今日ではもはやもちろんあてはまらない定理だ！　これはガラスおよび陶器の製造、絨緞や織物製造、それに鏡の製造など、一口にいえば奢侈工業のほとんどすべての過程についてあてはまる。もう一度くりかえすと、資本力の十分ある人間が利益を受けるのだ。しかし、奢侈品製造にあたっての方法は、たんに金がかさむばかりではない。ほとんどの場合より多くの技巧が必要であり、いっそう複雑であり、さらにそのためにはより多くの知識、洞察、それに事にあたっていかに決断するかの才能が求められる。したがって、この分野で最も秀でた者だけが、大勢の人々の間から抜け出し、おのれの才能を武器として、なんとしてもこれこそ天職であるとされる経済活動を新しく指導し、組織する地位にのぼることができる。ところが奢侈品のすぐれた性質は、作業過程が協業と専門化によって高い段階に達したときはじめて実現されるものである。資本主義的な注文服仕立業はなぜ良質な製品を生産するのだろうか？　それはこうした仕立業が、才能ある仕立屋による価値のある労働を並の能力しかない大勢の仕立屋にも利用させうるからである。すぐれた価値をもつ作業の分化は資本主義的企業によって生みだされた経営組織がはじめてつくりだす広い生産基盤の上にたってはじめて可能となる。

第二に、奢侈工業を他の工業に先がけて資本主義に駆りたてる理由は、販売の性格にある。これまでにすでに何度もお目にかかっており、そしてアンシャン・レジームのもとではきわめて当然とされていた次のような考え方を、ここではことさら強調する必要はあるまい。すなわち、貴族ふうなだらしのなさのために、支払いの段になると、しばしば奢侈品の生産者が損をすることになるため、奢侈品の生産者は、ほかの製品の生産者以上にしっかりした資本をかかえていなくてはならないということだ。

これに反し、奢侈品の販売は大衆の必需品の販売よりもはるかに景気変動の影響を受けやすいという状態は、重要なことに思われる。すべての奢侈工業の歴史は次のことを教えている。初期資本主義期において、流行、趣味を支配しはじめた富者の気分は、年中変わっていったということである。しかもこうした買手の気分の急変のおかげで、売行きが停滞することになるが、それとともに生産者としては、いやしくもふたたび新しい需要にこたえようとするならば、つねに融通性のある頭のきりかえを必要とする。だが資本主義的組織は好景気を利用するにあたっても、はたまた不況をもちこたえるにしても、手工業よりはるかにすぐれたところを見せることができる。

このように事物の本質に根ざす一般的理由として、第三の理由がある。すなわち、すべての奢侈工業はヨーロッパ中世を通じ、王侯あるいは事業が好きな外国人によって人工的につくられたという歴史上の理由である。外国人は、近代工業の発生にあたって決定的役割を演じた（この問題は別の機会にくわしく述べようと思う）。フィレンツェで織物工業をおこしたフミリアーテン一族をはじめとし、ベルリンの工業の元祖であるフランス移住民にいたるまで、外国で工業をおこしたり、さかんにしたりする外国人の移動変遷は、不断の連鎖をなしている。だが彼らが開いたものはつねに、ほとんどの場合奢侈工業であり、その発展がとりわけ、その土地土地の領主のおめがねにもかなっていたのである。

ところが、意識的に外国人によって基が築かれたこれらの工業は、いずれも当初から合理的色彩を帯びていた。これらの工業はほとんどの場合、古めかしいツンフトめいた制限の枠外におかれ、しばしば古巣に御輿《みこし》をすえた古来からの手工業者の利益と対立した。しかも新規に工業をおこした者たちは、あたり近所の思惑などは意に介さず、目的にかなっていればよろしいという態度を示した。したがって彼らのつくった施設は、はじめて損得をわきまえたより高度な新しい経済組織を開花させる土壌となった。

そうはいっても、こうした経済組織を存続させるために、どうしても満たさなければならない最も重要な条件は、その組織の本質にぴったりあった販売であった。(これが最後の要件なのだが!)

ここで第四の理由として、大量販売の他の可能性が登場する。より価値の少ない商品の大量販売、あるいは組み合わされた商品の大量販売は、ほとんどの場合、ずっと後世になって、はじめて実現したことである。したがって資本に転化することを求める財産は、ただ奢侈工業のための設備とするしかなかった。

こうして、すでに眺めてきたように、非合法的恋愛の合法的な子供である奢侈は、資本主義を生み落とした。

注

(1) Anderson, *Orig. of Comm.* s. h. a. にくわしい記述がある。
(2) Der Artikel, *Lois somtuaires* in der *Encyclopédie.* が最も教示するところが多い。
(3) Montesquieu, *Espr. des Lois,* 〝法の精神〟 l. VII. ch. IV.
(4) Abbé Coyer, *Développement et défense du système de la noblesse commerçante,* 1 (1757). 52.
(5) Barbon, *A discourse of Trade* (1690), 62 bei Cunningham, *Growth,* 2, 392.
(6) D. Hume, *Of refinement in the arts* in den *Essays,* ed. 1793 ; 2, 19 ff.

(7) *The Fable of the Bees : or Private Vices, Publick Benefits*, 6. ed. 1732, p. 10 ; dazu die Anmerkungen I-N.
(8) Wilh. Frh. von Schrödern Fürstl., *Schatz- und Rentkammer etc.* (1744), 172.
(9) W. Heyd, *Gesch. d. Levantehandels*, 2 (1879), 550 ff.
(10) A. Schulte, *Gesch. d. mittelalt. Hdls.*, 1 (1900), 720 ff.
(11) Martin, *Louis XIV.*, 288 seg.
(12) Tabelle bei Chaptal, *Ind. franç.*, 1, 130.
(13) A. v. Humboldt, *Essai politique sur le royaume de la Nouvelle Espagne*, 4 (1811), 366 seg.
(14) Buxton, *The African Slave Trade*. 1840.
(15) Langer, *Sklaverei in Europa*, 16.
(16) Schipper, *Anfänge d. Kapit. bei den Juden* (1907), 19 ff. ; Caro, *Soz. u. W.-Gesch. d. J.*, 1, 137 ff. Vgl. noch Heyd, 2, 542 ff.
(17) R. Heynen, *Zur Entst. d. Kapit. in Venedig* (1905), 32 ff. 引用文の原典はここにある。
(18) Anderson, *Orig.*, 4, 130 (nach einem "französischen Autor").
(19) Edwards, *Hist. of the West Ind.*, 2, 65.
(20) Postlethwayt, *Dict. of Comm.*, 1, 709 f. s. v. England.
(21) Onslow Burrish, *Batavia illustrata or a view of the Policy and Commerce of the United Provinces etc. etc.* (1728), 354 seg.
(22) Moreau de Jonnès, *Etat écon. et soc. de la France* (1867), 349.
(23) *Complete English Tradesman*, 5. ed. 1745, Ch. LI. 私はこの五版のほかに一七二四年に出版された再版本を所有している。この再版本には私がとりあげた章はまだふくまれていない。私はドイツにいるために問題の追加部分がすでに三版あるいは四版で顔を出したのかどうかもたしかめられない。

(24) *Zeitschr. d. histor. Ver. für Schwaben und Neuburg*, 6, 38. 39.

(25) Mercier, *Tableau de Paris*, 1783. Ch. DLV.

(26) このくだり全体については、拙著 *Der Moderner Kapitalismus*. を参照してほしい。本書の中で、私は近代の小売業の発展傾向をあつかった。

(27) R. Campbell, *The London Tradesman* (1745), 47.

(28) Artikel *Tapissier* in der *Enc. méth. Man.*, 2, 219 seg.

(29) Savary, *Dictionnaire du Commerce*, 2, 714.

(30) *General Description of all Trades* (1747), 49.

(31) *Gen. Description*, cit. p. 215.

(32) Mercier, *Tableau de Paris*, 7, 73.

(33) *Correspondance du marquis de Balleroy*, publ. par le Comte E. de Barthélemy bei Humbert de Gallier, 57.

(34) *A General Description of all Trades etc.*, 1747. 2. R. Campbell, *The London Tradesman, being a compendious view of all the Trades, Professions, Arts etc. etc.* 1747.

(35) *Compl. Engl. Tradesman*, 1 (1745), 215.

(36) C. Bertagnolli, *Delle vicende dell' agricolt in Italia* (1881), 226 f.

(37) K. Häbler, *Die wirtschaftliche Blüte Spaniens im 16. Jahrhundert*. 1888. S. 35.

(38) Belege bei M. J. Bonn, *Spaniens Niedergang* (1896), 113.

(39) Daniel Defoe, *A Tour etc.*.

(40) さしあたり本書に必要な、A. Young の著作は彼の旅行記 *A six weeks tour through the southern*

countries of England and Wales である。私は一七六九年版二版から引用した。

(41)　Sir F. M. Eden, *State of the Poor or an History of the labouring Classes in England from the Conquest to the Present Period etc.*, 3 Vol. 1797.

(42)　Defoe 1, 101.

(43)　A. Young, *Southern Tour*, 78 f.

(44)　Defoe 1, 139. 160.

(45)　Defoe 1, 199. 206.

(46)　Defoe 2, 137.

(47)　Defoe 1, 65 ; Young 21 ff.

(48)　A. Young 49 ff.

(49)　Defoe 3, 10. Lincolnshire に関連。

(50)　A. Young, 200 ff. Salisbury 周辺地方に関連。

(51)　Young 308 ff.

(52)　Hasbach, *Die englischen Landarbeiter in den letzten hundert Jahren und die Einhegungen.* 1894, S. 11（Schriften des Vereins für Sozialpolitik, Band 59）.

(53)　Young 317.

(54)　Defoe 1, 182.

(55)　Nach Petty 670 000. Vgl. den 1. Essay in der Ausgabe von 1699.

(56)　Defoe 3, 265.

(57)　Die Zusammenstellungen bei Hasbach, 116 ff.

(58)　Eden, l. c. 1, 334.

(59) Defoe 2, 111.
(60) Defoe 2, 112.
(61) Miege and Bolton, *The present state of Great Britain and Ireland*. 10. ed. 1745. pag. 102.
(62) Defoe 1, 324.
(63) Surrey, Berks, Oxford. すなわち北部 Wiltshire では、London 市場向けの大麦――麦芽のための特別の市が Queenhith で開かれた――が、Abingdon, Faringdon などの都市で麦芽に加工された。Defoe 2, 113.
(64) Henningham in Suffolk, A. Young, *Southern Tour*, 69. しかし Farnham（Surrey）では、豊かな穀物の耕作が、やがてすべてホップ栽培にとってかわられるようになった。Defoe 1, 196 ; Young, 217.
(65) London にとって最大のオート麦市場は Surrey の Croydon であった。Defoe 1, 217.
(66) Teile von Essex ; Young 266.
(67) Defoe 1, 209.
(68) Defoe 2, 32. 181.
(69) Defoe 2, 32.
(70) 森の多い Berkshire および Buckinghamshire 地方をさす。Defoe 2, 32. 55.
(71) Defoe 1, 120.
(72) Mélon, *Essai sur le commerce*（1734）. Coll. des Ec., 696.
(73) J. E. Cairnes, *The Slave Power*（1863）, 76.
(74) Labat, *Nouv. Voyage aux isles d'Amérique*. 1742.
(75) A. v. Humboldt, *Nouv. Esp*. 3, 179.
(76) Hüne, *Darstellung aller Veränderungen des Sklavenhandels*. 1820.

(77) Handelmann, *Gesch. der Insel Hayti* (1860), 28.
(78) Anderson, *Orig. of Comm.*, 4, 690.
(79) Al. Moreau de Jonnès, *Rech. stat. sur l'esclavage colonial.* 1842.
(80) Bei E. Pariset, *Hist. de la Fabrique lyonnaise* (1901), 15.
(81) R. Broglio d'Ajano, *Die venetianische Seidenindustrie* (1893), 2.
(82) H. Sieveking, *Die genuesische Seidenindustrie*, in: *Schmollers Jahrbuch*, 21 (1897), 101 ff. 103. に所載。
(83) E. Pariset, l. c. p. 35.
(84) Godart, *L'ouvrier en soie* (1899), 89. を見よ。
(85) A. Alidosi, *Instruttione delle cose notabili di Bologna* (1621), 37.
(86) Joh. Joach. Becher, *Närrische Weisheit* (1686), 19 f. 234.
(87) Defoe, *A Tour through the islands of Great Britain*, 3^{8} (1778), 104.
(88) Moreau de Jonnès, *Etat écon. et soc. de la France*, 337.
(89) Joh. Beckmann, *Beyträge zur Oekonomie etc.*, 1 (1779), 108 ff.
(90) G. Martin, *Louis XIV.* (1899), 240/41. に伝えられた National Archiv より。
(91) Martin, l. c. p. 301.
(92) Mercier, *Tableau de Paris*, 9, 312 seg.
(93) Martin, l. c. 150 seg.
(94) O. Wiedfeldt, *Entwicklungsgeschichte der Berliner Industrie* (1898), 322.
(95) Vict. Böhmers, *Urk. Geschichte und Statistik der Meißner Porzellanmanufaktur von 1710 bis 1880, mit besonderer Rücksicht auf die Betriebs-, Lohn- und Kassenverhältnisse*, in: *Zeitschr. d.*

Kgl. sächs. Stat. Bureaus, 26 (1880), 44 ff.
(96) *Tabl. de Paris*, 11 (1788), 41/42.
(97) A. Doren, *Die Florentiner Wollentuchindustrie* (1901), 23.
(98) A. Doren, a. a. O. S. 22.
(99) A. Doren, a. a. O. S. 86 ff.
(100) Guicciardini, *Opere* 6, 275/76, zit. bei K. Häbler, *Die wirtschaftliche Blüte Spaniens* (1888), 47.
(101) Colmenares, *Hist. de la insegne ciudad de Segovia*, 547, zit. bei J. M. Bonn, *Spaniens Niedergang* (1896), 120.
(102) G. Martin, *Louis XIV.*, 17.
(103) *Enc. méth. Manuf.*, 1, 337.
(104) もとになる記録は大部分、Levasseur, 2, 421ff. に再録されている。
(105) Porter, *Progress of the Nations* (3. ed. 1851), 169.
(106) *Compl. Engl. Tradesman*, 2, 290.
(107) 後世の研究家がすべて依存している資料は、*Report from the Comittee of the House of Commons on the Woollen Manufacture of England*. 1806. である。
(108) Ashley, *Engl. Wirtschaftsgesch.*, 2, 270.
(109) 1. u. 2. Phil. and Mar. c. 14 Cunningham, *Growth*, 1^4, 525. に所載。
(110) *Allgem. Schatzkammer der Kauffmannschaft etc.* (1741), 1213/14.
(111) A. Franklin, *Les magasins de nouveautés* (1894), 265.
(112) *The Trade of England revided* (1681), 36 ; S. u. B. Webb, *History of Trade Unionism* (1894), 26. に引用。

(113) Campbell, 192.
(114) Webbs, l. c. p. 26.
(115) Em. Langlade, *La marchande de mode de Marie Antoinette*, s. a.
(116) H. Kanter, *Die Schuhmacherei in Breslau*, in : *Schriften des Ver. f. Soz.-Pol.*, 65, 26.
(117) *Tabl. de Paris* 11 (1788), 19.
(118) Campbell, 233 seg.
(119) Savary, *Dict. du Comm.*, 2, 631.
(120) O. Wiedfeldt, *Berliner Ind.*, 364.
(121) Bergius, *Cam. Magaz.* 3, 236.
(122) *Négociations du Comte d'Avaux*, 5, 267, Chr. Weiß, *Hist. des réfugiés prot. de France*, 2, 131. に引用。
(123) O. Wiedfeldt, *Berl. Ind.*, 209.
(124) E. Müntz, *Les arts et la cour des papes*, 1, 104. 84 n. 3. Vgl. ; J. Burckhardt, *Geschichte der Renaissance*, 3. Aufl. (1891), 19. 20.
(125) *Tabl. de Paris*, Ch. 636. 8, 166 ff.
(126) Campbell, 229 seg.
(127) *Gen. descr. of all Trades*, 65.
(128) *Compl. Engl. Tr.*, 2, 337.
(129) Arth. Cohen, *Das Schreinergewerbe in Augsburg*, in : *Schriften des Ver. f. Soz.-Pol.*, 64, 500.
(130) 原本文書にもとづくゴブラン製造の詳細な記述は，Levasseur, 2, 242ff. に見出される。
(131) Levasseur, 2, 310.

(132) R. S. Clouston, *English Furniture and Furniture Makers of the XVIII. Century*, 1906.（残念ながら組織問題にはほとんど触れられていない）。

(133) Rich. Hirsch, *Die Möbelschreinerei in Mainz*, in: *Schriften des Ver. f. Soz.-Pol.*, 34, 296. 312.

(134) O. Wiedfeldt, a. a. O. S. 188.

(135) O. Wiedfeldt, a. a. O. S. 390.

(136) O. Wiedfeldt, a. a. O. S. 386.

(137) G. Martin, Louis XV., 144.

(138) *Gen. Descr.*, 339.

訳者あとがき

本書は、ヴェルナー・ゾンバルトWerner Sombart（一八六三―一九四一）著『恋愛と贅沢と資本主義』*Liebe, Luxus und Kapitalismus*（1922）の全訳である。初版は一九一二年に出たが、本書は再版（一九二二年）から訳出した。

ゾンバルトは、一八六三年、ドイツの旧ハルツ州エーメルスレーベンに生まれ、田園的環境のなかに育った。ベルリン大学に学び、とくにマルクス、ディルタイらの影響を受けた。一八八五―八八年、イタリアのローマやピサに遊学し、イタリアの貧しい農村地帯の諸問題に興味を抱いた。一八八八―九〇年、ブレーメン商工会議所の顧問となった。ついでブレスラウ大学の客員教授に迎えられ、ここに一六年間在職するうちに、ユニークな近代資本主義の研究者として盛名をはせた。

一九〇六年、ベルリン商科大学の教授となり、ついで一九一七年、母校のベルリン大学に招かれ、アドルフ・ヴァーグナー（一八三五―一九一七、財政、経済学者）の後任教授となった。一九三一年、名誉教授の称号を得て、ふたたびベルリン商科大学に転じ、晩年には『人間について』などの著述に専念し、第二次大戦がはじまった翌々年の一九四一年、ベルリンで没した。

ゾンバルトの生涯のなかで特筆すべきは、社会科学における価値判断の混入を排して、マックス・ヴェーバーとともに、経済学を倫理的、歴史的学問と規定したグスタフ・フォン・シュモラー（一八三八―一九一七）と対抗したことである。またゾンバルトは、若いときマルクスに強く影響され、『社会主義と社会運動』*Sozialismus und soziale Bewegung*（一八九六年、初版）をあらわして有名になったとはいいながら、けっしていわゆるマルクス主義者ではなく、逆に精神的要素を尊重するドイツ的、観念的な社会主義者であり、こうした立場は本書のなかにも散見される。

ゾンバルトの主著は、『近代資本主義』*Der moderne Kapitalismus*（1902）で、初版は一九〇二年だが、一九一六年に再版が出たときかなり増補改訂された。さらに一九二八年に『高度資本主義』*Hochkapitalismus* が出版され、彼の資本主義についての歴史研究は完結した。

ゾンバルトは『近代資本主義』のなかで、歴史現象を個性的に把握することと、資本主義という複雑な経済的・政治的・文化的組織の全体を解明できる理論との総合をはかった。

彼は、「資本主義は流通経済組織であって、そこでは二つの別々の人口集団、つまり経済主体としての指導権をもつ生産手段の所有者と、経済客体としての賃金労働者が市場を介して結びつき、協働し、かつ営利主義と経済的合理主義の支配している経済体制」と規定した。

さらに彼は資本主義を三つの時代、すなわち初期資本主義時代、高度資本主義時代、および後期資本主義とに分かち、資本主義体制が完全な支配力を持っている時代を高度資本主義と呼んだ。

ゾンバルトの著作でこの主著のほかに、このところ邦訳されたものは、『ユダヤ人と経済生活』（一九一一年、〈金森誠也・安藤勉共訳、荒地出版〉）、『戦争と資本主義』（一九一三年、〈拙訳、論創社〉）、および本書『恋愛と贅沢と資本主義』それに『ブルジョワ』*Der Bourgeois*（一九一三年、〈拙訳、中央公論新社〉）である。ところで重要著作のひとつである『社会主義と社会運動』は、一九二四年に『プロレタリア社会主義』と改題され、かつかなり改訂されて出版された。このほか、経済学方法論史の研究『三つの国民経済学』*Die drei Nationalökonomien*（1930）、『人間について』*Vom Menschen*（戦後一九五六年に再版）なども注目すべきだ。

戦前、一時はマルクスかゾンバルトかともてはやされ、『近代資本主義』の一部（岡崎次郎・梶山力訳）も邦訳出版された。

しかし、戦後はかつての同士、マックス・ヴェーバーの盛名が日に日に高まったのに対し、ゾンバルトについては、人気は下降した。それは、彼の著作には、ヴェーバーのような理論的厳密さがなく、むしろ、審美的・ローマン的傾向が強すぎるため、時代おくれになったと見られたからであろう。

ところがドイツでは、本書がドイツのポケットブック社 Deutsher Taschnbuch Verlag から刊行されたほか、『近代資本主義』の全巻、『三つの国民経済学』、『ブルジョワ』それに『人間について』などが、ベルリンのドゥンカー&フンブロート社 Duncker & Humblot からぞくぞく出版された。

このことは、ゾンバルトの復興とまでいかなくとも、少なくとも再認識の動きが起こったことのあらわれであると思う。日本でも一部には、「ゾンバルトは、歴史であると同時に理論である資本主義の全体関連の認識に成功した」と評する人もいるが、ドイツではゾンバルトの著作のなかでも、とくに本書『恋愛と贅沢と資本主義』はすぐれているものとされ、「出版当時の時代を、はるかに先行した良書」といわれている。

その理由の一つとして、歴史現象を個性的に把握しようとする彼の努力があげられる。たとえば、恋愛の世俗化を扱ったくだりでは、高等娼婦たちが、アヴィニヨンの教皇宮廷からイタリア諸侯、ついで二大強国であった英仏の宮廷に浸透し、さらに大市民たちの愛妾、娼婦となっていった過程を、ダンテ、モンテスキューをはじめ、当時の詩人・学者たちの言葉を引用しながら躍動的に述べている。

太陽王ルイ十四世が、愛妾ラ・ヴァリエールへの愛情に駆られ、ヴェルサイユ宮殿を建てたほか、女道楽を中心とする奢侈のため、国家財政全体の約三分の一を消費したこと、興隆した市民階級の女ぐるいも王侯貴族のそれにひけをとらず、彼らの情事の場として、パリ、ロンドンなどの大都市には、劇場、ミュージック・ホール、高級ホテルやレストランが林立したことなどが、ことこまかに記されている。

だが、ゾンバルトはこれらの事象をたんに列挙するにとどめず、彼一流の理論によって解明する。人々を奢侈にふけらせた原動力は女性であるとしながら、奢侈こそ資本主義の生みの親の一人であり、資本主義発展の前提の一つであったという論理を、あたかもライトモティーフのように本書全篇に展開させる。

彼は「近代資本主義の誕生を理解することは、男女間の関係という最も重要なことがらを処理するにあたって生じてきた根本的変化を評価することと密接に結びついている」と力説している。

近代資本主義の発展を、苛烈な禁欲的プロテスタンティズムと結びつけたヴェーバーの考え方とくらべると、奢侈を資本主義の生みの親の一人としたゾンバルトの考え方は、たしかに表面的であり、皮相であると見る向きもあろう。

もちろんゾンバルトとても、本書にも記されているように、資本主義の精神が、清貧を尊ぶノックスやカルヴァンの説教から、組合《ツンフト》の仕事部屋から発生した面もあることを認めている。それでも資本主義発展の原動力の一つが、奢侈、つきつめていけば色欲であったという考えを譲らない。

そのための裏づけとして、女性の関心のまとであり、奢侈の源泉ともいうべき、絹織物、レース、毛織物、リネン、鏡、帽子、陶器等々の製造業などの産業が、いかに資本主義的な組織の形成をうながしたかを、豊富な資料、統計にもとづいて立証しようとする。

ゾンバルトはまた、資本主義が地理的な販路の拡大、なかんずく十六世紀における植民地の開発によって促進されたとするカール・マルクスの理論に反対し、「限られた販路しかなくても、資本主義的経営を行なっている仕立屋のような注文生産もある反面、全世界を販路としながら資本主義的な色彩の少しもない手工業もある」と述べている。

なおゾンバルトの文章は、さすがに審美的・ローマン的傾向が濃いとされるだけあって、経済史家としてはまれに見る名文であり、本書は論文というより、エッセイ、物語としても十分鑑賞に耐えうると思う。拙訳がその美を十分に表現できなかったことをおわびしたい。

本書の拙訳は一九六九年、至誠堂から出版され絶版となっていたが、一九八七年、論創社で刊行された。

さらに今回講談社学術文庫に加えられ、大勢の方々に読んでいただけることになったのは喜ばしいかぎりである。

金森誠也

KODANSHA

本書は、一九八七年に(有)論創社から刊行された同名の書を文庫化したものである。

ヴェルナー・ゾンバルト（Werner Sombart）

1863～1941　ドイツの経済学者，社会学者。ベルリン商科大学教授，ベルリン大学教授を歴任。著書に『近代資本主義』等がある。

金森誠也（かなもり　しげなり）

1927年，東京生まれ。東京大学文学部卒業。広島大学・静岡大学・日本大学等の教授を歴任。日本独学史学会賞受賞（1993年）。著書に『日本をかえた思想』など。訳書ゾンバルト『ブルジョワ』ほか多数。2018年没。

講談社学術文庫

定価はカバーに表示してあります。

恋愛《れんあい》と贅沢《ぜいたく》と資本主義《しほんしゅぎ》

W.ゾンバルト／金森誠也《かなもりしげなり》訳

2000年8月10日　第1刷発行
2025年4月3日　第19刷発行

発行者　篠木和久
発行所　株式会社講談社
　東京都文京区音羽2-12-21 〒112-8001
　電話　編集（03）5395-3512
　　　　販売（03）5395-5817
　　　　業務（03）5395-3615
装　幀　蟹江征治
印　刷　株式会社ＫＰＳプロダクツ
製　本　株式会社国宝社

ISBN4-06-159440-0

「講談社学術文庫」の刊行に当たって

これは、学術をポケットに入れることをモットーとして生まれた文庫である。学術は少年の心を養い、成年の心を満たす。その学術がポケットにはいる形で、万人のものになることは、生涯教育をうたう現代の理想である。

こうした考え方は、学術を巨大な城のように見る世間の常識に反するかもしれない。また、一部の人たちからは、学術の権威をおとすものと非難されるかもしれない。しかし、それはいずれも学術の新しい在り方を解しないものといわざるをえない。

学術は、まず魔術への挑戦から始まった。やがて、いわゆる常識をつぎつぎに改めていった。学術の権威は、幾百年、幾千年にわたる、苦しい戦いの成果である。こうしてきずきあげられた城が、一見して近づきがたいものにうつるのは、そのためである。しかし、学術の権威を、その形の上だけで判断してはならない。その生成のあとをかえりみれば、その根は常に人々の生活の中にあった。学術が大きな力たりうるのはそのためであって、生活をはなれた学術は、どこにもない。

開かれた社会といわれる現代にとって、これはまったく自明である。生活と学術との間に、もし距離があるとすれば、何をおいてもこれを埋めねばならない。もしこの距離が形の上の迷信からきているとすれば、その迷信をうち破らねばならぬ。

学術文庫は、内外の迷信を打破し、学術のために新しい天地をひらく意図をもって生まれた。文庫という小さい形と、学術という壮大な城とが、完全に両立するためには、なおいくらかの時を必要とするであろう。しかし、学術をポケットにした社会が、人間の生活にとってより豊かな社会であることは、たしかである。そうした社会の実現のために、文庫の世界に新しいジャンルを加えることができれば幸いである。

一九七六年六月

野間省一

政治・経済・社会

1700
根井雅弘著
経済学の歴史
スミス以降、経済学を築いた人と思想の全貌。創始者のケネー、スミスからマルクスを経てケインズ、シュンペーター、ガルブレイスに至る十二人の経済学者の生涯と理論を解説。珠玉の思想と哲学を発掘する力作。

電P

1930
青木昌彦著
比較制度分析序説
経済システムの進化と多元性
普遍的な経済システムはありえない。アメリカ型モデルはどう進化していくか。日本はどう「変革」すべきか。制度や企業組織の多元性から経済利益を生み出すための「多様性の経済学」を、第一人者が解説する。
電P

1935
秋元英一著（解説・林 敏彦）
世界大恐慌
1929年に何がおこったか
一九二九年、ニューヨーク株式市場の大暴落から始まった世界的大恐慌。株価は七分の一に下落、銀行倒産六千件、失業者一千万人。難解な専門用語や数式を用いず、庶民の目に映った米国の経済破綻と混乱を再現。
電P

1956
中根千枝著
タテ社会の力学
不朽の日本人論『タテ社会の人間関係』で「タテ社会」というモデルを提示した著者が、全人格的参加、無差別平等主義、儀礼的序列、とりまきの構造等の事例から日本社会のネットワークを描き出した社会学の名著。

電P

1965
藤澤房俊著（解説・武谷なおみ）
シチリア・マフィアの世界
名誉、沈黙、民衆運動、ファシズム……。大土地所有制下、十八世紀に台頭した農村ブルジョア層は、暴力と脅迫でイタリア近・現代政治を支配した。過酷な風土と圧政が育んだ謎の組織の誕生と発展の歴史を辿る。

電P

1997
ヴェルナー・ゾンバルト著／金森誠也訳
戦争と資本主義
軍需による財政拡大は資本形成を促し、武器の近代化は産業の成長をもたらす。戦争なくして資本主義はなかった──。近代軍隊の発生から十八世紀末にかけて、戦争が育んだ資本主義経済の実像を鋭く論究する。

電P

政治・経済・社会

2139
佐々木 毅著
宗教と権力の政治 「哲学と政治」講義Ⅱ

西洋中世を支配した教皇至上主義に、世俗権力はどう対抗したか。「聖」と「俗」の抗争を軸に、トマス・アクィナス、ルター、マキアヴェッリ等、信仰共同体の誕生から宗教改革の政治的帰結までを論じる。 電P

2149
尾藤正英抄訳（解説・高山大毅）
荻生徂徠「政談」

近世日本最大の思想家、徂徠。将軍吉宗の下問に応えて彼が献上した極秘の政策提言書は悪魔的な統治術に満ちていた。反「近代」の構想か。むしろ近代的思惟の萌芽か。今も論争を呼ぶ経世の書を現代語で読む。 電P

2201
新装版
日本国憲法

「人類普遍の原理」を掲げながら、戦後最大の争点でもありつづけた日本国憲法。関連資料として、英訳日本国憲法、大日本帝国憲法、教育基本法、児童憲章、日米安全保障条約を付す。語るために読みたい、憲法。 電P

2206
バルザック著／鹿島 茂訳・解説
役人の生理学

「役人は生きるために俸給が必要で、職場を離れる自由もなく、書類作り以外能力なし」。観察眼が冴え渡る抱腹絶倒のスーパー・エッセイ。バルザック他、フロベール、モーパッサンの「役人文学」三篇も収録する。 電P

2230
根井雅弘著
経済学再入門

スミス、シュンペーター、フリードマン……。「市場」「競争」「均衡」「独占」「失業」「制度」「希少性」……キーワードも再検討する。古典派から現在にいたる多様な経済思想を、歴史的視野から捉え直す入門書。 電P

2236
川崎 修著
ハンナ・アレント

二十世紀思想の十字路と呼ばれたアレントは、全体主義を近代精神の所産として位置づけることで現代の苦境を可視化し、政治の再定義を通じて公共性を可能にする条件を構想した。その思想の全体像を描き出す。 電P

政治・経済・社会

2366
立憲非立憲
佐々木惣一著（解説・石川健治）

京都帝大教授を務め、東京帝大の美濃部達吉と並び称された憲法学の大家・佐々木惣一が大正デモクラシー華やかなりし頃に世に問うた代表作。「合憲か、違憲か」の対立だけでは、もはや問題の本質はつかめない。

2367
人間不平等起源論　付「戦争法原理」
ジャン＝ジャック・ルソー著／坂倉裕治訳

身分の違いや貧富の格差といった「人為」で作り出された不平等こそが、人間を惨めで不幸にする。この不平等の起源と根拠を突きとめ、不幸を回避する方法とは？　幻の作品『戦争法原理』の復元版を併録。

2403
ブルジョワ　近代経済人の精神史
ヴェルナー・ゾンバルト著／金森誠也訳

中世の遠征、海賊、荘園経営。近代の投機、賭博、発明。そして宗教、戦争。歴史上のあらゆる事象から、企業活動の側面は見出される。資本主義は、どこから始まり、どう発展してきたのか？　異端の碩学が解く。

2407
革命論集
アントニオ・グラムシ著／上村忠男編訳

イタリア共産党創設の立役者アントニオ・グラムシの、本邦初訳を数多く含む待望の論集。国家防衛法違反の容疑で一九二六年に逮捕されるまでに残した文章を精選した。ムッソリーニに挑んだ男の壮絶な姿が甦る。

2441
新しい中世　相互依存の世界システム
田中明彦著

冷戦の終焉、覇権の衰退、経済相互依存の進展。激動する世界はどこに向かうのか——。歴史的な転換期にあるポスト近代の世界システムを、独自の視点により理論と実証で読み解いた、サントリー学芸賞受賞作。

2461
国家の神話
エルンスト・カッシーラー著／宮田光雄訳

稀代の碩学カッシーラーが最晩年になってついに手がけた畢生の記念碑的大作。独自の「シンボル（象徴）」理論に基づき、古代ギリシアから中世を経て現代に及ぶ壮大なスケールで描き出される怒濤の思想的ドラマ！